海外中国研究丛书

刘东 主编

[韩] 李镇汉 著
李廷青 戴琳剑 译
楼正豪 校

고려시대 송상왕래 연구

高丽时代宋商往来研究

江苏人民出版社

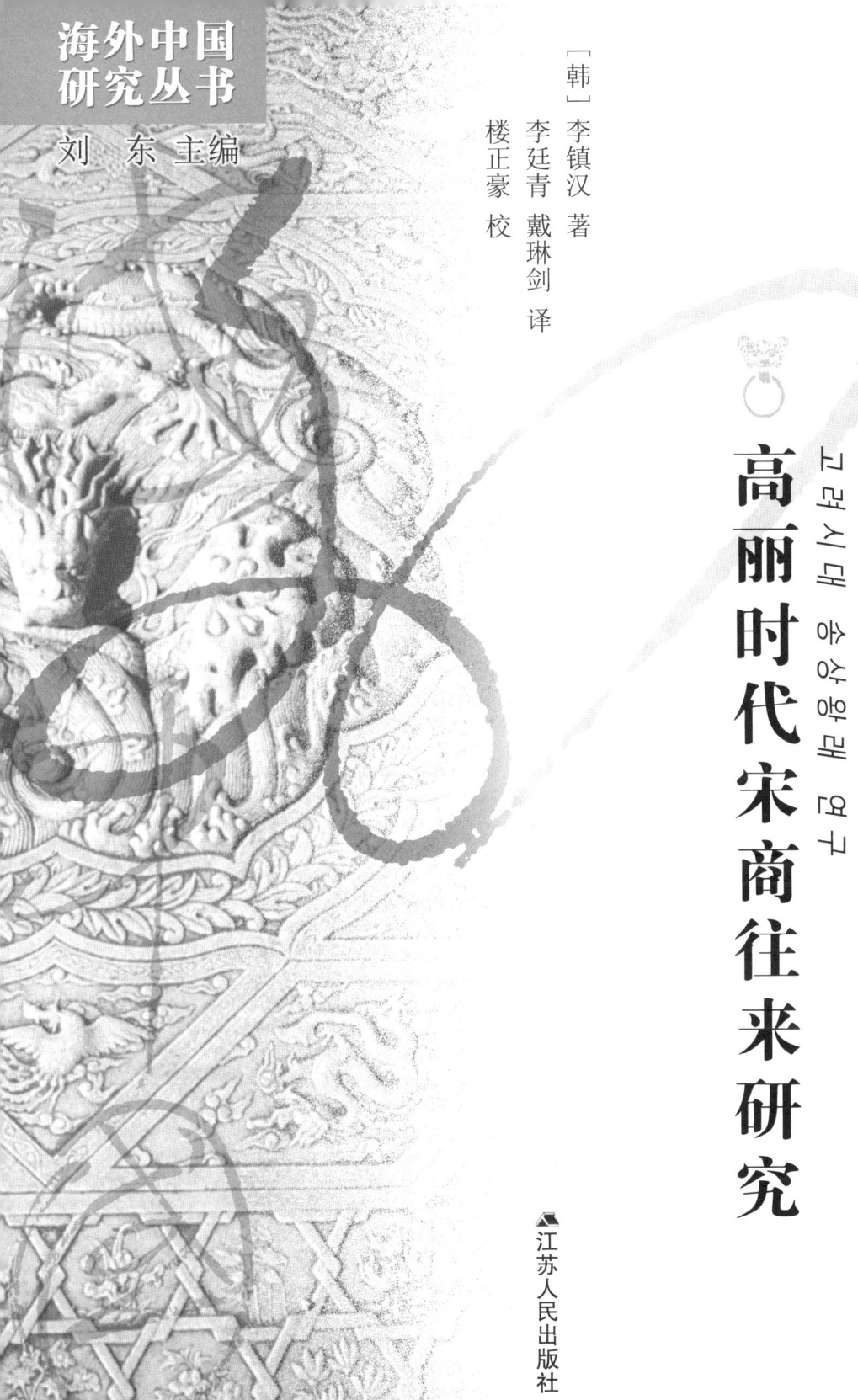

图书在版编目(CIP)数据

高丽时代宋商往来研究 / (韩)李镇汉著;李廷青,戴琳剑译. -- 南京:江苏人民出版社,2020.7(2021.11 重印)
ISBN 978-7-214-22485-9

Ⅰ.①高… Ⅱ.①李… ②李… ③戴… Ⅲ.①对外贸易-中外关系-贸易史-研究-朝鲜-宋代 Ⅳ.
①F752.731.2

中国版本图书馆 CIP 数据核字(2020)第 106211 号

고려시대 송상 왕래 연구 by Jin Han Lee
Copyright ©2011 by Jin Han Lee
Simplified Chinese edition copyright © 2020 by Jiangsu People's Publishing House.
All rights reserved.
江苏省版权局著作权合同登记号:图字 10-2019-469 号

书　　　名	高丽时代宋商往来研究
著　　　者	[韩]李镇汉
译　　　者	李廷青　戴琳剑
校　　　者	楼正豪
责 任 编 辑	卞清波　康海源
装 帧 设 计	陈　婕
责 任 监 制	王　娟
出 版 发 行	江苏人民出版社
地　　　址	南京市湖南路 1 号 A 楼,邮编:210009
照　　　排	江苏凤凰制版有限公司
印　　　刷	江苏凤凰通达印刷有限公司
开　　　本	652 毫米×960 毫米　1/16
印　　　张	19.5　插页 4
字　　　数	217 千字
版　　　次	2020 年 7 月第 1 版
印　　　次	2021 年 11 月第 2 次印刷
标 准 书 号	ISBN 978-7-214-22485-9
定　　　价	68.00 元

江苏人民出版社图书凡印装错误可向承印厂调换

序"海外中国研究丛书"

中国曾经遗忘过世界,但世界却并未因此而遗忘中国。令人嗟讶的是,20世纪60年代以后,就在中国越来越闭锁的同时,世界各国的中国研究却得到了越来越富于成果的发展。而到了中国门户重开的今天,这种发展就把国内学界逼到了如此的窘境:我们不仅必须放眼海外去认识世界,还必须放眼海外来重新认识中国;不仅必须向国内读者逐译海外的西学,还必须向他们系统地介绍海外的中学。

这个系列不可避免地会加深我们150年以来一直怀有的危机感和失落感,因为单是它的学术水准也足以提醒我们,中国文明在现时代所面对的绝不再是某个粗蛮不文的、很快就将被自己同化的、马背上的战胜者,而是一个高度发展了的、必将对自己的根本价值取向大大触动的文明。可正因为这样,借别人的眼光去获得自知之明,又正是摆在我们面前的紧迫历史使命,因为只要不跳出自家的文化圈子去透过强烈的反差反观自身,中华文明就找不到进入其现代形态的入口。

当然,既是本着这样的目的,我们就不能只从各家学说中筛选那些我们可以或者乐于接受的东西,否则我们的"筛子"本身就可能使读者失去选择、挑剔和批判的广阔天地。我们的译介毕竟还只是初步的尝试,而我们所努力去做的,毕竟也只是和读者一起去反复思索这些奉献给大家的东西。

刘　东

目　录

中文版序言　1

前言　1

第一章　序说　1

1. 绪论　1
2. 高丽初期对外贸易政策的变化与宋商往来　7
3. 关于对宋商贸易的再考察　13
4. 高丽与宋的外交和宋商往来　15
5. 宋人的来投与宋商往来　18
6. 武臣政权时期的宋商往来　20
7. 宋商往来的类型与《宋商往来表》　22
8. 结论：宋商的常时性往来　24

第二章　高丽前期的对外贸易及政策　28

1. 绪论　28
2. 对礼成港"贸易繁盛说"的批判　30

3. 对高丽海外贸易的再考察　41

4. 高丽前期的贸易政策　46

5. 结语　53

第三章　关于宋商贸易的再考察　55

1. 绪论　55

2. 高丽前期的宋商贸易与国王　57

3. 武臣执政与宋商贸易　72

4. 结语　81

第四章　宋丽外交与宋商往来　83

1. 绪论　83

2. 宋丽使节的往来与宋商往来　85

3. 宋丽外交文书的传递与宋商往来　93

4. 高丽漂流民的遣返与宋商往来　102

5. 结语　108

第五章　宋人的来投与宋商往来　110

1. 绪论　110

2. "宋商来献以前时期"(光宗至穆宗时期)的宋人投化　114

3. "宋商来献时期"(显宗至忠烈王初期)的宋人投化　124

4. 结语　137

第六章　武臣政权时期的宋商往来　139

1. 绪论　139

2. 宋丽文物交流与海商　141

3. 宋商相关文献的重新梳理　147

4. 《宋商往来表》和对宋商往来的再认识　157

5. 结语　162

第七章　宋商往来的类型与《宋商往来表》　164

1. 绪论　164

2. 宋商往来的间接例证和类型　166

3. 宋商往来的频度与次数　199

4. 结语　202

附《宋商往来表》　204

第八章　结论：宋商的常时性来往　252

1. 绪论　252

2. 关于对"宋商进献"记录的再考察　253

3. 宋商往来的常时性　262

4. 结语　271

参考文献　273

中文版序言

　　高丽时代有宋朝商人频繁往来这一事实很早就被学者们发现并论证了,韩国、中国和日本的学界均表示赞同。本书在以往研究基础之上,对"宋商往来高丽"这一主题再作一番专门考察,试图证明当时有着更多的宋商往来于高丽,这实际上成为了一种日常活动;甚至在文献中几乎没有"宋商来献"记录的高丽毅宗时期(1146—1170)和武臣执政时期(1170—1270),即使"宋商来献"次数骤减,但宋商往来也并未中断。如此这般,宋商常至高丽从事贸易活动并非偶然,而是必然。此外还应关注的是,宋商帮助高丽完成了如下几件大事。

　　首先是在与契丹的第一次战争后,高丽与宋的外交关系中断,面临着无法从中国输入礼乐文明的局面;而宋商在此时恰好发挥了重要的桥梁作用。虽然来自中国的最高水准文物*是通

---

　　* 译者注:本书中的"文物"一词并非指代历史上遗留的有价值的东西,而是礼乐制度、文化艺术、文献物产等的总称。

过皇帝下赐的方式得到的,而非民间贸易,但是宋商打开了高丽文宗(1046—1083年在位)之后与宋通交的大门。从这一点来看,宋商往来削弱了高丽在外交上对宋的依存程度,使其能够周旋于辽宋之间,以谋得国家利益的最大化。同时,宋商将高丽统治阶级所追求的中国最新物产带来高丽,高丽工匠通过仿制,推动了本国工艺技术的发展,最终创造出可以耀眼世界的文化遗产。

而且,宋商船舶所停泊的礼成港是高丽首都开京的门户港口,又是国内海上交通的枢纽。通过江河大海,这里汇聚了来自全国各地的船舶。掌舵者们卸下物品之后,便会与这里的宋商进行交易,再将货物运向国内各地。如此看来,宋商虽只进出礼成港这一处,实际上比奔波于各地港口更有效率,因为这里等于是高丽的集散地。

再次,宋商往来推动了居住在高丽东北的女真人的入朝行为。女真人最先在渤海灭亡之后,跨过鸭绿江和黄海至山东登州从事贸易,后来契丹人为阻止宋与女真的联合,在鸭绿江入口修造了城墙。无法直接入宋的女真人虽然可以搭乘遣宋高丽使臣的船舶,但由于中间环节复杂而不得不中断。后来女真人朝贡贸易的对象从宋转至高丽,他们前往高丽向国王献上贡物并得到回赐;在高丽开京停留的15日期间,又顺带与宋商接触,购买他们所带来的货品。特别是每年阴历11月,高丽最大的庆典——八关会上会举行向国王献礼的仪式,宋商与女真人都会参加。届时开京便成为高丽、宋朝、女真、日本等东亚各地商人进行合法贸易的场所。

最后,日本的海商也会来到高丽。他们在八关会仪式上,向高丽国王献上贡物并获得回赐,受到和女真人类似的待遇,然后与高丽、宋、女真等人员展开贸易。日本海商的贸易形式与女真人所不同的是,九州的博多港也有宋商,日本人在本国即可获得中国及外国的物产,但还是坚持前往高丽。这是因为往来于日本的宋商一般很少久居日本,而宋商往来高丽则以年年循环的方式进行,有时两次中间仅仅间隔140天,可见其频度之高。这意味着高丽比起其他地方,能以最快的速度从宋商处得到渴求的物品。如果日本海商急需某些博多的宋商所没有的货品,就只能求助于往来高丽的宋商了。

就像这样,频繁而至的宋商同时吸引着女真、日本等周边地方的商人来到高丽,使高丽在以宋商为中心所形成的世界贸易网络中占据重要位置,可以说是东北亚的核心。宋商不仅带来了宋朝物产,还有与宋朝有贸易关系的阿拉伯、印度、东南亚等地的商品。这些商品一部分供高丽人消费,剩下的通过女真商人传入女真完颜部、沿海州*,甚至远至日本北海道。女真人将自己带入高丽的物产以宋商为媒介,经由中国,远销至阿拉伯、印度与东南亚。

以上列举了一些由日常往来高丽的宋商所引发的事例。关于这个主题的具体论证尚不充分,以后还需深入下去,特别是高丽时代的宋商往来已超越了一国历史研究的范畴,以世界史的角度仍有审视的余地。中国的读者也可从宏观的角度,以更多方法来考察这一现象。期待听到更多高见。

这本以"宋商往来高丽"为主题的书能在宋商的故乡中国出版,对笔者来说堪为莫大的荣幸。本书中文版能够顺利地翻译出版,需要感谢以下诸位的帮助。首先感谢江苏人民出版社将这本

---

* 译者注:今俄罗斯滨海边疆区。

粗陋之作介绍到了中国;然后感谢正在高丽大学研究生院攻读博士学位的李廷青和戴琳剑同学以及浙江海洋大学楼正豪博士,在对笔者文字充分理解的基础之上完成了出色的翻译及审校工作;最后感谢景仁文化社的韩正熙社长欣然同意本书在中国出版。向以上诸位表示诚挚的感谢!

2019 年 11 月

著者　李镇汉

前　言

本书是针对高丽时代每年有数百名宋商往来高丽进行贸易这一事实而展开的实证研究。时至今日，乘槎渡海仍是险难之事。所以人们对于海与船的印象，尚且停留在"难以靠近""有危险性"的层面上。实际上，在下列现代流行歌曲的歌词中就有这种认识的体现。

　　不知还有多远　令人怀念的首尔
　　浪涛截断去路　想往却无法前往
　　大海你若是陆地　大海你若是陆地
　　在船离开的码头我将不会哭泣
　　啊！大海你若是陆地
　　我又怎会与泪水相遇
　　　　　　　　——选自《大海你若是陆地》
　　你我之间若没有这海洋
　　离别便不会将彼此灼伤
　　渡轮从日落的码头出航

教人心痛　教人心伤　我不愿眺望

海鸥也同我的心一起　哽咽泪光

——选自《教人心痛》

这两首曲子均以男女离别为素材,其共同韵味在于离别的伤痛均来自海与船。沉浸在离别悲伤中的人,其实大可和心上人一同乘船远去,或者乘坐下一趟船随之而往。但人们却偏偏不这样做,反而将离别的冤屈苦闷归咎给海与船。表面上,他们分开之后在哭诉着无法追随心上人并埋怨大海,然而真正想埋怨的对象,其实应该是弃自己而去的那个人。像这样在逻辑上并不通的歌词,恰恰表现了习惯于陆上交通的现代人对于大海和船只的消极认识。作者在悲伤的歌词中,影射出大众对于海的情感;那是一个靠步行无法前往的畏途。

然而在运输手段尚不发达、交通网络尚未形成的高丽时代,人们对于海和船的认识与现在截然不同。1081 年 4 月,崔思齐以遣宋使臣身份,前往宋朝进贡方物并答谢宋朝皇帝下赐的医药。他曾在船头赋诗一首,恰如其分地展现了当时人们对海的认识。

天地何疆界,

山河自异同。

君毋谓宋远,

回首一帆风。

——《补闲集》卷上

在崔思齐眼中,大海那一端的宋朝并非遥不可及,而是靠着"一帆风"便可以抵达之处。高丽人在本国国内旅行时,也是使用船只更为方便。一般而言,人们乘船到达距离目的地最近的一处上岸后,再骑马或徒步前往终点。在当时,可以说水路与海路尽管多少存有危险,但仍是高丽的主要交通线路,陆路只是起到连接的辅助作用罢了。因此,崔思齐在坐船时没有表现出太多恐惧,这也就不足为奇了,因为船只对他而言是习以为常的交通工具。

崔思齐前往宋朝时所乘坐的船只,其掌舵者并不是高丽海商,而是往来高丽的宋商。宋商为了在高丽追求货殖而往返于两国之间,同时也会顺带搭载往来于两国的使节或其他人物,并从中获取报酬。崔思齐一行正是宋商船舶的乘客。宋商们的活跃身影以及经常往来高丽等事实,通过以往研究已广为人知,几乎所有的教科书或概论型著作中均有提及。

本书基本上以既有的研究成果为基础,试图证明有着**更多的宋商**,从**相当早之前**开始便**尤为频繁**地往来于高丽。在此之上,本书还将对每年前来高丽的宋商中总会有一部分人留下来这一点加以说明。"有很多的宋商前来"与"有更多的宋商前来"不过是宋商往来在数量上面的差异而已,但是时刻都有宋商滞留于高丽这一点,便是与以往宋商往来研究有着质的不同了。倘若果真如此,那么我们将不得不大幅修正关于高丽时代贸易史的基本观点,这也意味着我们可以展开如下思考:

自成宗时期(981—997)以降,高丽一方面禁止本国人出海贸易,一方面却并未限制宋商前来高丽行商。因此宋商得以频繁地往来于高丽,并在礼成港和开京客馆——通常被称作唐商馆——中展开活动。同时,东女真、西女真、黑水靺鞨、日本、耽罗(在归属高丽之前)等周边国家或民族也开始前来高丽。他们不仅被高丽国王授予武散阶并得到回赐品,自己还会主动前往附近的宋商客馆内进行贸易活动。他们通过与高丽的外交关系获得了政治上的权位和经济上的利益,同时还实现了与宋商之间的连线。

如此一来,以高丽为中心,宋、黑水靺鞨、东西女真、日本及耽罗所连接而成的东北亚地区的贸易网络便形成了。由于高丽在政策上禁止高丽商人出海贸易,黄海海上贸易的主导权便转入了宋商手中。但高丽通过允许宋商自由往来本地进行贸易,实则成为了东北亚贸易的中枢。

另一方面,载有租税与贡物的漕船以及载有产自各地、销往开京的物品的船舶,均汇聚于礼成港,实现货物集散。若宋商也滞留此处,那些船员便可以在结束工作时,与宋商交易一些地方民众所需的物品之后再返航。宋商无须辗转各地,只要停留在礼成港,便可以在高丽国内的商业网中"大显身手"。

宋商贩卖给高丽百姓的物品中包括华丽的丝绸、高水准的工艺品、儒佛典籍等等。这些物品的流入,正意味着当时最前沿的技术与知识的传入。也正是因为高丽人能够时刻通过宋商接触到当时顶级水准的宋朝印刷术与瓷器,他们才可以制作出高丽大藏经、青瓷等世界级的文化遗产。

以上假设尚需今后通过史料进行充分的探讨来证实,但"时刻都有宋商在高丽"这一点是最基本的研究前提。只有这样,国内外的交易才会成为必然。否则,上述交易不过是偶然性的商品交换而已,很难激活出真正的贸易往来。

在这本微不足道的作品刊行之际,要借此感谢以下几位。面对庞杂的宋朝文献资料在搜罗上的难度,过去国内学界关于高丽时代对宋关系史的研究大部分是依靠宋史研究者而得以展开的。但随着最近《宋代丽史资料集录》(张东翼,首尔大学出版部,2000)和《十至十四世纪中韩关系史料汇编》(杨渭生等编著,学苑出版社,2002)等涉及高丽的宋史资料集的出版,韩国史研究者也得以直接阅读相关原始史料。尤其是笔者因中文解读能力稍显不足,更是从上述资料中获益匪浅。从学者的道义出发,须在此致以谢忱。

在初稿写作之时,内人朴胤珍每每能提出建设性意见,使文章趋于完善;酷爱美术和历史的小女李东畴也总能助笔者更专注于研究工作。高丽大学高丽时代史专业的研究生们对本书所录史料进行了细致校正,为提高本书的可信度做出了相当的贡献。景仁文化社的文瑛周老师不仅对本书作了精心装帧,更承担了繁杂的校订工作。

此外,对于引导笔者走上贸易史研究之路的财团法人海上王张保皋纪念事业会、支援研究经费的韩国研究财团、提供封面照片的国立海洋文化遗产研究所等,均在此一并深表谢意。

2011 年 9 月
著者

第一章 序说

1. 绪论

众所周知,高丽时代的宋商往来活动十分频繁。这一点通过《高丽史》及《高丽史节要》中所记载的大量关于宋商"来献"(渡来并进献)的条目可资证明。① 而且,除直接记载宋商到来的记录之外,在分析宋丽交流文献时,不难发现有不少其他史料同样与宋商往来有关。

---

① 自20世纪30年代开始,对于高丽时代宋商频繁往来的关注和研究逐步兴起,直到最近仍有学者以"宋商来献"史料为据,证明高丽海上贸易的繁盛。相关研究成果如下:金庠基(a),1937,《丽宋贸易小考》,《震檀学报》7;1948,《东方文化交流史论考》,乙酉文化社;白南云,1937,《商业及商业资本》,《朝鲜封建社会经济史》(上),改造社;金庠基(b),1959,《高丽前期的海上活动与文物的交流——以礼成港为例》,《国史上的诸问题》4,国史编纂委员会;1974,《东方史论丛》,首尔大学出版部;森克己,1956,《日本、高丽来航の宋商人》,《朝鲜学报》9;1975,《続日宋贸易の研究》,国书刊行会,第341页;金渭显,1978,《丽宋关系及其航路考》,《关大论文集》6;1985,《辽金史研究》,裕丰出版社,第206页;宋晞,1979,《宋商在宋丽贸易中的贡献》,《宋史研究论丛》2,(中国文化研究所)华冈出版部;倪士毅、方如金,《宋代明州与高丽的贸易关系及其友好往来》,《杭州大学学报(哲学社会科学版)》1982年第2期;黄宽重(a),1983,《南宋与高丽关系》,《中韩关系史国际研讨会论文集》;黄宽重(b),1991,《宋、丽贸易与文物交流》,《震檀学报》71、72合辑;林士民,《论宋元时期明州与高丽的友好交往》,《海交史研究》1995年第2期;朴真奭,1996,《11—12世纪宋与高丽的贸易往来》,《中朝关系史研究论文集》,吉林文史(转下页)

笔者最近即发掘出了诸多迄今尚未广知的、与宋商往来有关的新证据。② 和此前已知的资料相比，这些新证据虽能证明有更多的宋商曾前来高丽，但"在宋商频繁往来的背景之下，高丽的贸易变得非常活跃"这一公认的说法，并未随着新证据的出现而发生根本性的变化。

不过，若不考虑宋商往来在高丽不同时期的频率差异的话，似乎每年都会有一定数量的宋朝商船往来于高丽，其中有数百名宋商长时间滞留在礼成港和开京，③并在进行过一番贸易活动之后再返回。假如上述记录属实，那么高丽的对外贸易应该可以从完全不同的角度进行重新解读，具体如下：

第一，若宋商每年都前来高丽，那么高丽商人势必会一直做好与宋商进行贸易的准备。宋商滞留在开京的客馆或礼成港时，非商人的一般民众也会前去购买心仪物品。可以说，高丽人与宋商的贸易往来是必然会发生的。反过来，若宋商往来高丽不是规律性的话，其所附带的贸易活动也只能是偶然性的了。高丽商人

（接上页）出版社；朴玉杰，1997，《来航高丽的宋代商人及丽宋的贸易政策》，《大东文化研究》32；杨渭生，1997，《宋与高丽：复杂微妙的"三角"政治关系》，《宋丽关系史研究》，杭州大学出版社；杨渭生，1997，《宋与高丽：民间贸易与商人的作用》，《宋丽关系史研究》，杭州大学出版社。

② 笔者就宋商往来这一主题已发表的论文如下：李镇汉，2005，《高丽前期对外贸易与政策》，《九州大学韓国研究センター年報》5（本书第二章）；2007，《再论高丽时代宋商贸易》，《历史教育》104（本书第三章）；2009，《高麗時代における宋の往來と麗宋外交》，《年報朝鮮學》12（本书第四章）；2010，《高麗時代における宋人の來投と宋商の往來》，《年報朝鮮學》13（本书第五章）；2010，《高丽武臣政权时期宋商的往来》，《民族文化》36（本书第六章）；2010，《宋商往来研究序说》，《东亚国际关系史》（金俊烨先生纪念册编纂委员会，亚研出版社）（本书第一章中部分内容）。

③ 礼成港是宋商为在高丽开展贸易活动而停泊商船的港口。宋商留居于开京的客馆内并与高丽民众进行交易。而在高丽迁都江华岛时期，宋商应是泊船于江华岛的码头并入住江华岛的客馆的，因而准确的表达当是"礼成港与开京，以及江华岛的码头和客馆"。但由于高丽迁都江华岛的时间前后仅有40年，本文的着重点是宋商往来高丽的整个时期，故江华岛时期略去不提，望读者谅解。

由于无法预测宋商的行踪,很难做好与之贸易的准备。普通民众也只能是在运气好时遇见宋商,才能购得海外珍宝。这种情形下,奢侈之风自然难以形成。

第二,宋商定期往来高丽也势必会对黄海地区的商业及贸易造成巨大影响。按《高丽图经》,徐兢的船只在横跨黄海之后,分别在黑山岛、群山岛、马岛暂泊休憩并补给水和食物。④ 宋商们的航海路线也应大同小异。只不过他们因身份不是使臣,所以为了得到必需品就必须与高丽人进行交易。如果宋商每年定期两次以上往来高丽的话,宋商船只在往来途中所停泊之处自然会形成固定的贸易场所。但是如果宋商往来的频率及次数毫无规律的话,岛屿地区哪怕有交易发生也只不过是无计划性的、单纯的物物交换而已,很难视其为是基于与宋商进行贸易而得以推动的一种地方商业的发展。⑤

第三,如果宋商往来十分频繁,并且轮番常驻高丽进行贸易的话,之前将宋商在高丽的贸易视为独特的"私献贸易"的看法,⑥就不得不加以反思了。因为这种看法隐含了一个前提:宋商偶尔前来高丽主要是为了与国王见面并进行贸易。即是说,宋商行至高丽,是为了与最高的贸易对象——国王,用"进献"与"下

---

④《高丽图经》从卷34"海道1"开始到卷39"海道6"为止详细记载了徐兢一行往来高丽的旅程。
⑤ 据称1123年,宋朝吊慰使、祭奠使一行完成任务后从礼成港出发,于归途中遭遇风浪,从而在紫燕岛停留了6晚,在群山岛分别停留了14晚和6晚(《高丽图经》卷39,海道6)。由此可见,宋商船舶往来高丽之时,因遭恶劣天气条件而长期滞留于某岛的事例应当不少。因而对于宋商泊船之处的当地商人来说,这提供了一个交易的契机,他们亦可通过向宋商提供水、食物等必需品来换得其他物品的方式攫取利益。
⑥ 森克己,1959,《日·宋と高麗との私獻貿易》,《朝鲜学报》14;1975,《続日宋貿易の研究》,国書刊行会。

赐"的方式完成贸易之后再回国。若按此说法,那么宋商入丽的目的自然就变成进行私献贸易。但是宋商向国王进献的物品主要是珍宝一类,之后他们还会停留相当长的一段时间后再离开,尔后又会有其他宋商前来。如若宋商能够这般频繁地往来高丽,且在高丽总能见到宋商存在的话,那么他们向国王的进献行为,其本身便是次要的,不过是为了得到贸易上的便利而走的程序罢了。⑦ 因此,宋商正常的往来,在进献层面上的意义被不断削弱。若再考虑到宋商几乎是常住在开京和礼成港进行贸易的的话,从整体上来看,宋商的贸易行为之中,与王室和官府的贸易比重只占较小部分,私贸易的比重更大。

第四,宋商往来对于理解宋丽之间的人物交往及文物交流方面也会起到影响。如果宋商每年都往来高丽的话,那么只要两国人员愿意,无论何时都能乘坐宋商船只去往彼国,佛教与艺术等也几乎可以实现"实时"交流。两国之间虽然隔着茫茫大海,交通极为不便,但乘坐宋商船只的话,从宋朝的明州到高丽的礼成港也只需16天而已。⑧ 从时间上来看,对宋商而言,与从明州出发跨越山川到达更远的宋朝内陆地区相比,前往高丽礼成港反而更近。尤其是南宋时期,因彼时首都临安毗邻明州,故为先进文化传入高丽创造了良好条件。事实上这一传播正是通过宋商得以实现的。

于是,高丽时代的宋商往来是否为每年定期的,且是经常性

---

⑦ 山内晋次,2003,《東アジア・東南アジア海域における海商と国家》,《奈良平安期の日本とアジア》,吉川弘文館,第199页。

⑧ 徐兢出访高丽时,从明州定海县出海,经16天左右到达礼成港;而从礼成港出发回程时则花了42天,因其中包含了遭遇风浪而暂泊的26天,所以单纯的航海时间也为16天(曹东元等,2005,《〈宣和奉使〉解题》,《高丽图经》,金牛座出版社,第16—28页)。其他宋商船舶驶向高丽所需时间大体上也应所差无几。

的这一问题，便显得十分重要了。其答案会影响对于高丽对外贸易、商业性质以及宋丽两国的人员往来和文化交流等诸问题的理解。但是，目前学界的研究成果只停留在"高丽的对外贸易因宋商大量前来而显得十分活跃"这一层面上。

因此，本书通过仔细梳理与宋商往来相关的多个领域的记载，力求证明宋商几乎每年都会前来高丽这一事实。为此，本书将首先考察高丽的对外贸易政策，对高丽初期尚且活跃的与中国的贸易在进入成宗时期后规模大幅缩小，直至最后被宋商独占的过程作一番爬梳。然后通过高丽时代的文集和中国文献，找出与"宋商往来次数比已知的更多"有关的材料，以此佐证宋商的贸易与已知的相比其实更加活跃的事实。同时，宋商的贸易往来在武臣政权时期（1170—1270）虽然同样持续，但随着决策权从国王过渡到武臣执政者，有关宋商进献的记载也大幅骤减。所以只能认为彼时宋商的贸易往来是在减少的，关于这一点本书也将另有说明。

另外，本书还搜集了若干事例，它们在文献记载中并未出现"宋商"这一字眼，但实际上是可以解读出"宋商曾经来过"之含义的。如文宗时期（1046—1083）以后，两国使节有过几次往来的经历，而他们正是搭乘宋商船舶，并在其帮助下实现往返的。又如宋商本身也有担负使节任务的时候，在高丽漂流民的遣返环节上也发挥过作用。本书将指出，这些事例均与宋商有关。与此同时，因为宋人来投高丽时也是乘坐宋商船舶的，所以这也应包含在宋商往来的研究范围之内。尤其是高丽初期便已有此般来投事例，更说明了宋商往来现象早已有之。

接下来，本书将利用与宋商往来相关的间接例证，来确认宋商往来的频次究竟高到何种程度。首先要讨论的，便是武臣政权时期的宋商往来问题——一直以来学界认为，该时期的宋商往来情况是相对较少的。通过新挖掘的《东国李相国集》《湖山录》等书中关于宋丽两国人员之间的交流记录,以及通过重新阐释《高丽史》和宋代文献中与宋商往来相关的记载,本书将试图说明,这一时期的宋商往来情况与固有认识大相径庭,其数量绝对不在少数。

在此基础上,本书把从宋朝建立到灭亡约320年间的宋商往来记录,集中整理成《宋商往来表》,由此更直观地展示:宋商的实际往来次数要比以宋商来献记录为中心而形成的固有认识多得多。至于把宋使的往来、外交文书的传达、高丽使节的往来、难民的遣返、两国人员前往彼国、宋人来投高丽等所谓的间接例证也放入表中的理由在于,所揭事例的一部分虽然在时期上与宋商来献记录重叠,但它们基本上都是被当作单独的事例而记录下来的,这点正好说明这些间接例证足以成为与宋商往来相关的宝贵材料。

最后,尽管通过具体事例可以确定高丽时代有大量的宋商往来,但仍旧无法完全填满宋商在很长一段时间内没有前来高丽的"空白期"。因此,为了克服这一点,本书将从史料价值及完整性的角度来考察《高丽史》中的宋商来献记录。同时,针对那些暗示了宋商往来的盖然性——每年至少一次以上——的记录,以及揭示了宋商船舶往来的不间断性的记录,本书也将展开详细分析。

至此可以确定的是,宋商往来高丽的现象是一直都存在的,基本上没有受到两国间的政治、军事变化的影响。从这一点来看,对于高丽时代宋商贸易的性质及组织特征,应当打破成见而重新加以探讨。

以上便是本书的基本脉络。以下将简要介绍各章节的问题意识及主要内容。

2. 高丽初期对外贸易政策的变化与宋商往来⑨

高丽时代,礼成港是开京的门户,是包括宋朝在内的诸多外国船只的贸易活动场所。然而在概论性著作及教科书中,对此理解存在偏差:阿拉伯的商人被描绘得好像在整个高丽时代,从始至终都出现在礼成港一样。这种叙述易使读者产生误解。

该误解源于李奎报(1169—1241)《又楼上观潮赠同寮金君》⑩一诗中的"来船去舶首尾衔相连"和"朝发此楼底,未午棹入南蛮天"句。但是,有关大食国商人前来高丽的记录,从显宗到靖宗初期至多不过出现三回而已。⑪ 待回回人登场之后就是元朝干涉期了。所以从11世纪到13世纪中叶,大食国商人几无可能常常进出高丽。我们应更加全面地分析该诗,找出其正确的含义,从而把握高丽海上贸易的真实情形。

接下来便是纠正关于高丽民众参与海外贸易的误读了。就像使用尚存争议的史料来主张遥远的大食国商人经常来到高丽一样,对高丽民众参与海外贸易一事的理解也存在些许夸张成分。按934年七月与十月的文献记录,高丽船只曾经前往中国进

---

⑨ 本节大体上是对各章问题意识及论述内容的概括整理。但就本书第二章内容而言,笔者现在的想法不仅与当初发表论文时相比发生了许多变化,而且也略微脱离了"高丽时代宋商往来"这一贯穿本书的主题。因此,为了对随着高丽贸易政策的变化,高丽的海上活动渐趋式微而宋商开始主导黄海贸易的这一过程加以论述,本节与第二章在题目、内容上略有不同。

⑩ 自金库基在分析海上贸易时引用该诗之后(金库基,同脚注①(b)文,第461页),部分学者纷纷将此诗作为重要论据。

⑪《高丽史》卷5,世家,显宗十五年九月;《高丽史》卷5,世家,显宗十六年九月申巳;《高丽史》卷6,世家,靖宗六年十一月丙寅。

行贸易。⑫ 从982年崔承老的谏言"因其聘使,兼行贸易,其余非时买卖,一皆禁断"中,⑬也能确定此前曾有高丽海商前往宋朝。与此同时,《宋史·高丽传》中有高丽海船经常漂至明州、登州的记录。⑭ 另有资料显示,至南宋末期,明州地区对其他外国船只征收1/15的入口税,而对高丽商船只征收1/19。⑮ 有学者认为,以上种种记录表明高丽海商的活动一直持续至高丽后期。⑯ 亦有人主张,从高丽初期至武臣政权时期为止,高丽海商是十分活跃的。但是,没有任何决定性证据能够证明漂流而至的高丽海船一定是海商的贸易船只,而且南宋时期从明州归来的高丽商人也有可能是归化高丽的宋商。后者的情况,例如宋人徐德荣,在《高丽史》中被记作"宋商",但在宋朝文献中被记作"高丽纲首"。⑰因此,对于成宗时期以降高丽人海外贸易的相关记录,应予以全方位的重新解读,以求得明确的事实关系。高丽在原则上禁止同辽、金的边境贸易,这一点同样适用于海上贸易。

就像这样,随着高丽海商贸易活动规模的缩小,宋商的活动反而更加活跃起来,其契机的形成既有高丽内部的动因,又有对

---

⑫《册府元龟》卷999,外臣部,互市,后唐末帝清泰元年七月。
⑬《高丽史》卷93,崔承老传。
⑭《宋史》卷487,高丽传。
⑮《宝庆四明志》卷6。
⑯金庠基,同脚注①(b)文,第460页。
⑰ 宋朝文献记载中的高丽商人,不仅指代高丽初期入宋的高丽人,也有往来于高丽的宋商。比如徐德荣在宋朝文献中即被记作"高丽纲首"(《建炎以来系年要录》,绍兴三十二年闰二月),在《高丽史》中则被标为"宋都纲"(《高丽史》卷17,世家,毅宗三年七月)。两条记载分明指向同一人,因此可见宋朝将往来高丽的商人称作"高丽纲首"。另外,一部分归化高丽后仍继续进行海上贸易活动的宋人(李镇汉,2010,《高麗時代における宋人の來投と宋商の往來》,《年報朝鮮學》13),宋朝也将他们视作高丽人员。这一点,和居住在日本博多并往来于日本与宋之间的宋商被称作"博多纲首"为同一性质(榎本涉,2007,《宋代の「日本商人」の再検討》,《東アジア海域と日中交流―九~十四世紀―》,吉川弘文館)。

外方面的原因。来看下面一则史料。

> A1. 时王求言,承老上书曰……我太祖情专事大,然犹数年一遣行李,以修聘礼而已。今非但聘使,且因贸易,使价烦伙,恐为中国之所贱。且因往来,败船殒命者多矣。请自今,因其聘使,兼行贸易,其余非时买卖,一皆禁断。⑱

A1 是 982 年崔承老《时务策》中有关贸易的部分。此处言及的贸易国应是彼时与高丽缔结了外交关系的宋朝。崔氏谏言道:"我太祖情专事大,然犹数年一遣行李,以修聘礼而已。今非但聘使,且因贸易,使价烦伙,恐为中国之所贱。且因往来,败船殒命者多矣。请自今,因其聘使兼行贸易,其余非时买卖,一皆禁断。"他认为,除了使臣间往来所致的官方贸易和使臣个人进行的附带贸易,⑲其他任何形式的贸易都应当予以禁止。⑳

崔承老建议在此期间,交聘使节与贸易使节*可以分别前往宋朝进行贸易,从而使贸易只被允许在使臣往来时捎带发生。倘若这一建议被采纳,往后就只有在因进贡或进贺而派遣官方正式使节时方可兼行贸易,除此之外以其他理由前去宋朝进行的一般贸易或私贸易的规模也将不得不大幅减缩。㉑

就算崔承老的建议被采纳实施,高丽海商的贸易活动也仍然

---

⑱《高丽史》卷 93,崔承老传。
⑲ 全海宗,1977,《中世中韩贸易形态小考》,《大丘史学》12、13 合辑,第 355—361 页。
⑳ 李基白等,1993,《崔承老上书文研究》,一潮阁,第 104 页。
* 译者注:按本书作者李镇汉教授的解释,贸易使节是指对外以使节名义自居但实际上是从事海上贸易的一类商人。尤其在高丽初期,前往中国的高丽商人一度自称贸易使节,从而引发了不少问题。
㉑ 白南云,同脚注①书,第 763—764 页。蔡雄锡,1988,《高丽前期货币流通的基础》,《韩国文化》9,第 115—120 页。安秉佑,1994,《高丽时代手工业与商业》,《韩国史》6,大路社,第 125 页。

存有余地。由于高丽使臣前往中国时,需要借助高丽海商才能渡过黄海,所以只要高丽的对宋外交一直持续,高丽海商也就会在一定程度上参与到贸易当中,与王室、使臣等主要使行人物一同分享利益。不过在第一次高丽契丹战争爆发之后,随着高丽迫于契丹的压力而与宋断绝外交,高丽海商连这点程度的贸易都变得举步维艰了。

也就是说,为使宋丽之间的海上贸易得以进行,高丽就必须维持与宋的外交关系。然而就在崔承老上书后不过12年的993年,第一次高丽契丹战争爆发,高丽的事大对象由宋转为契丹。来看以下史料。

> B1. (成宗十三年)始行契丹年号。[22]
>
> B2. (成宗十三年夏四月)遣侍中朴良柔,奉表如契丹,告行正朔,乞还俘口。[23]
>
> B3. (成宗十三年六月)遣元郁,如宋乞师,以报前年之役。宋以北鄙甫宁,不宜轻动,但优礼遣还。自是,与宋绝。[24]

B1是994年高丽最终开始使用契丹年号的记载;B2是同年四月侍中朴良柔奉表前往契丹告知奉行契丹之正朔,并乞请归还高丽战俘的记载;按B3,同年六月高丽遣元郁至宋,请师抗辽,以报前年之仇,而宋以北方边防尚未安宁,不宜轻易移动作

---

[22]《高丽史节要》卷2,成宗十三年。
[23]《高丽史节要》卷2,成宗十三年四月。
[24]《高丽史节要》卷2,成宗十三年。

答,好生招待高丽使臣后将其遣回,自此高丽与宋断绝外交。㉕

通过梳理可知,高丽使用契丹年号即意味着对契丹开始奉行"事大主义"的政策,该时期是在高丽使臣前往契丹报告的994年四月之前。同年六月,高丽遣使至宋请求军事支援并提议双方联合但遭到拒绝,至此高丽方才断绝了与宋的外交。

994年四月,高丽决定奉契丹为宗主国并派遣使臣,但并未当即与宋断交,六月尚遣使至宋,以探清宋朝方面在是否会援助高丽问题上的想法。此乃高丽试图通过维持对宋外交,来进行长久贸易的举动。之后,即便与契丹爆发战争,高丽使臣仍然数番前往宋朝。1016年采取亲宋政策及使用宋朝年号等举措,其出发点均与上述一致。无论如何,随着高丽断绝对宋外交而与契丹建立事大关系,高丽海商丧失了入宋的外交名义,其开展对外贸易的可能性也随之消失。

另一方面,成宗初期崔承老的兼行贸易之建议与成宗末期对宋外交的断绝,二者似乎都为能有更多的宋商前来高丽提供了契机。虽然高丽海商的贸易活动日益艰难,但高丽对宋朝贸易品的需求却是一如既往。崔承老在上书文的另一处提出"庶人不得着文彩纱縠""车马衣服制度,可因土风"等主张,㉖亦是旨在减少因自己所建议的限制贸易而导致宋朝物品无法流入所带来的影响。就像这样,由于存在对于贸易品的需求,高丽需要维持与宋的贸

㉕ 有关高丽与宋朝外交的研究成果,可参考如下:金庠基,1961,《高丽时代史》,东国文化社,第61—65页、第134—164页;李丙焘,1961,《韩国史(中世编)》,震檀学会,乙酉文化社,第385—402页;丸龟金作,1961、1962,《高麗と宋との通交問題(1)(2)》,《朝鲜学报》17、18;全海宗(a),1974,《对宋外交的性质》,《韩国史》4,国史编纂委员会;全海宗(b),1977,《高丽与宋的关系》,《东洋学》7;罗钟宇,1995,《与五代、宋的关系》,《韩国史》15,国史编纂委员会;朴龙云,1995、1996,《高丽与宋的交聘目的及使节考察》,《韩国学报》81、82,2002,《高丽社会的诸历史像》,新书苑。
㉖《高丽史》卷93,崔承老传。

易。其结果便是宋商取代了高丽海商,开始更加频繁地往来于高丽。

宋建立后往来高丽的宋商,在显宗时期(1009—1031)之后数量更甚,这即源于高丽的海上贸易政策及对外关系的变化。随着时间的流逝,前往宋朝的高丽商人数量逐渐减少,而前来高丽的宋商数量则逐渐增加。㉗ 结果至11世纪中叶,宋商开始在宋丽之间的海上贸易中起到完全的主导作用。

1058年八月,文宗欲在耽罗和灵岩伐木造船以通宋朝,内史门下省以外交上会与契丹交恶为由进行反对,同时指出:"况我国文物礼乐兴行已久,商舶络绎,珍宝日至,其于中国,实无所资。"㉘此处络绎不绝的"商舶"即是宋商船舶。因此,内史门下省的意见所反映出的正是当时高丽有赖于宋商的海上贸易这一事实。随着崔承老的谏言被采纳,以及对宋外交在反复之间于1030年后彻底断绝,长久以来往来黄海并进行贸易的高丽海商逐渐退出历史舞台,其位置则由宋商所取代。

第一次高丽契丹战争结束后,高丽虽然对契丹采取"事大主义"政策,但之后仍数次向宋朝派遣使臣意欲维持对宋外交,这说明彼时高丽海商前去宋朝的可能性也是存在的。不过待到第三次高丽契丹战争结束,高丽彻底奉契丹为宗主国之后,高丽海商连和使节一道前往宋朝的机会都不再拥有,数量随之开始减少,直至最终退出历史舞台,而由宋商独占黄海贸易。所以在1030年之前,尚存宋丽两国海商同时活跃于历史舞台的可能性;但到

㉗ 有学者指出,关于高丽民间商人渡海前往宋朝进行贸易的史料几近空白,这表明高丽商人的活跃程度很低(森克己,1959,同前文,第554页)。或许原因在于,宋丽外交断绝之后,高丽海商丧失了入宋名分,因而海上贸易规模随之骤减。

㉘《高丽史节要》卷5,文宗十二年八月。

了1030年以后,两国间的交流几乎就只与宋商有关了。

3. 关于对宋商贸易的再考察

关于高丽时代宋商贸易的活跃程度,已通过《高丽史·世家》以及《高丽史节要》的渡来、来献记录加以说明。但是除了明确的宋商来献记录,还能发现其他关于宋商往来高丽的痕迹。义天通过宋商得知净源法师的名声后,决意前往宋朝求法,并于1085年乘坐宋商林宁的船舶西渡,回国以后仍与净源及其他宋僧往来书信、交换经籍。㉙ 负责传递这些物件而往来于两国的宋商,有洪保㉚、李元积㉛、陈寿㉜、徐都纲㉝、郭都纲㉞等人。㉟ 其中,李元积和洪保分别于1081年八月㊱和1098年十一月㊲前来高丽,相较于正史,书信里面留有更多的往来记录。这恰恰表明还有很多宋商往来的事实不存于《高丽史》等史料的进献记录条目中。

1054年寒食节当天,高丽国王分别在娱宾馆、迎宾馆、清河馆、朝宗馆宴飨宋商叶德宠等87人、黄拯等105人、黄助等48人

㉙ 金庠基,1959,《关于大觉国师义天》,《国史上的诸问题》3;1974,《东方史论丛》,首尔大学出版部,第212页;崔柄宪,1991,《大觉国师义天的渡宋活动以及高丽与宋的佛教交流》,《震檀学报》71、72合辑,第360—371页。
㉚《大觉国师外集》卷3,《大宋沙门净源书》五首第一首等。
㉛《大觉国师外集》卷10,《上净源法师书》四首第一首等。
㉜《大觉国师外集》卷7,《大宋沙门行端书》二首第一首等。
㉝《大觉国师外集》卷11,《上大宋净源法师书》二首第一首等。
㉞《大觉国师外集》卷7,《大宋传贤首教沙门智生书》等。
㉟ 原美和子,1999,《宋代東アジアにおける海商の仲間関係と情報網》,《歴史評論》592,第4—6页;2006,《宋代海商の活動に関する一試論—日本・高麗および日本・遼(契丹)通交をめぐって—》,《考古学と中世史研究3(中世の対外交流—場・ひと・技術)》,高志書院,第130页。
㊱《高丽史》卷9,世家,文宗三十五年八月戊辰。
㊲《高丽史》卷11,世家,肃宗三年。

以及耽罗国首领高汉等158人。㊳ 1148年八月,有宋朝都纲郭英等330人前来高丽。㊴ 这些例子均暗示曾同时有一拨以上的宋朝商团来到高丽开展贸易活动。由于许多商团同时入丽的情况经常出现,为了进行接待,高丽方面置备了四个客馆。㊵ 按照宋商往来记录,相继前来高丽的商团一个月会有两拨,或者偶尔几年间会有一拨。这也说明,无论是否留有记录,都有很多的商团一直常住在开京的客馆里。这部分亟待进一步的考察。

另一方面,按照以往观点,由于武臣政权时期的宋商来献记录大幅减少,因此该时期的宋商往来也是比较罕见的。但是从高丽礼宾省发往宋朝庆元府的文牒来看,从蒙古军中逃出的宋人是乘坐纲首范彦华、俞昶等人的船舶被送还的;㊶1258年宋朝官人有言,从明州至高丽的船舶年均达到1000艘;㊷《三都赋》则记载了江都的商船与贡舶万里连帆、络绎往来之景观。㊸ 这些史料均表明,即便在武臣政权时期,宋商依旧定期地、大规模地往来于高丽。

就像这样,武臣政权时期宋商往来的情形虽一如既往,但来献记录却骤然减少,关于这一点可作如下说明:武臣政权时期以前,前来高丽的宋商要谒见国王并进献贡物,这作为与国王相关的仪式而被载入《高丽史》和《高丽史节要》;但在武臣政权时期,随着武臣执政者取代国王直接管理宋商往来并占取贸易利益,

---

㊳《高丽史》卷7,世家,文宗九年二月戊申。
㊴《高丽史》卷17,世家,毅宗二年八月。
㊵《高丽图经》卷27,馆舍,客馆。
㊶ 卢明镐等,2000,《韩国古代中世古文书研究(上)》,首尔大学出版部,第448—449页;黄时鉴,1997,《宋—高丽—蒙古的关系史考察——以〈收刺丽国送还人〉为例》,《东方学志》97。
㊷《许国公奏议》卷3,《秦晓谕海寇复为良民及海关防海道事宜》。
㊸《东文选》卷2,《三都赋》。

《高丽史》中能留下的记录也就越来越少了。

最能直接证明高丽时代有大量宋商前来的证据是宋商来献记录。除此之外,通过对《大觉国师文集》等资料的深入研究,以及对中国文献中可以解读出宋商往来信息的史料之发掘,均能再现宋商贸易实际上比已知的更加活跃这一事实。

4. 高丽与宋的外交和宋商往来

近年来的宋商往来研究,有囿于紧抠"宋商"这一字眼而展开考察的倾向。但若考虑到当时宋商船舶是连接高丽与宋的唯一交通手段,应当能找到与宋商往来相关的各方面史料。其中的方法之一,便是将宋丽外交和宋商往来关联起来重新审视。

宋朝的册封使、国信使、吊慰使、祭奠使等,是肩负皇帝的使命、奉行使臣任务的"官方正式使节",他们所乘坐的船只也应具备一定的权威性。因而1071年宋丽恢复外交关系之后,1078年宋朝第一次决定向高丽派遣国信使时,宋朝建造了供使臣乘坐的神舟。宋神宗时期的神舟被命名为"凌虚致远安济神舟"和"灵飞顺济神舟",宋徽宗时期的神舟被命名为"鼎新利涉怀远康济神舟"和"循流安逸通济神舟"。其掌舵者是曾来过高丽的海商。[44]而在神舟诞生之前,政府一般会借用海商船舶,加以装饰,并改造仓库、房间等,作为使臣用船。[45]

即使以神舟出现为界,使臣所乘船舶前后的航运及管理方式也存在差异。但无论何种情形,宋朝的使节若想来高丽,则必须

---

[44]《高丽图经》卷34,海道1,神舟。
[45]《高丽图经》卷34,海道1,客舟。

借由来过高丽的宋商帮助才能实现。为了载送非定期的宋朝遣高丽使节,与其安排专人负责航行,不如利用深谙黄海航路的海商,他们显然效率更高。

然而,为送官方正式使节而来的宋商,在使节停留高丽期间,即便时间不够充裕,也还会从事贸易活动。这算是对他们为了国家利益而被强制劳役的一种安慰,或是对他们的贸易船只无法正常行商的一种补偿,所以这也应被视为宋商贸易的一环。宋商往来与宋朝使节的关系需得到重视:从光宗(949—975年在位)到成宗(981—997年在位)时期,一般认为是没有宋商往来的,但却有宋朝册封使数次前来高丽的记录。这是能够确认自宋朝建立之初,宋商往来便已存在的决定性证据之一。

有时宋商会作为非正式使节,被赋予临时使臣的身份,负责向高丽传达各类文书。1078年四月,"宋明州教练使顾允恭赍牒来,报帝遣使通信之意";㊻1085年,"宋密州报,帝崩,皇太子即位"。㊼这些记载中负责传达国书之人是非官员出身的、经皇帝任命的使节。宋商许立的例子能让我们更加确信这一点:1120年七月由宋朝派遣的乘信郎许立就是商人出身。㊽又据载,1123年正月有宋朝使臣许立前来。㊾就像这样,许立身为宋商,同时被临时赋予使臣任务,在前来高丽从事贸易时顺带传达国书。

往来高丽的宋商,无论是捎载宋朝使节,还是直接以临时使节身份向高丽传达文书,都在宋丽外交中起着核心的桥梁作用。

㊻《高丽史》卷9,世家,文宗三十二年四月申未;《高丽史节要》卷5,文宗三十二年四月。
㊼《高丽史》卷10,世家,宣宗二年三月戊戌。
㊽《高丽史节要》卷8,睿宗十五年七月壬戌。
㊾《高丽史》卷14,世家,睿宗十五年七月壬戌。

大部分文献中只记录有宋使前来或者来自宋朝的消息,而和宋商有关的信息则付之阙如。但这些事例当然是与宋商往来联系紧密的。

除此之外,至宋的高丽漂流民乘船返回一事,也当与宋商有关。

> C1.(天禧)三年九月,登州言:"高丽进奉使礼宾卿崔元信至秦王水口,遭风覆舟,漂失贡物。"诏遣内臣抚之。十一月,元信等入见……明州、登州屡言:"高丽海船,有风漂至境上者。"诏令存问,给度海粮遣还,仍为著例。㊿

1019年九月登州呈报,称高丽进奉使礼宾卿崔元信所乘船只翻覆,贡物漂失。而后明州、登州屡有高丽海船漂流入境的奏报。皇帝随即向这些地区下诏存问,给予漂流民渡海所需食粮并遣其回国,且将此定为常例。分析该史料可知,若高丽漂流民乘坐自己船舶的话,只需接受宋廷给予的食粮后启航归国即可;但如若本船损毁,则只能乘坐他船回国了。类似的还有1229年二月,"宋商都纲金仁美等二人,偕济州飘风民梁用才等二十八人来";㊼1259年四月高丽臣服于蒙古后,从蒙古人手下逃出的宋人升甫、马儿、智就等人,也是乘坐从高丽返宋的宋商纲首范彦华的船舶回国的。㊽

像漂流民或逃出的俘虏这样的难民出现在宋丽之间时,无论何时,他们最终都能返回故土,这是因为有宋商不间断地往来于

㊿《宋史》卷487,高丽传。
㊼《高丽史》卷22,世家,高宗十六年二月乙丑。
㊽陈高华,1991,《元朝与高丽的海上交通》,《震檀学报》71、72合辑,第350页;黄时鉴,同前文,第12页;卢明镐等,同前书,第448—449页。

高丽。因此在1088年五月,"宋明州归我罗州飘风人杨福等二十三人"这一事件的记录中,㊝虽对宋商只字未提,但其本身便是宋商往来高丽的间接例证。在高丽时代,单纯的有关至宋高丽漂流民的遣返记录不在少数;若将其全部纳入宋商往来的范畴,那么宋商往来次数将大幅增加。

5. 宋人的来投与宋商往来

高丽时代来投的宋人有很多,㊞他们都是乘坐宋商船舶前来的,㊟但是学界很少将其与宋商往来联系起来。究其原因,一方面是普遍认为高丽时代宋商频繁往来已是众所周知,没有必要单独论证有更多的宋商曾经前来;另一方面,在以往认知中,归化人前来高丽时乘坐的都是《高丽史》中出现的宋商船只。但是,将宋商相关记录和宋人来投内容进行仔细比较的话,有不少事例可以明确反映出,搭载归化者的并不只有《高丽史》中的宋商船舶。

本章首先将从光宗开始到穆宗时期为止(949—1009),作为"宋商来献"之前的时期,并对宋人来投事件加以考察。该时期比宋商"最早"前来㊟的1012年八月更早,所以只要证明这一时期有宋商来过,便可以推翻已有的说法了。从归化事例来看,最早的有《徐弼传》所载"(965年)光宗礼重投化唐人",㊟能确定具体

㊝《高丽史节要》卷6,宣宗五年五月。
㊞ 有关宋人来投高丽的研究,参考本书第五章的脚注⑨。
㊟ 自金庠基中提出这一点以来[同脚注①(a)文,第58页],大部分研究均赞成此说法。
㊟《高丽史》卷4,世家,显宗三年十月。
㊟《高丽史节要》卷2,光宗十六年七月;《高丽史》卷93,徐弼传。

年份的有宋朝泉州人蔡仁范在970年的来投事件,[58]之后宋朝扬州人刘志诚在1000年左右来投,[59]以及宋朝温州文士周伫在1005年来投并被任命为礼宾注簿等等。[60]

按照以往观点,宋商直到1012年方来高丽,在此之前,宋人来投只能乘坐高丽船舶或自己驾船而来;但实际上可能性微乎其微。按《高丽史·周伫传》载,周伫乃乘坐商舶前来。[61] 970年来投高丽的蔡仁范也是乘坐泉州持礼使的船舶而来的。无论是商舶还是泉州持礼使的船只,均是宋商船舶。高丽初期宋人来投高丽一事,是表明自宋建国之初便有宋商往来于高丽的有力证据。

接下来是从显宗开始至宋朝灭亡的忠烈王初期为止的"宋商来献"时期(1009—1308)。彼时宋商往来高丽一事昭然无疑,所以要确认的便是宋人来投与宋商来献记录是否有重复。例如,有宋朝漳州人林完(后改名林光)于1112年(睿宗七年)乘商船到达开京,后于1114年科举及第。[62] 然而林完投奔高丽的这一年,《高丽史》中并无记载有宋商前来的事实,[63]因而林光归化一事也应算作一次宋商往来。

另外,有1184年九月宋朝进士王奉辰乘坐商船前来,并请允参加科举,后获"别赐乙科"一事。[64] 从内容上看,他应该是来高

---

[58] 金龙善编,2005,《高丽墓志铭集成(第四版)》,《蔡仁范墓志铭》,翰林大学亚洲文化研究所,第14页。另外,本书中所有高丽时代的墓志铭均引自该处,为方便起见,后述只注明墓志铭名称及页数。

[59] 《刘志诚墓志铭》,第15页。

[60] 《高丽史》卷3,世家,穆宗八年。

[61] 《高丽史》卷94,周伫传。

[62] 《林光墓志铭》,第131页。

[63] 1112年之前到高丽的宋商,有1110年六月的李荣,同年七月的池贵等[金庠基,同脚注①(b)文,第450页,《宋商来航表》]。

[64] 《高丽史节要》卷13,明宗十四年九月。

19

丽不久后便参加了科举；而在此之前，关于宋商入丽的有 1175 年八月张鹏举等人前来的记录。(65) 因此，1184 年九月宋人王逢辰来投高丽并在科举中及第的内容，说明了宋商在该年或几年间亦曾来过高丽。就像这样，宋人的来投记录也可用于佐证当时有更多的宋商往来于高丽。

如上所述，宋朝的使节派遣、政府的文书传达、高丽漂流民的遣返、宋人的来投等事件均能说明彼时有更多的宋商往来。虽记录内容本身与宋商无关，但若要达成这些目的，没有宋商往来便无从谈起。以此种方式重新观照宋丽交流的相关记载，并从中积极寻找宋商的身影，可以很好地填补以往研究中所无法解释的宋商往来之“空白期”。

6. 武臣政权时期的宋商往来

有学者认为，在高丽时代，直至宋朝灭亡为止，宋商都活跃在高丽的贸易舞台之上。但相对而言，武臣政权时期的来航次数大幅减少，甚至出现相当一段时间的空白。(66) 宋商来献记录的减少、宋丽外交关系的断绝，(67)以及南宋之后宋商活动减少等等，(68)都是上述论点的依据。反过来也有人主张，自南宋孝宗时期(1161—1189)以降，两国虽然开始疏远，但私人贸易却十分活跃，

---

(65) 金庠基，同脚注①(b)文，第 453 页，《宋商来航表》。

(66) 金庠基，同脚注①(a)文，第 54 页。

(67) 金庠基，1959，《高丽与金、宋之间的关系》，《国史上的诸问题》5；1974，《东方史论丛》，首尔大学出版部，第 598—599 页。

(68) 金庠基，同脚注①(b)文，第 446—447 页。

所以诸如佛教美术等文化交流是能够实现的。⑩ 具体而言,1173年明州进士沈忞向宋廷进献了高丽史书《三国史记》,然而彼时两国之间并无外交关系,所以该书的传入是经由商人之手而得以完成的。⑪

以往研究是以《高丽史》为中心来考察宋商往来次数的,而现在不再囿于此,而是从美术史资料和中国文献里发掘宋商往来信息。因此,倘若能从武臣政权时期刊行的文集中找出新资料,重新解读宋丽之间的文化交流,对这一时期宋商往来的理解也将发生转变。

例如《东国李相国集》中载,李奎报的诗歌传入宋朝并得到赞赏;⑪在宋商欧阳博虎的帮助下,宋僧祖播与高丽空空上人进行过诗文交流。⑫ 此外,大概在13世纪五六十年代,宋朝延庆寺与高丽真静国师之间就佛教典籍与文书有过数番交流。⑬ 而往来于两国间负责传递的正是宋商。

同时,这一时期也留下了关于宋商往来高丽的规程记录。宝庆年间(1226—1228)编纂的地方志《宝庆四明志》中即有"本府(庆元府)与其(高丽)礼宾省,以文牒相酬酢,皆贾舶通之"句。⑭ 又如,1259年左右编纂的《开庆四明续志》⑮中,载有能推出宋商

---

⑩ 郑炳模,1997,《宁波佛画与高丽佛画的比较研究》,《讲座美术史》9,第136—137页。
⑪ 南权熙,2002,《高丽时代记录文化研究》,清州古印刷博物馆,第697页。
⑪ 《东国李相国后集》,序。
⑫ 《东国李相国后集》卷3,《次韵宋朝播禅老寄空空上人并序》。
⑬ 《湖山录》卷3;许兴植,1995,《真静国师与湖山录》,民族社,第198页。
⑭ 张东翼,2000,《高丽与五代王朝的相关记录》,《宋代丽史资料集录》,首尔大学出版部,第102页。
⑮ 张东翼,2000,《高丽与宋的政治外交的相关记录》,《宋代丽史资料集录》,首尔大学出版部,第335—336页。

往来信息的高丽漂流民之证言。⑯

另外,1261年六月高丽世子一行赴元时,蒙古官员询问高丽是否常与宋人通好,李藏用以"但商舶往来耳"一句作答。⑰ 1271年正月,枢密院使金錬赴元请婚,就"高丽与南宋、日本通交"一事,声称早有宋朝商船往返,然最近十年未曾见来,直至年前有一商船来时,尚且担忧蒙古方面会误以为是"从前络绎往来"。⑱ 高丽方面的诸般证言,足以说明宋商不仅在1270年时来过高丽,十年之前的13世纪60年代也曾有多人到访。

综上,若将武臣政权时期的"宋商来献",以及包括宋人投化、文化交流等这些与宋商相关的文献记载加以重新分析的话,能够确认宋商往来的次数并不像以往研究所认为的那样少。

7. 宋商往来的类型与《宋商往来表》

与过去的研究相比,通过大量追加诸如宋人归化、漂流民遣返等这类没有宋商便无法达成的事例,我们对武臣政权时期的宋商往来次数有了新的认识。本书以这种方法将研究时间范围扩大至整个两宋时期,并制成《宋商往来表》以展示宋商往来高丽之频繁程度。本表不仅包含了前人依据"宋商来献"记录所整理的《宋商来航表》,还补充了与宋商往来有关的间接例证,并用标记加以区分。通过此表可以一目了然地看到,宋商往来的实际次数与以往的观点相比多出很多。

在宋商往来类型方面,相关事例——字面上未直接写明,但

---

⑯《开庆四明续志》卷8,收养丽人。
⑰《中堂事记》卷下。
⑱《高丽史》卷27,世家,元宗十二年正月。

确实属于其类——将被分成几个不同的类别。在此之下继续细分的话,宋丽外交层面的宋商往来就包括宋使往来、入丽通知、丽使入宋与归国、入宋请求、难民遣返(漂流民遣返、逃出俘虏遣返、流亡者遣返)等类型;宋丽民间交流层面的宋商往来就包括人员往来、宋人来投、文物交流等类型;其他还包括大食国来献、宋商在丽、往来推定及宋商规定等类型。⑦

其中,宋使往来、宋人来投、高丽漂流民送还等部分已有详细讨论,故本章仅简略述之。此外,丽使入宋、入宋请求部分是以往研究中未曾涉及的部分。"丽使入宋"指高丽使节前去宋朝。高丽文宗时期与宋朝恢复通交之后,有高丽使节乘坐宋商船舶赴宋的情况,⑧故将其划为一类。"入宋请求"指事前禀告宋朝将有高丽使节前往。目前缺少将这些情形与宋商往来联系起来的研究,但宋朝文献中有此内容,故将其分为一类。

另一方面,"宋商来献"记录意味着有宋商前来。倘若宋商船上既载有来投高丽的归化者、被遣返的高丽漂流民,又携有宋朝外交文书的话,若干件事物叠在一起,按宋商往来的次数来算,却仅有一次而已。本书目的在于论证宋商往来的频繁程度,因此通过间接例证寻找宋商往来的踪迹,这也是十分重要的工作。

兹举1133年二月的一次入宋请求为例。1133年二月韩惟忠等人被派往宋朝谢恩,行至洪州海域时遭遇风浪,贡物尽毁,结果放弃使行而返航。《高丽史》载:"海上遇风几覆,贡篚沾湿,不

---

⑦ "宋使往来""丽使入宋"等名称并非固有的历史用语,而是笔者为将相关事例编入《宋商往来表》中而新造的表述。
⑧ 金庠基,同脚注①(a)文,第71页;同脚注①(b)文,第445页;近藤一成,2001,《文人官僚蘇軾の対高麗政策》,《史滴》23,第6页。

达而还。"㉛宋朝文献中亦有相关内容:"闻高丽遣使来,以法惠寺为客馆以待之,洪州洋内风败其舟,卒不至。"㉜

就像这样,在中国的记录中留有1133年高丽使节前去宋朝,以及途中于洪州遭遇海风最终未能成行的内容。恐怕是当时往来高丽的宋商将这一消息传达给了宋朝。但是在1133年前后来过高丽的宋商只有1131年四月的卓荣和1136年九月的陈舒,㉝所以这暗示了传达消息的宋商另有其人。所以通过1133年的韩惟忠,还有后文将提到的1132年的洪彝叙接连未能使行至宋等事例可知,至少还存在三次以上未被记录下来的宋商往来事例。与此同时,关于其他类型的事例是否能够作为宋商来献或宋商往来的间接例证,本章也进行了探讨。

最后,为了揭示《宋商往来表》与《宋商来航表》之间的差异,本书将分不同时期,对年份和次数进行比较,进而找出存在数次宋商往来却只留下一条记录的情况,或者一次往来之中包含数艘商船之情形,借以说明同一年内,前来高丽的宋人商船不只有一艘。

8. 结论:宋商的常时性*往来

如果间接例证可靠的话,宋商往来的次数将比现有研究结果多出许多。在10世纪后半叶以及武臣政权时期,在很长的一段时间里未见宋商往来的相关记录,其年份间隔也相当长。就这一

㉛《高丽史》卷16,世家,仁宗十一年二月;《高丽史节要》卷10,仁宗十一年二月。
㉜《建炎以来系年要录》卷63,绍兴三年二月庚寅。
㉝ 金庠基,同前文,第452页,《宋商来航表》。
* 译者注:作者在本书中希望强调的是,宋商往来不是阶段性的,而是日常性的,几乎到了"每年都有宋商往来"的程度。"常时性"即是对这一频繁程度的描述,意在突出其不间断、持续连贯的特征。

点而言,通过查找具体往来记录的方法,还不足以完全填补宋商往来的"空白期"。为解决这一问题,同时证明宋商往来具有常时性这一特点,我们所需做的不是寻找事例,而是要重新分析宋商往来记录本身。

《高丽史》《高丽史节要》是朝鲜*文宗时期(1450—1452)在整理高丽王朝各类文献的基础上编纂成的,因此只记下了符合收录原则的重要事件。但事实上,像派遣使臣这样的重大事件的记载也出现过遗漏。兹举一例,1138年正月,高丽仁宗王楷遣卫尉少卿李仲衍奉表贺正。[34] 这一史实载于宋朝史书,却未载于韩国文献。这意味着即便是得到与宋朝外交使节同等待遇的宋商,其相关记录也可能出现相同的阙失。

继而对宋商记录重新探讨时会发现,从最初"来献"至第五回前来的宋商为止,每一次的人员都不一样。若仅从史料表面理解的话,将会得出如下结论:每年都有新的宋商前来高丽,来过的宋商此后不会再来。但到过高丽两回以上的宋商大有人在,[35]三回以上的也有七名,郭满、徐德荣等宋商都有五回的记录;[36]更有文献表明,宋商徐成仅仅间隔了140天便又再次前来。[37] 另外,若考虑到宋商只在特定国家开展专门贸易这一点,[38]他们来过高丽

---

* 译者注:指李氏朝鲜王朝时期(1392—1910)。
[34]《建炎以来系年要录》卷118,绍兴八年正月乙卯。
[35] 陈高华、吴泰,1981,《宋元时期海外贸易的活动状况》,《宋元时期的海外贸易》,天津人民出版社,第37页。
[36] 全海宗,1989,《高丽与宋的交流》,《国史馆论丛》8,第18页。
[37] 全海宗,同前文,第17页。
[38] 森克己,同脚注①文,第341页;和田久德,1959,《東南アジアにおける初期華僑社会(990—1279)》,《東洋学報》42-1,第81页;石井正敏,1992,《10世紀の国際變動と日宋貿易》,《新版 古代の日本―アジアからみた古代日本―》,角川書店,第359页。

数次的事实便不言自明了。史书中所载的宋商往来事件至多只是一部分而已，宋商往来的活跃程度实则远远大于记录上的“来献”次数。(89)

最后，本章对能够推断宋商往来之常时性的史料作了一番爬梳。据《高丽史》载，1040 年，宋商在八关会时参与进献方物的环节被设为常例。(90) 所以为了参与盛典，每年都应有宋商前来高丽。(91) 在毅宗时期详细制定的八关会规程中，该常例也包括在内，并得以原样保留。(92) 此外，1058 年的文献记载也表明，在内史门下省反对文宗对宋通交的同时，仍有宋商陆续前来。(93) 史料还显示，13 世纪 70 年代，高丽官员曾担心蒙古人会误认为宋商仍像十余年前那样不断前来。(94) 这些均说明，每年都有络绎不绝的宋商来到高丽。

与此同时，中国方面也有相关记载。11 世纪后期，宋朝规定每年有两艘以上的宋船前往高丽，停留一年方可返回。(95) 按照 13 世纪中叶宋朝官员留下的记录，一年里有三艘宋船前往高丽停留，且须待到来年的三艘到达后方可返回。宋商正是以这种方式往来于高丽的。(96) 以上皆说明，每年都会有两至三艘宋船往来高丽。

---

(89) 忠清南道泰安马岛附近沉没的宋商船舶，是在考古学上证明高丽时代有很多宋商往来的有力证据(国立海洋文化财研究所，2010，《800 年前的时间胶囊》，第 28 页)。

(90) 金庠基，同脚注①(b)文，第 454 页；朴玉杰，同脚注①文，第 32 页。

(91) 金庠基，同脚注①(b)文，第 454 页。

(92) 奥村周司，1979，《高麗朝における八関会的秩序と国際環境》，《朝鮮史研究会論文集》16，第 73—74 页。

(93)《高丽史》卷 8，世家，文宗十二年八月。

(94)《高丽史》卷 27，世家，元宗十二年正月。

(95)《续资治通鉴长编》卷 296，神宗元丰二年正月丙子。

(96)《许国公奏议》卷 3，《奏晓谕海寇复为良民及海关防海道事宜》。

总而言之,综合所有关于宋商往来的直接、间接记载来看,就算不能完全证明每年均有宋商前来高丽,但从宋朝960年建立至1279年灭亡为止,几乎每年都有宋商前往高丽的这一说法,还是比较符合事实的。由于宋商到达高丽后会停留在礼成港或开京的客馆,包括王室和官僚机构在内的首都以及周边的奢侈品消费阶层,随时都能与数百名宋商进行贸易。不仅如此,偶尔还会出现先预订所需物品,待下次宋商来时再收货的方式。与此同时,宋丽两国之人无须等待太多时间便能互通,因而在文化上也基本达成了"实时"交流。

第二章 高丽前期的对外贸易及政策

1. 绪论

高丽与朝鲜王朝在政治、经济、社会、文化等诸多领域均可比较。在上层结构的政治制度及国家运行方式层面,二者互不相同;在下层结构的家族制度层面,也存在不小差异。从国家意识形态来看,高丽时代是佛教,朝鲜王朝则为性理学。虽然两者之间的对比点有很多,但没有一处如同贸易现象或贸易政策那样截然相反。高丽以礼成港为中心实行开放式政策,对外贸易交流十分活跃,而朝鲜则实施所谓的"锁国政策",断绝了与除中国、日本以外其他国家的海上往来。

在学术史上,最早于殖民地时期*就有学者对此进行过研究。解放之后,经历过殖民地时期的韩国史学家们对朝鲜王朝的闭关锁国政策展开批判,其理由是将其视作导致日本侵略的原因之一。与之相反的是,他们对高丽的海上贸易活动则表示了肯定。所以

---

* 译者注:殖民地时期指朝鲜日据时期(1910—1945)。考虑到本书作者作为韩国历史学者的特殊历史情感,译者对此表述未作改动,依原文翻译,不代表译者立场。

不仅是历史普及性著作,①初高中的教科书也对高丽这段历史有较为详细的描述。② 这些内容在一定程度上是基于史实的,作为高丽的代表性港口——礼成港,有来自宋朝、日本、大食国等各国商船汇聚于此进行贸易活动,这一点是确然无疑的。

但是,在拿高丽的海外贸易与朝鲜王朝进行比对之时,不免存在夸大成分。学者们高度评价高丽时代的贸易政策,旨在将其与朝鲜时代的停滞发展形成鲜明对比。因此,本章在研究礼成港贸易和高丽海上活动时,注重对现有观点进行史料批判,以确认其中的真实成分。同时考察高丽的边境及海上贸易政策,并揭示如下事实:对于除礼成港之外的其他地区,高丽均表现出禁止商贸活动的态度。本章的预期成果,便是试图对高丽海上贸易作出更加客观的新评价。

---

① 其中两部具有代表性的概论型著作对这一问题的介绍如下:"另外,与宋朝积极开展贸易的大食国(阿拉伯)人的商船,也进出于开京的海上门户——礼成港,并带来水银、香料、药品等物品。因此礼成港作为当时国际性的商业港口而盛极一时。"(李基白,1976,《韩国史新论(改订版)》,一潮阁,第157页。)"当时在礼成港港口碧澜渡进出的不仅有宋朝商人,还有远道而来的大食国商人。碧澜渡作为国际港口,一片盛景。"(边太燮,1988,《韩国史通论(改订版)》,三英社,第219页。)

② 初中国史教科书中进一步将高丽活跃的贸易现象归因于开放的对外政策;相反,高中教科书则采取相对保守的表述。二者内容分别如下:"另一方面,因高丽鼓励对外贸易,连遥远的阿拉伯商人都会前来高丽经商。位于礼成港入口的碧澜渡,作为当时的国际贸易港口,曾盛极一时。我们国家以'KOREA'之名首次传入西方世界,也是始于高丽王朝的这种开放型对外政策。"(教育人力资源部编,2002,《初中国史》,第100页。)"随着对外贸易的发展,位于礼成江港口的碧澜渡,成为国际贸易港口而盛极一时……另一方面,被称作大食国人的阿拉伯商人也来到高丽贩卖水银、香料、珊瑚等物品。通过他们,高丽的名字得以传到遥远的西方世界。"(教育人力资源部编,2002,《高中国史》,第156—157页。)

2. 对礼成港"贸易繁盛说"的批判

1）礼成港与高丽的海上贸易

高丽时代繁盛的海上贸易情景已广为人知。诸如礼成港、武州的会津和升平、罗州、康州、全州的临陂郡和喜安县、贞州等，均是通向中国等海外地区的门户。其中会津、升平、罗州、康州、临陂和喜安，在后三国时代至高丽初期曾在与中国的往来中扮演重要角色。而关于贞州的记载只有一条，即义天入宋时曾在此处搭乘了宋人商船。③ 因此，仅就高丽时代的海外活动而言，最具代表性的、几乎唯一的对外港口就是礼成港，这种说法并不为过。

"礼成"一词的由来，源于所有入宋朝觐的船舶均要从此出发的说法，④可知礼成港是高丽航向中国的起点和归处。徐兢曾作为宋使前来高丽，据其所记，1123年（仁宗元年）搭载宋朝使团的"神舟"的泊船处，以及使臣受到欢待之处便是礼成港；之后返宋时也从这里启航。⑤

礼成港能够成为高丽门户的原因，主要是地理位置与首都开京相近。原先礼成江一带是新罗王朝的边缘地区，但随着高丽王朝的创建者王建的祖先以此为基地而开展海上贸易活动，此处逐步成长为面向中国的贸易中心地之一。根据朝鲜后期开城地方志《中京志》的记载，礼成江内有碧澜渡、钱浦、梨浦、东方浦、昌陵

---

③ 金澈雄，2004，《宋朝与高丽的海上交易路线及交易港》，《中国史研究》28，第119—121页。
④《新增东国舆地胜览》卷4，开城府上，山川条。
⑤《高丽图经》卷39，海道6，礼成港。

浦、领井浦、升天浦、祖江渡、唐头浦等诸多浦口船埠。⑥ 较早编纂的《新增东国舆地胜览》，则将碧澜渡、钱浦、梨浦作为礼成江的代表性浦口而收录于内。⑦ 其中的钱浦，按照引用了《编年通录》的《高丽史·高丽世系》，相传为唐肃宗下船之地，可知是一个古老的港口。⑧ 礼成江内虽有诸多港口码头，但礼成港则指代碧澜渡，该处距离高丽王城约40里，其中有为迎接宋朝使节而建造的碧澜亭。⑨

高丽时代的礼成港扮演着连通海外之门户的重要角色，但在朝鲜时代，它的国际港口功能逐渐丧失，仅作为从汉阳经开城、向黄海道白川前行时的一个渡口，并设有渡丞（官员，从九品）。⑩ 随着朝鲜后期"面里制"这项地方行政区划制度的实行，礼成港被划为开城府西面碧澜里，⑪在殖民地时期又被归为京畿道开城郡西面。解放以后，因其地处三八线以南，故为大韩民国领土，但在朝鲜战争后又归入朝鲜民主主义人民共和国。现隶属于朝鲜民主主义人民共和国开城直辖市开丰郡，隔着礼成江与黄海南道的白川郡相望。

高丽灭亡以来，礼成港从国际港口沦为一个江边的小渡口，却从殖民地时期开始广受史学家的关注。究其原因，闭关锁国被当成是导致朝鲜亡国的原因之一。与之形成对比的是，高丽实行开放政策，和中国、日本、大食等诸多国家展开过频繁的交流，礼成港正是高丽海上贸易活动的中心。民族主义史学家安在鸿

---

⑥《中京志》卷3，山川条。
⑦《新增东国舆地胜览》卷5，开城府上，山川条。
⑧《高丽史》，高丽世系。
⑨《高丽图经》卷39，海道6。
⑩《世宗实录·地理志》卷148，旧都开城留后司。
⑪《中京志》卷2，部坊。

(1892—1965)在论述朝鲜王朝因保守而招致亡国下场时,言及礼成港的部分如下:

> 新罗之领域,倚重东南,故庆州之京城,近东海岸;东有日本各港口,西有渤海、黄海、支那海*等唐朝诸港湾,商船进出之状繁盛;惠超巡历五天竺,直指巅峰,往来于印度之学僧,会同长安留学生,更替频繁。故新罗之联唐政策,虽背负民族史上之重大罪过,然反之亦有内刚自卫之实。高丽时代亦如是,与宋通商,不仅变松京为国际化都市,礼成江口更有远迎撒拉森之商舶,携西方文物横渡印度洋,影响非凡。故对外之接触时刻唤醒宗国意识,对内则持国风派之自豪,反而可使得自立精魂之警励,不至埋没,于不断降临之侵略下,扬百战抗争之气魄。反观汉阳朝之锁国孤立、尊明自安之策,于民于国,何等蠹毒,似可言之。⑫

安在鸿认为锁国孤立政策和尊明自安的态度是朝鲜灭亡的原因,并强调高丽继承新罗传统,持续对外开放,使松京发展成为国际化都市,连撒拉森(阿拉伯)的商船都远道而来。可见高丽曾是一个接纳西方文明、发展海外贸易的外向型王朝。此外,与安在鸿同时代的经济史学家白南云(1894—1979),也对宋朝商船在

---

* 译者注:指中国南海。
⑫ 民世安在鸿选集刊行委员会编,1983,《退婴的由来与经纬(2)》,《民世安在鸿选集》Ⅰ,知识产业社,第489页。其后文接续如下:"如此这般,于国际情势前自筑高墙,背身安坐,如井底之蛙,眼中无中国以外之文明世界,无朱子学以外之璀璨学问,病入膏肓,因循守旧而不可自拔。至面临国际势力骤然激变,措手不及,以狼狈之势,终落覆没,此一巨大悲剧……"(同上书,第490页)另外,安在鸿在"笔者后记"中写道:"新罗、高丽两王朝,七百年间海上交通之繁盛,断而绝之,反于锁国孤立之间,重操宗派主义之固陋恶习。故蹈其持久自灭道路之由来,昭然若此。"

南宋灭亡前几近三百年的时间里不断造访礼成港之事津津乐道。⑬ 如此这般,姑且不论当时的学风倾向,对于高丽的海上活动,学者们的看法的确是积极肯定的。

解放以来,为扭转殖民史观并重塑本国民族史,通过金庠基(1901—1977)对韩国中世时期海上活动的一系列研究,更多有关高丽海外贸易的历史细节得以呈现。⑭ 金庠基作为实证主义史学家,广罗材料、虑周藻密,其观点迄今仍被学界广泛接受。高丽的海上贸易活动史实能被各类通史或教材无一例外地收录,可谓得益于金氏的影响力。此外,朝鲜民主主义人民共和国的历史学界对高丽时代也持有相同的认识。⑮

但是,对于高丽海上贸易的理解也有值得商榷的一面。由于这种繁盛景象并未延续到后来的朝鲜王朝,上述学术观点存在故意突显朝鲜王朝因保守落后而导致亡国的嫌疑。除逻辑上存在问题之外,对于相关史料,仍有继续深入考证的余地。由于重新审视会削减国民的民族自豪感,学者们往往对此刻意回避。

2) 关于礼成港阿拉伯商人的再考察

最近的韩国史学界关于高丽时代礼成港贸易的研究,都将目

---

⑬ 白南云,1937,《商业及商业资本》,《朝鲜封建社会经济史(上)》,改造社,第768—769页。
⑭ 金庠基,1959,《高丽前期的海上活动与文物的交流——以礼成港为例》,《国史上的诸问题》4,国史编纂委员会;1974,《东方史论丛》,首尔大学出版部,第459—460页。
⑮ 科学百科词典综合出版社,1994,《造船与航海技术》,《朝鲜技术发展史(高丽篇)》,第118页。研究贸易史的洪喜裕指出,在高丽首都开京,有娱宾馆、迎宾馆等10座商馆,来自宋朝、女真、阿拉伯、辽等地区的商人们留居此处并开展贸易,俨然是一个国际都市。他同时强调了高丽时代贸易的繁盛(洪喜裕,1989,《高丽时代商业与货币流通的形成》,《朝鲜商业史(古代、中世)》,科学百科词典出版社,第111页)。但是,外国商人的频繁来访反而会成为高丽商人进出海外的阻碍。

光聚焦在阿拉伯地区的大食国人前来经商这一点上。特别是因为贸易对象不再局限于东亚,这对于改变因日本殖民史观的曲解而导致的"韩国史之停滞"的认识,显得格外重要。因此,对其赋予的历史意义实际上已经超越了简单的海外贸易开放层面。

然而可惜的是,阿拉伯商人前来礼成港开展贸易活动一事,除显宗至靖宗时期的三回记录以外,之后便不再有任何记载。[16] 迄今为止,韩国史学界所理解的是,与阿拉伯商人的贸易活动似乎贯穿了整个高丽前期;并且在这一过程中,除宋朝和日本之外,还有无数的阿拉伯商船汇聚于礼成港。[17] 其中的重要证据,是李奎报的一首诗——《又楼上观潮赠同寮金君》。

许多研究海上贸易的先学们都反复引用过该诗的内容,[18]此后商业史的研究学者也基本以类似的方式开展论述。[19] 近期的研究亦是如此,为了强调高丽对外贸易的兴盛,又重新提及该诗。[20] 但是诗句是否描写了阿拉伯商船数量之多,这进而是否可以证明礼成港贸易之繁盛,均值得商榷。为澄清事实,不妨先一起来看这首诗。[21]*

---

[16]《高丽史》卷5,世家,显宗十五年九月;《高丽史》卷5,世家,显宗十六年九月申巳;《高丽史》卷6,世家,靖宗六年十一月丙寅。之后便不再有关于大食国商人往来的记载了,这与其说是文献遗漏所致,不如说这正表明无人来过。因为高丽国王会将外国商人的到来视作前来朝贡,以此提升自身权威。若有商人从像大食国这样遥远的地方而来,不会在史料中不留痕迹。

[17] 高丽后期在国内活动的西域人,都是曾在元朝境内从事非商业活动之后再至高丽的,这与纯粹以经商为目的而来的商人有所区别。

[18] 金庠基,同前文,第461页。

[19] 洪喜裕,同前文,第84—88页。

[20] 金翰奎,1999,《契丹、女真统合辽东及中国时期的中韩关系》,《中韩关系史Ⅰ》,Acanet,第423页。

[21] 原书中诗歌的韩文译文参考自金庠基,同前文,第461页;民族文化促进会,1968,《国译东国李相国集》Ⅲ。

* 译者注:由于诗歌由汉文所写,因而本书中只辑录原文,不再作翻译。

《又楼上观潮赠同寮金君》

潮来复潮去,来船去舶首衔相连。

朝发此楼底,未午棹入南蛮天。

人言舟是水上驿,我道追风骏足较此犹迁延。

若使孤帆一似风中去,倏忽想到蓬莱仙。

何况区区蛮触界,[22]假此木道何处不洄沿。[23]

该诗乃李奎报在礼成港的一座楼阁上观海有感所作。"来船去舶首尾衔相连"指礼成港里的船只往来络绎不绝,[24]"未午棹入南蛮天"与"人言舟是水上驿"意指船速之快。其中"南蛮天"指中国四夷之一的南方蛮族之地,即隔海的南方异国之意。综合上述解释,便有了高丽商船行至远方的推测。[25]诗中展现出海上贸易繁盛的部分,是船只数量之多和航行至南蛮;继续延伸,便得出了"因去往南蛮的船只众多,故与阿拉伯的海上贸易十分兴盛"的结论。

但仔细斟酌诗句,不难发现众多疑点。从"朝发此楼底(礼成港),未午(即午时:11—13时)棹入南蛮天"一句来看,果真有速度如此之快的船舶吗?当然,不可否认诗歌艺术的夸张手法,[26]但这确实是对事实的一种夸大。而且,若南蛮是指远在中国南方的国家,船舶无疑是要进行远洋航行的,规模应当不小,但诗中用

---

[22] 金庠基认为"蛮触界"是指南蛮的边界(金庠基,同前文,第461页)。其实"蛮触"出自典故"蛮触之争",比喻为一点小事而争吵(诸桥辙次,《大汉和辞典》10,第126页,"蛮"条)。考虑到此句与下一联的"借舟渡海"形成对仗,金氏的解释似有谬误。
[23]《东国李相国集》卷16,《又楼上观潮赠同寮金君》。
[24] 礼成江周边停泊的船只众多,这一点从1088年(宣宗五年)五月甲戌之夜,"风雨暴作,海水涨溢,缘江居民庐舍舟楫漂溺覆败者,不可胜计,礼成江尤甚"这一记载中亦可看出(《高丽史》卷53,五行志1,水,宣宗五年五月甲戌)。
[25] 金庠基,同前文,第461页。
[26] 金庠基,同前文,第461页。

的却是与"孤舟"意思相近的"孤帆"。

就算是航向南蛮的船舶,从当时高丽海运尚不发达的情形来考虑,这些船只也无法达到"首尾衔相连"的地步;同时,李奎报的作诗时间正是崔氏政权时期,当时进出礼成港的商船数量十分有限。㉗ 根据这一时期宋朝明州的官方记录,高丽迁都至江华时,宋朝商船往来于高丽的方式如下:待下一拨的三艘商船到达高丽之时,先前到达并停留的三艘商船方可结束贸易活动并返回,以此类推。船只可容纳两三百人同时搭乘。㉘

1058年八月,文宗欲在耽罗及灵岩伐木造船以通宋朝,内史门下省提出反对时指出:"商舶络绎,珍宝日至,其于中国,实无所资。"㉙由此亦可看出,宋朝商船是定期持续前来高丽的。不过,商船络绎不绝的现象,仅仅能说明宋商曾以上述方式不断地到来而已,无法体现数量上的多少。

此外,靖宗即位之后,便不再有阿拉伯商人前来的记录,此时进出礼成港的船舶仅有宋船和偶尔到来的日本商船而已。所以在礼成港停留的船只中,宋朝商船大概一直都会保持三艘左右的数量,只有当前后两批交替之时,才会同时出现六艘的情形。就算还有来自泉州等明州以外地区的宋船或日本商船造访,也不至于达到"首尾衔相连"的地步。

同时,从高丽俗乐《风入松》可知,要将"南蛮"一词与中国南部,甚至和阿拉伯地区关联起来也是很勉强的。其乐曲曲辞如

㉗ 从《高丽史》等诸史料来看,自1012(显宗三年)至1278年(忠烈王四年),前来高丽的宋商共有120回,相当于平均2.21年来一回;而李奎报所处的熙宗至高宗年间,仅有3回而已(金库基,同前文,第447—454页)。当然,还应考虑到武臣政权时期关于宋商往来的记载有所缺失这一情况。
㉘《许国公奏议》卷3,《奏晓谕海寇复为良民及海关防海道事宜》。
㉙《高丽史》卷8,世家,文宗十二年八月乙巳。

下:"外国躬趋尽归依,四境宁清罢枪旗……四海升平有德,咸胜尧时。边庭无一事,将军宝剑休更挥。南蛮北狄自来朝,百宝献我天墀。"㉚此处的"南蛮北狄",意指向高丽进献方物的、比高丽地位更低的集团或民族;与之相比,"外国"应是享有更高规格待遇的国家。㉛

倘若如此,直至辽灭亡前的1120年为止,"北狄"都应是指代曾以朝贡形式来高丽从事交易活动的女真。㉜"南蛮"当指位于高丽南端并与高丽有过交流的某一集团,且从"四海升平""边庭无一事"等句可知,时间上不是与契丹交战的显宗时期。因而在显宗时期前来的大食国商人不会被称作南蛮。

从地理位置来看,"南蛮"最有可能是位于高丽南面的日本或耽罗。在"仲冬八关会常例"中,上述俗乐中所呈现的若干仪式是由东西蕃和耽罗来完成的。在八关会上,宋商与东西蕃、耽罗国进呈方物并席坐观礼一事被设为常例。㉝ 首先是宋朝纲首,之后东西蕃与耽罗一起,依次进贺并上呈方物。㉞ "东西蕃"应指东西女真,与北狄之意相同,耽罗则属"南蛮"。耽罗从高丽太祖时期开始归顺高丽,并献贡物。㉟ 宋商为在高丽开展贸易,也会以私献方式

㉚《高丽史》卷71,乐志2,俗乐,《风入松》。
㉛ 卢明镐,1999,《高丽时代的多元天下观与海东天子》,《韩国史研究》105,第10页。
㉜ 卢明镐,1997,《东明王篇与李奎报的多元天下观》,《震檀学报》83,第306页。
㉝《高丽史》卷6,世家,靖宗即位年十一月庚子。
㉞《高丽史》卷69,礼志11,仲冬八关会仪。
㉟ 高丽和耽罗之间以朝贡册封形式开展的交流始于高丽初期,一直持续至1105年耽罗丧失独立自主的地位并被编作高丽耽罗郡为止。耽罗与高丽的交流每年或每几年进行一次。据称显宗时期,为庆祝高丽国王七月的生日以及重阳节,耽罗人在六至九月曾多次前来高丽;之后的交流则主要集中于十一月的八关会和二月的燃灯会(金昌贤,1998,《高丽的对耽罗政策以及耽罗的动向》,《韩国史学报》5,第311—317页)。

向国王进呈物品。[36] 高丽自身也希望通过八关会的这项仪式，来展现与宋朝、女真、耽罗的传统关系，借以提升国王的权威。[37]

就这一点而言，日本既未与高丽形成朝贡关系，又无正式的外交往来，日商到访高丽的次数也屈指可数。相比之下，耽罗更符合“南蛮”形象。因此，高丽俗乐《风入松》中的“南蛮”应指耽罗，李奎报“朝发此楼底，未午棹入南蛮天”诗句中的“南蛮”亦如是，与其说是阿拉伯，更为合理的解释应为耽罗。[38]

然后要分析的是李奎报诗中所吟诵的对象——从楼阁底下出发的船舶，其真面目究竟为何。先来寻找一下解决问题的线索：李奎报为何会到礼成港？虽然知道他是因公事而去的礼成港，[39]但诗中并未提及公务内容。不过值得注意的是，在更早之前，李奎报曾以千牛卫录事参军事身份，在礼成港负责过漕运船的调度，[40]时间为1212年（康宗元年）正月至六月，[41]恰好与二月

㊱ 森克己，1959，《日・宋と高麗との私献貿易》，《朝鮮学報》14。

㊲ 奥村周司，1979，《高麗朝における八関会的秩序と国際環境》，《朝鮮史研究会論文集》16。此外，从参与八关会庆典开始，关于宋商在高丽各种活动情况的详细介绍，可参考山内晋次，1999，《東アジア海域におけるにおける海商と国家— 10～13世紀を中心とする覺書—》，《歴史学研究》681；2003，《奈良平安期の日本とアジア》，吉川弘文館。

㊳ 直至本文已刊载于学术期刊之时，笔者尚且认为武臣政权时期的宋商往来并不频繁，所以并不觉得可将宋商包括进“南蛮”的范畴当中。但是笔者通过重新解读武臣政权时期的宋商往来记录，并发现其数量其实并非少数之后，认为似乎不必非要将宋商排除在“南蛮”之外。尤其像明州、福州、泉州作为宋商的始发港，其位置处于宋朝首都及高丽的南面，来自该地区的宋商也都参加了八关会，因而把宋商称作“南蛮”的可能性也是有的。

㊴《东国李相国集》卷16，《又楼上观潮赠同寮金君诗——予以公事往来数月》。

㊵《东国李相国集》卷13，《礼成江上偶吟二首——予以千牛参军课漕船》：“行绕清江课漕船，篙工罗拜白沙边。海军拥后犹吹角，鸥鹭惊飞不自前。江鹭飞时吟正快，海潮来后语还雄。偶然传写江湖景，错认年来状物工。”

㊶《东国李相国集》，年谱，壬申年。

至五月的漕运期基本吻合。㊷ 李奎报以千牛卫录事参军事——包括与海洋相关的海运事务——身份,从开京被派往礼成港,负责监督漕运船。从这一点可以推知,李奎报当时的公务正是监督漕运船,在这一过程中,对礼成港及往来船舶加深了了解。

此外,李奎报曾在《乙酉年大仓泥库上梁文》中描写过运谷船穿梭往来的场景,用了类似的笔法形容船只数量之多。原文如下:"我国家宅万世之都,受四方之贡,知一日食之为重,峙千斯仓以为储,水转而泊岸者,舟尾相衔。"㊸ 而前述描写礼成江的诗句则是"来船去舶首尾衔相连"。

相较而言,礼成江诗句中的描写更加详细。这两句虽略有差别,即一个是船只停泊在岸,一个是船只来去往返,但均为船只数量之多的表现。之所以说礼成江诗句写的是漕船,其理由正在于船只数量之多。高丽时代的 11 个漕仓中各配有 6 艘运送税粮的哨马船,㊹ 据称平均每艘要往返 4 次左右。㊺ 待到漕运期,如果从各地出发的船舶几乎同时到达礼成港的话,就会出现诗中"首尾相连"的场景。

而且,"水上驿"一词也与漕船十分契合。作为官方的海上运输工具,漕船正可媲美用于陆地交通的驿马。同时,"未午棹入南蛮天"可视为对漕船在礼成港卸下税粮后的返程画面的描写。

㊷ 高丽时代,各州郡的租税在秋收之后先暂时运往附近各仓库,待翌年二月漕运期时再运至京仓。近地限至四月,远地限至五月(《高丽史》卷 79,食货志 2,漕运)。
㊸《东国李相国集》卷 19,《乙酉年大仓泥库上梁文》。
㊹《高丽史》卷 79,食货志 2,漕运。
㊺ 崔完基,1993,《漕运和漕仓》,《韩国史》14,国史编纂委员会,第 407—408 页。

另外,"假此木道何处不洄沿"㊻中的"洄沿"一词,也适用于在江海航行的漕船或小型渔舟。至于有人将"蛮触界"理解为南蛮地区,笔者认为应遵循原意,释作"狭窄细微之处"更为恰当。所以将其看作漕船而非驶向南蛮的商船,似更合理。

李奎报在此楼阁上所吟诵的其他诗歌中,有"渔叟停桡屡转头,问渠何事故成留""舟中应羡楼中乐,楼上人还羡尔游"句。作者将楼阁之上的自己与船里的渔翁进行了比较,这间接证明了在沙滩停泊的许多船舶是用于捕鱼的,㊼与商船无关。㊽

以上论证了李奎报诗句中前往"蛮触界"的船只,并非是驶向海外的远洋商船,其或为漕船,或为渔船,当然作为漕船的可能性更大。以该诗为依据,欲以证明高丽海上贸易的繁荣,这分明是一种过度解释。因为从当时高丽的实际情况来看,离港出海进行贸易的商船不会出现首尾相连的盛况,而且在礼成港监督漕运的李奎报,也不会辨别不出船舶的种类。虽说在高丽时代的开放式港口——礼成港中,除了定期前来的宋朝商船外,偶尔还会有来自日本、阿拉伯的商船,但是无论何时都不会出现外国船只首尾相连的情景。

㊻ "潮来复潮去,来船去舶首尾衔相连。朝发此楼底,未午棹入南蛮天。人言舟是水上驿,我导追风骏足较此犹迂延。若使孤帆一似风中去,倏忽想到蓬莱仙。何况区区蛮触界,假此木道何处不洄沿。"(《东国李相国集》卷16,《又楼上观潮赠同寮金君诗——予以公事往来数月》)
㊼ "才看画鹢篏沙头,趁得回潮捻不留。海客自愁风浪苦,望中无奈似闲游。渔叟停桡屡转头,问渠何事故成留。舟中应羡楼中乐,楼上人还羡尔游。"(《东国李相国集》卷16,《礼成江楼上次板上诸公韵》)
㊽ 本文初发表于2005年,当时笔者尚且认为高丽武臣政权时期,宋商往来的频率并未达到每年都来的程度,所以将李奎报诗中首尾相连、驶向南蛮的船舶视作漕船。但是近几年笔者持续考察宋商往来这一问题,待本书(译者注:指韩文版)出刊之际,反而认为"南蛮"是指中国长江以南,其船舶有可能为宋人商船。因为往来于高丽的宋商主要出身于中国南方,同样位于高丽以南。李奎报诗句"倏忽想到蓬莱仙"中的"蓬莱",同样也在中国境内。

3. 对高丽海外贸易的再考察

迄今为止，关于高丽海上贸易的研究中，除了过度评价到访高丽的商船之外，关于高丽商人前往海外进行贸易的理解，也存在类似拔高的现象。换言之，自先学们指出高丽的对外贸易行为十分活跃这一点以来，后人的研究均是照搬不误。而得出此结论的重要依据之一，便是《宋史》与《高丽史》中大量有关高丽海船漂流至宋朝明州和登州的记录。㊾ 明州和登州作为面向高丽进行通交、贸易的重要港口，自唐代始便有许多新罗商船进出于此。因而有研究者认为至此的高丽漂流船应为商船，并指出宋朝在东南沿岸的重要港口设置市舶司，这加强了海舶的征税与监查力度，导致两国民间私人贸易的盛行。㊿

此外还有一条史料：1170 年，有谍报称金有 30 万大军奉迁陵寝而来，宋廷人心惶惶；一日报奏，国门外有数百艘海舶及岸，后查明乃高丽船只漂流至此。(51) 这也被视作高丽商人前去宋朝贸易的证据。(52)

但是我们很难将高丽漂流民与商贸活动直接联系起来，因为

㊾ 除登州、明州以外，高丽人也经常漂流至台州、温州、福建等地。有研究指出，宋朝政府也积极努力地救助这些漂流民（张东翼，2000，《高丽与宋的文物交流的相关记录》，《宋代丽史资料集录》，首尔大学出版部，第 427 页）。

㊿ 金庠基，同前文，第 459—460 页。

(51)《诚斋集》卷 120，《宋故左丞相节度使雍国公赠太师谥忠肃虞公（允文）神道碑》。

(52) 张东翼，2000，《高丽与宋的贸易的相关记录》，《宋代丽史资料集录》，首尔大学出版部，第 346—349 页。但正如张氏所指出的，“数百艘”是一个夸张的修辞，且未提及具体的到达地点和报告者的信息，故其可信度值得商榷。可能这是当时宋人被来自金的恐怖气氛包围时，虞允文为呼吁民众不要慌张、应冷静面对时所添加的内容。

无论《宋史》还是《高丽史》中所有关于遣返高丽漂流民的记录,都未提及他们是否是商人身份。倘若他们果真是商人,至少会有所言及。而且,如果这些船只本身就是以登州或明州为目的地的私人商船的话,就不会以漂流的方式到达了。因为在横渡黄海时若遭遇风浪,航向就不会继续往西,而会向南或向北漂至其他未知地域,所以高丽商人漂流而至的可能性是很小的。退一步讲,即便确是商船,由于性质是非法贸易,属于未经宋朝或高丽政府允许的非法行为,这亦无法证明高丽对外贸易的活跃性。[53]

当然,若说其为高丽商船也是有根据的。有地方志记录表明,南宋末期,明州地区向其他外国船舶征收的入关税为1/15,而对高丽商船仅征收1/19。[54] 有研究认为,当时的明州是对高丽贸易的重要港口与交通枢纽,上述征税政策是对经常到来的高丽商船的优惠待遇。[55] 假如记载属实,则不可否认有高丽商船进出过明州。但从宝庆年间(1225—1227)这一时间点来看,距武臣政变已过去很久,不能代表整个高丽时代的情况,还需更多史料才能说明问题。

另外,该地方志前面部分提到,来自高丽的贸易船只并不多。其原文如下:"凡中国之贾,高丽与日本诸蕃之至中国者,惟庆元得受而遣焉……宝庆三年……有司资壖税之利……细色五分抽一分,粗色物货七分半抽一分。后因商舶不来,申明户部乞行优润。续准户部行下,不分粗细,优润抽解。高丽、日本船,纲首杂

---

[53] 另一方面,"日本国归我飘风商人安光等四十四人"(《高丽史》卷9,世家,文宗三十三年九月)这条记载,也成为高丽海上活动频繁的证据。但若细心考察便能发现:是承载商人安光的船只发生了漂流,还是安光在前去经商的途中其商船发生了漂流,均不可知。这种情况下能确定的也只有"安光是名商人"这一点而已。
[54]《宝庆四明志》卷6。
[55] 金庠基,同前文,第460页。

事十九分抽一分，余船客十五分抽一分，起发上供。”(56)之所以向高丽、日本商船施行仅征收1/19关税的优惠政策，恰恰是因为高丽、日本“商舶不来”。可知当时几乎是没有从高丽至明州的商船的。(57)

但是不能完全否认入宋高丽商人的存在。崔承老的上疏中也提及了高丽初期有本国商人往来于中国从事贸易一事：

> 我太祖情专事大，然犹数年一遣行李，以修聘礼而已。今非但聘使，且因贸易，使价烦伙，恐为中国之所贱。且因往来，败船殒命者多矣。请自今，因其聘使，兼行贸易，其余非时买卖，一皆禁断。(58)

上述内容讲的是高丽太祖实行“事大主义”政策，每隔数年便遣使入华以修交聘之礼。时至今日非但有聘使，更有许多以贸易为目的的使节，恐将遭到中国人的轻视。而且因渡海导致船毁人亡之事不在少数，故从该日起，只许交聘使节兼行贸易，其他与外交无关的买卖，一律禁断。崔承老所指出的问题就是，彼时存在与外交事务无关的、纯粹的贸易往来。

从这些人的称谓为“使价”来看，他们应是获得了高丽政府许可之后才入华经商的。这与934年七月，“登州言：高丽船一艘至

---

(56)《宝庆四明志》卷6，叙赋下。

(57) 此外，在宋朝法律中被全面禁止的贸易对象里就包括了高丽商人（张东翼，2000，《高丽与宋的政治外交的相关记录》，《宋代丽史资料集录》，首尔大学出版部，第175页）。例如，“两浙市舶司言，高丽贾人贩到铜器，乞收税出卖”（《建炎以来系年要录》卷183，绍兴二十九年八月戊午）；1199年五月，“禁高丽、日本商旅博易铜钱”（《两朝纲目备要》卷5，宁宗庆元五年七月甲寅）等。此处的“贾人”或“商旅”，可以释义为在中国经商的高丽商人；但反过来看，也可能与高丽商人无关，仅仅是宋朝为防万一而提出的建议性措施而已。

(58)《高丽史》卷93，崔承老传。

岸,管押将卢昕而下七十人入州市易",以及同年十月,"青州言:高丽遣人市易"的情况基本一致。㊾ "管押将"是能够统领全船之人,带有官员性质,"遣人"一词也暗含官方派遣之意。

崔承老认为进行与外交无关的贸易活动会招致中国方面的轻视,故以船毁人亡事件频发为由,建议只让聘使兼行贸易,取消无外交名分的㊿、单纯的贸易往来,以规避弊端。㊶ 虽然最后无法知晓崔承老的建议是否被采纳,但能确定的是,从高丽太祖至成宗初期这段时间,有不少高丽商船经朝廷许可后前往中国开展贸易活动。

或许是高丽初期对外贸易政策开放的缘故,如高丽舶主王大世㊷,还有"舶人贩至者"㊸、"高丽船人"㊹等,都可确认是入华经商的高丽商人。但从此之后,史料中再未出现前往中国的高丽商人或商船的踪迹,这与高丽海商活动的大幅衰微不无关联。㊺

有学者以此评价高丽海上活动的消极性。㊻ 但无论如何,我

㊾《册府元龟》卷999,外臣部,互市,后唐末帝清泰元年七月。
㊿ 白南云将"非时"理解为"随时"。但从内容上看,"非时"含有"非外交目的之时"之意,故解释为"没有外交名分"似更为妥当。
㊶ 白南云,1937,《商业及商业资本》,《朝鲜封建社会经济史(上)》,改造社,第763页。
㊷《清异录》卷61,说郛。张东翼认为,虽无从得知王大世的国籍及个人信息,但从他被称为"高丽舶主"这点来看,可能是高丽商人(张东翼,2000,《高丽与五代王朝的相关记录》,《宋代丽史资料集录》,首尔大学出版部,第89页)。
㊸《鸡林志》。
㊹ 另外,日本方面史料中也有出现在中国的高丽船人(日本成寻《参天台五台山记》卷1,延久四年四月二十三日)。该文献记录了成寻搭乘的宋人商船停泊于杭州附近洋面时,有自称高丽商人者与成寻一行接触一事。这些人看似是往来宋朝的高丽商人,但从他们懂日语这一点来看,也有可能是往返于中日之间进行国际贸易的商人(张东翼,2004,《日本中古世的高丽资料研究》,首尔大学出版部,第190页)。
㊺ 森克己,同前文,第554—555页。
㊻ 震檀学会编,1991,《第3届环黄海中韩交涉史研究论坛——高丽时代中韩交涉史的诸情况》,《震檀学报》71、72合辑,第400—401页,洪承基对高柄翊报告的提问。

们很难认为高丽海商是积极进取型的。这是因为当宋商踊跃投入黄海贸易之时,高丽海商能否与他们形成竞争并且分得一杯羹,这一点尚存疑问。宋朝曾有一段时间禁止与高丽的私人贸易,但见无法根除,便从1079年始规定:"入高丽商人,财本及五千缗以上者,令明州籍其姓名,召保识,岁许出引发船二只,往交易非违禁物,仍次年即回;其发无引船者,依盗贩法。"⑰

1058年,文宗欲在耽罗及灵岩伐木造船以通宋朝,⑱这亦说明了在当时的高丽,还没有能够跨越黄海的远洋船。不过,高丽时代的航海技术虽然没有划时代的发展,对于开拓海外通交一事亦稍显怠慢,但要制造一艘至少能够穿越海峡的船舶,还是具备切实能力的。⑲

宋代吴潜对抗蒙战争时期高丽的造船术及航运技术,有过如下评价:"然无松杉木可以造船,其国虽有船只,止是杂木,亦无钉铁,只可在其国近境,往来卖买,岂能远涉鲸海。"⑳虽不知是否为依据可靠见闻而得出的结论,但宋人如此贬低高丽的航海水平,应与当时前去宋朝的高丽商船数量不多有关。

反观宋朝海商,不仅拥有一定规模的财力,而且都是定期往来于高丽的类型。11世纪末,义天入宋求法,归来之后继续与宋僧净源保持大量的书信往来。此外,义天还向自己驻锡过的杭州慧因院呈送佛教典籍,并提供一定的经济支援。高丽与宋朝隔海相望,两国僧人的频繁通信交流,得益于徐戬、李元积等宋商的帮

---

⑰《续资治通鉴长编》卷296,神宗元丰二年正月丙子。
⑱《高丽史》卷8,世家,文宗十二年八月乙巳。
⑲高柄翊,1991,《高丽时代东亚的海上交通》,《震檀学报》71、72合辑,第302—303页。高氏指出,徐兢曾感叹高丽船居然没有特别了不起之处(《高丽图经》卷33,舟楫)。不过同时也提到,高丽造船术本身很发达,其船舶在远航日本时也曾扬名于外。
⑳《许国公奏议》卷3,《奏晓谕海寇复为良民及海关防海道事宜》。

助;佛经、金钱的运送,皆靠宋商船舶得以实现。[71] 而且在武臣政权时期,高丽与宋之间处理悬而未决的问题时,同样没有互派使臣,而是通过宋商来联络。[72]

总而言之,高丽商人赴宋经商仅在高丽初期出现过,此后并未得见。不仅如此,在宋朝商人积极开拓与高丽的海外贸易之时,高丽商人想要组建自己的船队,与宋商竞争共分利益都是相当困难的。因此,对于高丽海上活动及贸易十分活跃这一观点,虽较之朝鲜王朝而言是相对成立的,但还是要谨慎对待,避免出现过度评价。

4. 高丽前期的贸易政策

由上文可知,在高丽海上贸易行为中,外国商人进出高丽的活动比重,远高于高丽进出海外的比重。本节将继续考察高丽的贸易政策,是如何与这一现象相应或相悖的。由于对辽、金的贸易属于陆上边境贸易,对宋贸易为海上贸易,故将二者区分进行考察。

1) 关于辽金边境贸易之政策

在高丽与辽的贸易研究中,争论点在于辽朝榷场的设立问题。榷场紧挨国境,是两国民众交换日常生活必需品的互市市

---

[71] 崔柄宪,1991,《大觉国师义天的渡宋活动以及高丽与宋的佛教交流》,《震檀学报》71,72合辑,第368—370页。
[72] 张东翼,2000,《高丽与宋的政治外交的相关记录》,《宋代丽史资料集录》,首尔大学出版部,第291页。

场。㊷ 1005年(穆宗八年),辽在国境边界设置振武军,于保州设立榷场,㊹但因1010年(显宗元年)辽入侵高丽而撤废。㊻ 1014年,辽在保州及静州再次安置榷场,㊼不过随着辽的第三次侵攻,这些榷场的功能便不复存在了。㊽

之后的1086年(宣宗三年),辽欲在位于鸭绿江边的保州设立榷场之时,高丽方面数次遣使表达负担过重之意。最主要的问题在于994年高丽与辽签订的协定中,明确认定保州归属高丽;若在保州设立榷场,高丽方面无法接受。㊾ 站在高丽的立场上,如果允许在有过领土纷争的保州设立榷场并开展交易的话,也就相当于承认该处是辽朝领地了。㊿ 因而高丽坚决表示反对,并遣数名使臣赴辽说服当局。直至三年之后的1088年,高丽终于得到辽朝取消榷场设立的官方通报。[80]

正由于这条记录,学界长期接受高丽与辽之间曾设过榷场,并发挥过作用的结论。[81] 关于高丽反对榷场设立一事,有观点认为缘于高丽不愿让出交易主动权。[82] 也有人主张,榷场设立招致高丽与女真间的贸易中断,从而引发政治、经济上的危机,撤废榷

---

[73] 关于高丽时代榷场的功能,参考李美智,2003,《高丽宣宗时期的榷场问题及对辽关系》,《韩国史学报》14,第78—84页。
[74] 《辽史》卷60,食货志下,统和二十三年。
[75] 丸龟金作,1937,《高麗と契丹・女眞との貿易関係》,《歴史学研究》5—2,第64—65页。
[76] 《辽史》卷38,地理志2,东京道,保州,宣义军。
[77] 李美智,同前文,第96—97页。
[78] 《高丽史》卷10,世家,宣宗五年十一月。
[79] 李美智,同前文,第92—94页。
[80] 《高丽史》卷10,世家,宣宗五年十一月。
[81] 丸龟金作,同前文;李贞熙,1997,《高丽前期的对辽贸易》,《地区与历史》4,第18—19页。
[82] 李美智,同前文。

47

场正是为了克服这一点。[83] 诸般说法虽在内容上有所差异,但都有共同的前提:榷场曾经发挥过互市的作用。

作为国家间互市市场的榷场曾置于辽的边境,这一点已无需赘言。但是正如其字面意思,"互市"需要的是相互间的往来,无论辽朝一方开设了多大规模的榷场,若高丽方面不承认且不予回应的话,其"互市"功能只能是纸上谈兵。[84] 另有学者指出,从现实角度出发,面对经济文化均相对落后的辽朝,高丽与其开展贸易能得到的好处寥寥无几。[85] 辽朝三次设立榷场均以撤废告终,其理由也正在于此。[86]

高丽禁止边境私人贸易一事,可于以下记载中得以窥见:1108年(睿宗三年),"女真侵辽,尽下东边诸城,惟来远、抱二城固守不下,食尽,以财减价,贸谷于我,边吏禁民互市"。[87] 之后,高丽国王遣都兵马录事邵亿"送米一千石",不过"来远统军辞不受"。[88]

上述两则史料分明是相互关联的。高丽的边防守将,在面对辽朝的紧急局势而可从中获利的情况下,却被禁止互市交易,而政府则无偿提供一千石米。这恰好展示了高丽政府的基本立场:

---

[83] 金在满,1964,《契丹丝考——东西方的间接交易与直接交易的形态(下)》,《历史教育》8,第148—149页。

[84] 朴汉男指出,高丽方面反对设立榷场的另一原因是,若契丹人以榷场为借口经常往来于鸭绿江地区,从而将该地区变为农田的话,事实上高丽在该地区领土范围缩小的可能性是很大的,所以高丽方面要提前封锁该地区来避免这一可能性(朴汉男,1996,《十二世纪金丽贸易考察》,《大东文化研究》31,第112—113页)。

[85] 洪喜裕,同前文,第106页。

[86] 也有看法认为,高丽反对设立榷场的原因是为消除与契丹——曾因江东六州问题而遭受其数次侵略——发生领土纠纷的可能性。此外,高丽的对外贸易大部分集中于与宋朝的经济交流层面,因而与契丹之间的榷场交易显得无足轻重(朴汉男,1993,《高丽的对金外交政策研究》,成均馆大学博士学位论文,第14—42页)。

[87] 《高丽史》卷97,金黄元传。

[88] 《高丽史》卷14,世家,睿宗十一年三月乙未。

宁愿放弃巨大利益而启用政府的无偿援助,也不允许一般民众在边境进行私人贸易。只要高丽一直坚守这一底线,辽设立的榷场就难见其效。所以,关于高丽与辽之间的榷场问题,应与领土纷争方面一起,从高丽坚决禁止边境贸易的政策角度加以理解。

距榷场设立之争发生约一个世纪以后,在对待金的态度上,高丽禁止边境贸易的立场也一如既往。13世纪初,金的宣抚使蒲鲜万奴占据辽东,建国"大真"。金曾因食粮不足而两次向高丽移牒乞糴,高丽政府却令边将"拒而不纳"。结果自1215年(高宗三年)始,"金人因兵乱资竭,争赍珍宝。款义、静州关外,互市米谷,至以银一锭,换米四五石。故商贾争射厚利,国家虽严刑籍货,然犹贪渎无厌,潜隐互市不绝"。[89]

高丽对金的乞糴之举不予回应,以致款义、静州关外出现互市米谷的现象。在此之前,高丽与金之间有过榷场。也许由于效果不佳,[90]两国人员为避开高丽的贸易禁令,最终在高丽领土之外建成米谷互市市场。可见高丽对待辽与金的政策是一致的,皆为禁止边境地带的私人贸易。

然而如果有国王的命令的话,在守令指挥的前提下,似乎也存在过短时间内达成的边境贸易。试举一例。1185年有一次内府贮藏告急,高丽明宗召西北面兵马使李知命入内殿,亲谕曰:"义州虽禁两国互市,卿宜取龙州库苎布,市丹丝以进。"李知命奉

---

[89]《高丽史》卷22,世家,高宗三年闰七月丙戌。
[90] 辽数次想在与高丽的边境上设立榷场并开展贸易,高丽方面却不予回应,所以实际上榷场的功能并未得到发挥。然而高丽与金之间,哪怕只有很短的时间,也是有过榷场并实现过贸易功能的。通过12世纪后期义州守令金克己(《新增东国舆地胜览》卷53,平安道,义州牧,名宦条)的诗歌《榷场》,可知榷场确曾在高丽边境存在过(《东文选》卷6,榷场)。

命执行,之后"献契丹丝五百束"。㉛ 在近代社会以前,国王的权力不受法律约束,而且王室财政与国家财政没有区分,故不难理解国王在其中所产生的影响。

2) 关于海上贸易之政策

众所周知,高丽创始者王建,是以黄海贸易成长起来的海商势力之后代。他归附弓裔之后,以海军指挥官身份,在数次征服西南海域的过程中立下汗马功劳,这与其祖先背景不无关联。㉜ 而实际在整个高丽时代,政府虽然会将礼成港开放给跨海前来的宋商,却并不鼓励本国民众出海贸易。

王建和之后的历代高丽国王均不支持开展自由的海外贸易,对此前人已有分析:这是担心会有新的海上势力出现,从而威胁到自身政权。新罗下代(780—935)时,清海镇有张保皋建立了"海上贸易王国"并挑战王权;罗末丽初时,晋州有王逢规,金海有金仁匡及苏忠子、苏律熙兄弟,压海县有能昌,兴礼府有朴允雄等,他们都是强大的海上豪族。㉝ 无论如何,王建本人便是通过海上贸易壮大起来的政治豪强,最终建立高丽王朝并登上王位。建国之后,为防止威胁中央政权的第二个自己或第二个张保皋的

㉛《高丽史节要》卷13,明宗十五年正月。
㉜ 日野开三郎,1965,《羅末三国之鼎立与对大陆海上交通贸易(4)》,《朝鲜学报》20;朴汉卨,1965,《王建世系的贸易活动——以究明其人之出身为中心》,《史丛》10。
㉝ 关于罗末丽初海上势力的研究,可参考如下论文:日野开三郎,同前文;金庠基,1960,《新罗末期地方群雄的对中国交通——特以王逢规为例》,《黄义敦先生古稀纪念论丛》;1974,《东方史论丛》,首尔大学出版部;朴汉卨,1989,《罗末丽初西海岸交涉史研究》,《国史馆论丛》7,国史编纂委员会;郑清柱,1991,《新罗末高丽初的罗州豪族》,《全北史学》14;1996,《新罗末高丽初的豪族研究》,一潮阁;具山祐,1992,《罗末丽初的蔚山地区及朴允雄》,《韩国文化研究》5;李贞信,1994,《高丽时代的商业——以商人的存在形式为例》,《国史馆论丛》59,国史编纂委员会,第109—110页。

出现,他开始实施对海上贸易的管制。[94]

与此同时,以土地为中心的农业振兴政策对贸易活动也产生了不小影响。高丽时代,发展经济的基本国策是田柴科,这是农业社会里作为财富源泉的土地的一种分配制度。[95] 为了国家财力的增加与社会的安定,稳定的田柴科制度势在必行。这就要求大兴农业生产,因而政府出台了一系列的农业振兴政策。与之相反,商人不像农民一样被土地所束缚,需要自由来去从事买卖,自然成了国家抑制的对象。

高丽初期的国王借鉴历史,明白海上势力的存在会对王权产生潜在威胁。而随着农业社会的自给自足,遑论个别的海上贸易,就连国家公认的商业活动也逐渐受到管制。前文提到了崔承老的上疏,便是在这种社会风气下提出来的。其中"因其聘使,兼行贸易,其余非时买卖,一皆禁断"一句,便是提议对以贸易为纯粹目的的船舶进行管制。同时,他还主张"庶人不得着文彩纱縠",以禁止庶人穿着中国生产的华丽衣装,来树立贵贱之别和防止奢靡之风。该建议若被采纳,则会对海外贸易产生巨大的负面影响。他还指出,君主的政事应顺天时,并遵从《礼记·月令》之时令。这既反映出他对政令与天时相互关系的理解,也表明了重视农业的立场。[96]

在高丽时代重农色彩背景之下,最早举行籍田亲耕、雩祀,并

---

[94] 森克己,1959,同前文,第555页;蔡雄锡,1988,《高丽前期货币流通的基础》,《韩国文化》9,第116—117页。
[95] 姜晋哲,1980,《高丽土地制度史研究》,高丽大学出版部。
[96] 韩政洙,2004,《高丽前期儒教式重农理念之确立》,《高丽时代的重农理念与农耕礼仪》,建国大学博士学位论文,第69—70页。

正式向守令下达劝农政策的国王是成宗。⑰ 可想而知在专注于发展农业的成宗时期，与之对立的商贸事业是很难享有国家的鼓励性政策的。

从这一点来看，崔承老限制贸易的主张很可能被采纳，高丽人的海上活动也势必因此而更加不振。但王室与贵族对奢侈品的需求是一成不变的，能满足他们的人只有宋商。1058年八月，文宗欲与宋朝通交之时，内史门下省提出"商舶络绎，珍宝日至，其于中国，实无所资"，⑱从中也能窥得当时的贸易情形：彼时并非是高丽商人出海，而是基本依赖往来于高丽的宋商。内史门下省也不希望这一状况有所改变，⑲而是想要维持高丽初期以来的贸易政策。

总而言之，高丽时代的对外贸易在原则上是被禁止的，其原因有两方面：一是防止会对中央政权产生威胁的海上势力之成

---

⑰ 李正浩，1994，《高丽前期劝农政策考察》，《史学研究》46；2002，《高丽时代劝农政策研究》，高丽大学博士学位论文，第35—38页。

⑱《高丽史》卷8，世家，文宗十二年八月乙巳。

⑲ 森克己指出，当时高丽向外国开放礼成港，但同时又对本国人的海外进出持消极态度。相反地，同时期的日本都以各个地方势力为中心，实现了积极的海上贸易活动。造成差异的原因主要有三：第一，高丽作为中央集权国家，财权掌握在中央手中，地方官或独立的地方政权没有余力独自派船前往海外开展贸易活动；第二，当时日本已处于货币复苏阶段，而高丽仍处在自然经济阶段；第三，当时主要由宋朝和日本商人主导着海上贸易活动，高丽商人很难掀起波澜（森克己，同前文，第555—556页）。这一观点与日本的身份认同论——高丽的经济发展落后于日本——不无关联，尚存争议。有学者指出，当时高丽面临着渤海遗民、契丹侵略等问题，更注重与北方民族的关系，故对本国人的海外进出施加管制。有感于曾以海上势力对抗王权的张保皋，太祖王建之后的高丽历代国王并不鼓励本国人出海贸易，实际上曾采取了禁令。另一方面，高丽方面通过允许宋商和日本九州的商人参与八关会，试图塑造一个以高丽为中心的世界观，并借此开展贸易活动（李炳鲁，2000，《十一世纪日韩两国的对外交涉考察》，《大丘史学》59，第105—106页）。笔者认为，两种观点的差异，正源于高丽已进入稳定的中世社会，经济政策以土地为中心，因此对阻碍农业发展的海外贸易加以管制，而日本仍未到达这一阶段。反而是森克己提出的所谓"货币经济的复苏"，恰恰说明了日本尚未进入中世社会。

长,二是基于高丽农业社会经济的发展趋势。从文献记载来看,高丽对辽金的边境贸易和对宋的海上贸易确实可用萧条不振来形容,笔者认为是国家政策造成了高丽对外贸易的衰落。但是以宋商为首,日本甚至阿拉伯商人都曾前来礼成港进行贸易活动,这也是不争的事实。高丽时代的贸易政策可总结为:一方面对本国人进出海外加以管制,另一方面将靠近首都的礼成港向外国商人开放。

5. 结语

高丽虽然开放了礼成港允许外国商船进出,但是阿拉伯商人自1034年后便销声匿迹了,日本商人前来的次数亦寥寥可数,往来贸易最频繁的当属宋商。他们的船舶借助季风往返于两国之间,缩短了两国在空间上的距离。他们到达礼成港之后会停留一段时间开展商贸活动,待下批商船到时再返回,如此循环便形成了宋丽之间固定的贸易往来。

这一点固然与朝鲜时代的锁国政策形成对比,但据此认为远道而来的阿拉伯商船到访礼成港已至于络绎不绝的程度,或强调高丽商人自礼成港出发积极从事海外贸易活动,则是对文献的误读。实际上,作为判断依据的李奎报诗《又楼上观潮赠同寮金君》,其中的"来船去舶首尾衔相连"一句,结合其他史料分析,此"船舶"所指代的应该不是商船,而是漕船或小型渔舟。

另外,从高丽的贸易政策来看,关于与北方的辽金展开边境贸易的问题,政府在原则上是保持禁止私人贸易的立场的。虽然高丽与金在12世纪曾有过短暂的榷场贸易,但除此之外均是恪守原则,哪怕在对方国家遭遇困境,可趁机获取重利的情况下都没有打破。

海上贸易亦是如此。高丽初期的国王们从历史教训中清楚地知晓,对海上贸易放任自由会对自身的政治统治产生多大的负面影响。而且贸易本属于商业范畴,与以土地生产为中心的中世社会经济发展模式相悖,因而个别的海上贸易活动会受到限制。成宗时期以来,哪怕是经国家允许的、以使节身份前往中国兼行贸易的行为,似乎也开始受到管控。

不过以这种海上贸易的衰落现象,来认定高丽与新罗相比是历史的倒退,也是不妥的。反而从普遍史角度,应说这标志了高丽已进入以自给自足的自然经济为特征的中世社会。

以上讨论的是高丽时代的对外贸易情形与国家相关政策。虽然高丽时代的贸易繁盛是众所周知的事实,但在与辽金的边境贸易上存在限制,海上贸易方面也只是向到来的外国商船开放了港口而已,抑制商贸活动的政策是一成不变的。因而可以毫不夸张地说,高丽的对外贸易活动仅局限于礼成港与开京一带,贸易对象基本就是宋商。

像这样,高丽消极的贸易政策阻碍了本国人的出海行为,黄海的高丽商人也随之骤减,其地位被宋商所取代。而宋商的往来究竟有多么活跃?以下将继续探讨这一问题。[100]

---

[100] 结尾部分为呼应本书(译者注:指韩文版)的逻辑,与原文相比稍有改动。学术期刊上所发表的原文如下:"目前遗留的课题是:高丽在对贸易的全面限制中为何又要开放礼成港并迎接外国商人?其具体的贸易过程和情况又是如何的?即高丽政府在满足王室贵族的奢侈品需求这一目标之外,又能获得怎样的利益?面对可能在礼成港与外国商人的贸易过程中成长起来的新海上势力,其应对方案又为何?这些亟待具体考察的问题,拟在后续研究中继续深入。"以供参考。

第三章 关于宋商贸易的再考察

1. 绪论

前述指出,学界很早就开始关注高丽对外贸易问题,这是为了克服长期以来强调朝鲜王朝锁国落后的殖民史观,因而得出了在礼成江的碧澜渡,除了宋、日商人之外,还有阿拉伯商船前来积极开展贸易的结论。① 解放以来,随着研究的深入,关于高丽时代贸易繁盛的具体史实得以一一确认,②从此他们多被用于证明高丽对外政策的开放性。然而受到这些研究的影响,对高丽海上贸易的理解,迄今似乎还存有许多误区。如有人主张礼成港的贸易市场比较活跃,因而推论出高丽政府在对外贸易上的主动态度。但实际上,自成宗时期以来就很少有本国商人行向海外,进出礼成港的商船数量也是有限的。而在与辽金的边境贸易问题

---

① 金庠基,1937,《丽宋贸易小考》,《震檀学报》7;1948,《东方文化交流史论考》,乙酉文化社;白南云,1937,《商业及商业资本》,《朝鲜封建社会经济史(上)》,改造社。
② 金庠基,1959,《高丽前期的海上活动与文物的交流——以礼成港为例》,《国史上的诸问题》4,国史编纂委员会;1974,《东方史论丛》,首尔大学出版部。

上,高丽的态度十分消极。③ 从这些来看,关于高丽时代对外贸易情形的评价都只能是相对的,随着比较对象是统一新罗(668—901)还是朝鲜王朝的不同,会有所变化。

关于宋商贸易的研究,学界主要以《高丽史·世家》中的进献、渡来记录为依据,故而对其贸易活跃程度的认识存在不足。④梳理宋商的相关史料,在详细统计其往来次数、时间和人数的基础之上评价其历史意义,这固然是正确的研究方法;但在文献记载整理都存在遗漏的情况下,其学术价值自然大打折扣。因此,本章将全面利用高丽时代的文集和中国方面的各种史料,来对宋商贸易问题重新作一番考察。宋商前来高丽基本为定期式的,并且停留约一年光景,商团规模也相当庞大。不论何时,高丽人在开京和礼成港基本上都能与宋商们进行交易活动。

同时,本章还将揭示如下事实:高丽前期的国王们常常通过宋商的进献仪式,来提高自身的政治权威并获取贸易利益;作为回报,他们会为宋商提供各种经商便利。及至武臣政权时期,武臣执政者取代了国王的位置;而武臣掌权之后,《高丽史·世家》中关于宋商记录出现骤减的原因,并非宋商贸易的衰微,而是监

---

③ 李镇汉,2005,《高丽前期对外贸易与政策》,《九州大学韓国研究センター年報》5;2006,《张保皋与韩国海洋网络的历史》,财团法人海上王张保皋纪念事业会;本书第二章。

④ 在中国大陆及台湾地区也有宋商的相关研究,但基本未见有超越韩国学界的新史料的发掘或新观点的提出。宋晞,1979,《宋商在宋丽贸易中的贡献》,《宋史研究论丛》2,(中国文化研究所)华冈出版部;倪士毅、方如金,《宋代明州与高丽的贸易关系及其友好往来》,《杭州大学学报(哲学社会科学版)》1982年第2期;黄宽重(a),1983,《南宋与高丽关系》,《中韩关系史国际研讨会论文集》(台湾韩国研究学会编);黄宽重(b),1991,《宋、丽贸易与文物交流》,《震檀学报》71、72合辑;林士民,《论宋元时期明州与高丽的友好交往》,《海交史研究》1995年第2期;朴真奭,1996,《11—12世纪宋与高丽的贸易往来》,《长白丛书:中朝关系史研究论文集》,吉林文史出版社。

管宋商的权力结构发生了变化。

2. 高丽前期的宋商贸易与国王

1）再观宋商贸易

早前关注高丽时代宋商贸易问题的学者做过统计：自高丽显宗至忠烈王初期约260年间，共有120余回、5000多名的宋商来过高丽，从而证明了当时贸易之繁盛。⑤ 同时也有人认为，宋商往来高丽是出于经济目的，无关乎政治外交。尽管宋朝想要全面禁止与高丽的贸易往来，却并未对宋商造成太大影响。⑥

此外，最新的研究梳理了与宋商往来高丽相关的135条事例，并指出，可以确认的宋商数量有4976人，加上很多人数未详的事例，全部算上推测可达7000多人。外加《高丽史》或《高丽史节要》中虽未言明，但极有可能与宋商相关的记录，到达高丽的宋商总数恐怕还要高于以上数字。⑦ 研究还表明，从时间特征来看，11世纪里几乎每年都有宋商的到来，偶尔的空白期不过一至两年，最长不超过五年。但在1107至1279年间，空白期在五至三十年以上的情形多达11次，武臣政权时期则基本未见宋商相

---

⑤ 金庠基，同脚注①文，第59—65页；金庠基，同脚注②文，第447—453页。另外森克己指出，尽管宋朝下令禁止海外贸易，但仍有约115次宋商前来高丽的记录（森克己，1956，《日本・高麗來航の宋商人》，《朝鲜学报》9，第224页）。

⑥ 徐炳国，1973，《高丽、宋、辽的三角贸易考》，《白山学报》15，第90—91页；黄宽重，同脚注④(a)文，第71页；崔永好，2007，《高丽时代与宋朝的海上交流——以宋朝出身的专业人才之入境与活动为例》，《历史与界限》63，第202页。

⑦ 朴玉杰，1997，《航向高丽的宋商与宋、高丽的贸易政策》，《大东文化研究》32，第36—42页。

关记载,与之前相比有显著差异。⑧

最新的研究强调以往学者的资料搜集工作完成得并不充分,并指明宋商人数还有增加的可能性,这值得肯定。但是仅仅依据"宋商来献"相关记录来展开讨论的话,依然是无法充分反映宋商活动的实际情况的。由于统计宋商数字所使用的材料,迄今并未跳出传统文献的范畴,因而仍旧存在片面性。

为进一步深入研究,必须寻找与之相关的新史料,挖掘被人忽略的史实。从这一点出发,笔者将目光投向了与宋商有着密切联系的高丽义天法师。义天在贞州乘坐宋人商船赴宋,⑨回国后仍通过宋商保持着与宋僧的书信往来。⑩

> A1. 往年行者颜显到来,曾辱手教,不胜铭佩。是时闻苏牧断截商船,特书往复者,俱罹非法之诛,是以未敢裁答,非怠故也。兼蒙宠贶六题一册,披阅已来,暂不释手,珍感珍感。⑪
>
> A2. 某启:一从睽别,几涉星霜,慕恋之诚,朝昏罔替。近者客帆至止,特辱芳缄,存记之情,良多感佩。兼蒙附至《大不思议论》二十卷,虽拙人所欲,渐遂于本心,而大土相成,极烦于注意。更有余卷,切托不忘,来春便舟。⑫
>
> A3. 净源三月内附都纲洪保书一封、炉拂、绝句一首,必

---

⑧ 朴玉杰,同前文,第43—44页。

⑨ 金澈雄,2004,《宋朝与高丽的海上交易路线及交易港》,《中国史研究》28,第119—121页。除义天之外,高达寺的元宗大师、觉渊寺的通一大师、玉龙寺的洞真大师等到中国求法的僧侣们,也通过搭乘宋商船舶以实现往来[黄宽重,同脚注④(b)文,第341页]。

⑩ 金库基,1959,《关于大觉国师义天》,《国史上的诸问题》3;1974,《东方史论丛》,首尔大学出版部,第212页。

⑪《大觉国师文集》卷11,《上大宋净源法师书》三首,第三首。

⑫《大觉国师文集》卷11,《与大宋净因法师书》二首,第一首。

达检收。近李元积至,伏蒙殿下亲笔。⑬

A1 是义天写给宋朝净源法师的书信。信中提到,已收到净源所赠信件及《六题》一册,然因杭州牧使苏轼禁止商船来往,怕送信会招来违法之诛,故无法即时答复。可见,当时往返于宋丽之间的使节乘坐商船的情况是十分稀少的。

A2 是义天写给宋朝净因法师的书信,其中对借助客帆之便收到的信件及 20 卷《大不思议论》表示感谢,并请求来年春天将剩余的书册搭便船一并寄送。此处的"客帆"当指宋商船舶,《请入大宋求法表》里有相同例证。⑭ 在《大觉国师文集》与《大觉国师外集》中,还有大量诸如"泉商"⑮、"海客"⑯、"海商"⑰、"商客"⑱、"行商"⑲、"商船"⑳、"舶贾"㉑等词汇,指代书信的传递者。此外还有"舟附""便舟""便风"㉒等与船舶相关的多种表述。

A3 是宋朝净源法师写给义天的书信。净源提到,已经收到义天借助李元积的船舶转送的亲笔书信;且本人通过都纲洪保的船舶给义天寄去书信、香炉、拂子等物。文中的洪保曾经六次帮忙传递书信,又被称为"大将洪保"或"纲首洪保",㉓似与 1098 年

---

⑬《大觉国师文集》卷 2,《□□□□□》六首,第六首(译者注:原文如此,后同)。
⑭《大觉国师文集》卷 5,《请入大宋求法表》。
⑮《大觉国师文集》卷 10,《上净源法师书》四首,第四首。
⑯《大觉国师文集》卷 11,《答大宋元炤律师书》。
⑰《大觉国师外集》卷 5,《大宋沙门道亭书》三首,第二首。
⑱《大觉国师外集》卷 6,《大宋沙门守长书》;卷 7,《大宋沙门从谏书》四首,第三首;卷 12,《高丽国五冠山大华严灵通师赠谥大觉国师碑铭》。
⑲《大觉国师外集》卷 7,《大宋传贤首教沙门智生书》二首,第二首。
⑳《大觉国师外集》卷 7,《大宋传贤首教沙门智生书》。
㉑《大觉国师外集》卷 12,《高丽国五冠山大华严灵通师赠谥大觉国师碑铭》。
㉒《大觉国师外集》卷 2,《□□□□书》六首,第五首(舟附);卷 3,《与大宋净因法师书》二首,第一首(便舟);卷 5,《□□□□□》三首,别幅(便风);卷 5,《大宋沙门慧清书》二首,第一首(通大舶聿来)。
㉓《大觉国师文集》卷 11,《与大宋净因法师书》二首(洪大将);《大觉国师外集》卷 2,《□□□□□书》六首,第一首、第二首、第四首、第六首(洪保);卷 3,《大宋沙门净源书》五首,第一首(大将洪保);卷 7,《传祖教学徒希仲状》二首,第二首(纲首洪保)。

十一月前来高丽的宋商洪保㉔为同一人。李元积作为书信传递者共被提及过四次,㉕他与 1081 年前来高丽的李元绩㉖相比,名字虽有一字之差,但很可能是同一人。此外,在义天与宋朝僧侣的信物往来过程中,还有陈寿㉗以及名字未详的徐都纲㉘、郭都纲㉙等人物登场。

在《高丽史》中,也能觅见经常往来高丽的宋商踪迹。据《宋史》载,高丽纲首徐德荣曾于 1162 年三月,向宋廷转达高丽欲派遣贺礼使赴明州之意。㉚ 在《高丽史》中,此人有 5 次来访记录,㉛加上《宋史》这条,可增至 6 次。㉜ 此外,郭满、林宁等人有 5 次,陈诚等人有 4 次的记录。另外来过 3 次的都纲有 5 人,2 次的有 18 人。㉝ 这些人如义天书信中反复提到的都纲一样,是一批经常

㉔《高丽史》卷 11,世家,肃宗三年十一月庚戌。
㉕《大觉国师文集》卷 10,《上净源法师书》四首,第一首;《大觉国师外集》卷 2,《□□□□书》六首,第二首。(以上均为李元积)《大觉国师外集》卷 5,《□□□□》三首,第二首;卷 2,《□□□□书》六首,第六首。(以上均为李纲首)。
㉖《高丽史》卷 9,世家,文宗三十五年八月戊辰。
㉗《大觉国师外集》卷 7,《大宋沙门行端书》二首,第一首(陈寿都纲);卷 7,《大宋传贤首教沙门智生书》(陈二郎)。
㉘《大觉国师文集》卷 11,《上大宋净源法师书》三首,第一首;《大觉国师外集》卷 3,《大宋沙门净源书》五首,第二首。徐都纲的名字虽不得而知,但极有可能与为雕刻《夹注华严经》和祭祀净源法师而入宋的纲首徐戬是同一人(金庠基,同脚注⑩文,第 213 页)。1089 年,义天听闻宋朝晋水法师圆寂,随即派遣寿介等弟子携带金塔、祭文前去宋朝,当时所乘坐的正是宋商徐戬之船[鲍志成,1995,《苏东坡与高丽》,《中韩文化交流与南方海路》(曹永禄编),国学资料院,第 97 页]。就像这样,徐戬与义天建立了密切联系,并能参与到其重要活动中,是因为他在此期间经常往来于两国之间,从而得到了义天的信任。
㉙《大觉国师外集》卷 7,《大宋传贤首教沙门智生书》。
㉚《宋史》卷 487,《高丽传》,绍兴三十二年三月。
㉛朴玉杰,同脚注⑦文,第 46 页。
㉜金庠基认为,《宋史》卷 487《高丽传》中的高丽纲首卓荣和徐德荣本是宋商,后前来高丽成为归化人(金庠基,同脚注①文,第 85 页脚注⑩及脚注⑪)。但是曾于 1162 年三月向宋朝转达高丽欲派遣贺礼使之意的徐德荣,在此之后的 1162 年六月(《高丽史》卷 18,世家,毅宗十六年六月)至 1163 年七月(《高丽史》卷 18,毅宗十七年秋七月)还继续以宋商身份前来高丽,所以仍应将徐德荣视为宋人。卓荣亦如是。
㉝朴玉杰,同脚注⑦文,第 46 页。

往来高丽的专门性团体之代表。㉞

同样值得关注的是义天与宋僧之间书信中所提到的大量物品交换。义天得知净源法师刊行《华严科钞略》一事后,曾向其送去 200 两白银;㉟还利用徐都纲的船舶转送了银盒、盛茶及 3 颗宝珠。㊱ 另外,义天还给宋僧辨真寄去了高丽李颁写的《夹注金刚经》1 册、《断疑金刚经》1 册、《金刚经集解》1 册、《教藏总录》2 册和《唯识论单科》3 册,以及赤色袈裟、摩衲袈裟各 1 套。㊲ 他还借助都纲陈寿的船舶向宋僧行端送去了 4 枚铜磬、2 斤人参、2 筒铜盂等物品。㊳ 当然,宋僧也曾受义天之托,将《遗教经》《梵纲经》《净土论》等各 10 部,还有《判教辨祖仪图》《清志书》《锦堂记》等 10 本经籍用船舶运至高丽。㊴

义天寄送物品最多的一次,当属给宋朝晋水法师的 3 部共 170 卷的《绀纸金泥华严经》和 2000 两黄金。黄金后被用于杭州慧因寺内、保管这 170 卷经书的华严经阁之建造上。㊵ 另外,宋僧辨真还因印刷佛经一事,向义天请求过资金支援。㊶ 就像这样,能将大量金银、佛经、铜磬、人参等贵重物品托付给作为中介者的宋商,前提是必对他们有足够之信任;而这种信任正源于他们经常往来于两国之间这一事实。

还有,泉州商人徐戬曾经前来高丽收取钱物之后,回杭州雕

㉞ 此外苏轼也将徐戬、王应昇、李球等人视作宋商(《苏轼文集》卷 31,奏议,《乞禁商旅过外国状》)。随着资料收集的深入,宋朝都纲出现的频率越来越高。从这一点来看,依据不完全的史料而统计出的宋商研究数据,除了能表现某种倾向性之外,很难说有何特殊意义。
㉟《大觉国师文集》卷 10,《上大宋净源法师书》三首,第一首。
㊱《大觉国师外集》卷 3,《大宋沙门净源书》五首,第二首。
㊲《大觉国师外集》卷 5,《□□□□书》三首,第二首。
㊳《大觉国师外集》卷 7,《大宋沙门行端书》二首,第一首。
㊴《大觉国师外集》卷 2,《□□□□书》六首,第五首。
㊵ 据称正因此事,宋人才称呼慧因寺为"高丽寺"(鲍志成,同脚注㉘文,第 103 页)。
㊶《大觉国师外集》卷 3,《大宋沙门净源书》五首,第三首。

61

刻了一部《夹注华严经》，㊷ 又刻了 2900 余块经板欲在高丽贩卖，后用船载来，共卖得 3000 两白银。㊸ 徐戬在当时宋朝图书刊刻事业最为繁荣的杭州城内制书、贩书，㊹ 早前还被苏轼这位反对海商往来高丽的杭州知事给拘禁过。㊺ 他花巨资印佛经带至高丽，应当是确信能在高丽贩卖出去的。如果没有经常往返于两国的前提，宋商能在高丽得到信任并收取委托人的订金，或耗巨额刊刻佛经运往高丽贩卖等事，都是根本无从谈起的。

如此一来，只有宋商定期于宋丽之间来回，高丽民众才可预先订购商品。另外，对于得到官府认可的宋商来说，他们是在掌握高丽方面的需求之后前来经商的，因而降低了亏损风险，可获取更多利益。以下史料显示了宋商定期前来高丽的具体情况。

> B1. 诏："旧明州括索自来入高丽商人财本及五千缗以上者，令明州籍其姓名，召保识，岁许出引发船二只，往交易非违禁物，仍次年即回；其发无引船者，依盗贩法。"先是，禁私贩高丽者，然不能绝。至是，复与中国通，故立是法。㊻

B1 记载了宋神宗时期宋商前来高丽从事贸易的规定。据此来看，随着对往来于高丽的明州商人之管控愈发困难，朝廷遂决定将"财本及五千缗以上者"之姓名录于官府，每年允许两艘商船发往高丽，次年须及时返回，允许交易的货品也限于非违禁物范围之内。拥有一定资本的宋商若能遵守法规，明州地区便会给予

㊷《苏轼文集》卷 6，奏议，《论高丽进奉状》。金庠基，同脚注⑩文，第 213 页；宋晞，同脚注④文，第 165 页。

㊸《苏轼文集》卷 31，奏议，《乞禁商旅过外国状》。

㊹ 倪士毅、方如金，同脚注④文，第 89 页。据称，当时杭州城内有名的印刷作坊约有 20 家，其中的陈氏的工坊有数十名刻工，出版过百余种优秀的文集、小说等（申採湜，《关于宋、丽的文化交流》，《梨花史学研究》第 25、26 合辑，第 5 页）。

㊺ 金庠基，同脚注⑩文，第 212 页。

㊻《续资治通鉴长编》卷 296，神宗元丰二年，春正月丙子。

官方认可,允许他们前往高丽进行贸易。⑰ 可知明州官府记录在案的商人们,每年会驾两艘船舶赴丽,并且是持续性的往来。这正说明了,近年来所称《高丽史》等史料中未见"宋商进献"记录的说法是不能轻信的。

不仅如此,能来高丽的商人还必须是"财本及五千缗以上者"。很难想象这些经官方许可的宋商仅往来高丽一次后就不再有第二次。更换贸易对象存在着巨大的风险,所以凭借国家准许的专门身份从事商贸是十分有利的。实际上,从宋朝纲首口中也能得知,宋朝的对丽贸易与对日贸易是由不同专人来负责的。⑱ 换言之,是有专门的商人专职往来于高丽的。海外贸易活动发生于互不相识的两国民众之间;如果只完成一次交易便作罢,那么高丽人对宋商的信任度便不会提高,自然不利于商业活动的开展。因此同一批商旅应是经常往来于两国之间的。

高丽僧慧素得到国王所赐的白金后,向宋商采购了自己喜爱的砂糖,此事亦暗示了宋商往来是定期的。慧素因担心来年春天宋商船舶不会再来,便一次性购买了多达100瓶的砂糖,人们都笑他过于实诚。⑲ 慧素之所以遭人嘲笑,是因为他觉得商船一旦返宋后便不会再来。如此看来,普通高丽民众就算碰到类似情况时,也不会像慧素那样轻易囤货。

通过对宋商往来相关史料的整理可知,实际来到高丽的宋商数量远超《高丽史》中留下的记载,礼成港内总会有停泊着的宋商

---

⑰ 明州被指定为前往高丽、日本的贸易船之出发港,所以宋商出发前需在明州市舶司内获取公凭,回来后同样要在此地办理相关手续(森克己,同脚注⑥文,第224页)。尤其是南宋与高丽间的贸易,毫不夸张地说,实际上就是由明州方面负责的(林士民,同脚注④文,第30页)。早期前往高丽的贸易船是从山东半岛的登州、密州出发的,随着金朝势力的扩张及宋朝的南移,明州成为了宋朝对高丽贸易的中心港口〔祁庆富,1995,《10—11世纪中韩海上交通之路》,《中韩文化交流与南方海路》(曹永禄编),国学资料院,第166—176页〕。

⑱ 森克己,同脚注⑤文,第228页。

⑲《破闲集》卷中,西湖僧慧素。

船舶。有记录称1079年以后,每年都有两艘商船从明州发往高丽,甚至有宋商不惜违背出海禁令前来。[50] 他们数次往返于宋丽之间,不仅成为了义天和宋僧们保持友谊的桥梁,还负责运送佛经等书籍和其他贵重物品。这些事情的完成基于人们对宋商的信任,也以宋商定期持续往来于两国之间为前提。如今以"宋商来献"记录为依据,认为宋商往来是一时性的看法,有违历史实情。

为了厘清宋商往来的实际情况,不妨先来看被认作是仅到过一次高丽的宋朝都纲数量。《高丽史》中以"某某都纲＋进献物品"形式出现的记载俯拾皆是,一般认定一艘船上仅有一拨商旅团。但下列资料却提供了反证。

  C1. 戊申,寒食。飨宋商叶德宠等八十七人于娱宾馆,黄拯等一百五人于迎宾馆,黄助等四十八人于清河馆,耽罗国首领高汉等一百五十八人于朝宗馆。[51]

  C2. 是月,宋都纲郭英、庄华、黄世英、陈诚、林大有等三百三十人来。[52]

C1是1055年恰逢寒食之际,高丽国王宴享宋商和耽罗国首领的记载。此处叶德宠、黄拯、黄助等人名字排在耽罗国首领之前,应为商团中的都纲代表。到达时间虽未详,但确实受到了国王的招待。[53] 据史料载,参与此次宴会的都纲中,之前黄助[54]曾两

---

[50] 宋晞,同脚注④文,第161页。
[51]《高丽史》卷7,世家。
[52]《高丽史》卷17,世家。
[53] 丸龟金作,1961,《高丽と宋との通交问题(二)》,《朝鲜学报》18,第63—64页。另据载,在高丽睿宗八月十七日生日(又称咸宁节)当天,国王会于长庆殿设宴款待公族、贵臣、近侍等,同时遣官至客馆招待宋商(《高丽图经》卷6,宫殿2,长庆殿)。
[54]《高丽史》卷7,世家,文宗八年九月庚午;《高丽史》卷8,世家,文宗十四年秋七月乙巳。

次入丽进献,而叶德宠㊄、黄拯㊅则各有过一次经历。三人名字的出现其实代表了当时受到宴享的商团有三拨,这意味着1055年二月之时,至少有三批宋朝商旅团驻留于开京客馆。换言之,并非只能有唯一的宋朝商团进入开京从事商贸活动,而且这些商团之间规模也不甚相同。

C2是1148年八月宋朝都纲郭英、庄华、黄世英、陈诚、林大有等330人前来高丽的记载。从语句上看,共有五名都纲,可知有五拨商团到达。此外还有,1175年八月张鹏举、谢敦礼、吴秉直、吴克忠等四名都纲前来;㊇1089年十月李珠、杨甫、杨俊等三名都纲前来;㊈1094年八月欧保、刘及、杨保等三名都纲前来。㊉就像这样,有两批以上的商团同时前来的事例并不罕见。

C1、C2中,到达的都纲人数是三到五名,都纲人数即是商团数量,意味着不单单仅有一批商团赴高丽从事商贸。B1显示,每年有两艘商船往来于宋丽之间,C2则表明一次前来的商人多达330名。因此,认为宋朝商团一般规模较小的说法可能并不准确。

同时,开京的客馆数量也暗示了商团之多。据《高丽图经》载,当时有四间客馆"皆所以待中国之商旅",㊉"娱宾馆""迎宾馆""清河馆"也极可能为客馆。㊊通常而言,仅一拨宋朝商团到达,是无需这么多客馆的。只有不同的商团才会被分开安置于不同的客馆里。若有两至五批商团同时前来的话,为开展商贸活动

㊄《高丽史》卷8,世家,文宗十一年八月丁未。
㊅《高丽史》卷7,世家,文宗十年十一月申巳。
㊇《高丽史》卷19,世家,明宗五年八月己酉。
㊈《高丽史》卷10,世家,宣宗六年冬十月。
㊉《高丽史》卷10,世家,献宗即位年八月甲戌。
㊉《高丽图经》卷27,馆舍,客馆。早前,白南云曾关注发生在客馆中的、宋商和高丽当地人的贸易活动,并以"客馆贸易"为之命名[白南云,1993,《商业与商业资本》,《朝鲜封建社会经济史(上)》(河日植译)2,理论与实践,第359页]。
㊊洪喜裕,1989,《高丽时代商业与货币流通的形成》,《朝鲜商业史(古代、中世)》,科学百科词典出版社,第111页。

之便利安排他们入住不同的客馆,最多需要五个,这与《高丽图经》所言客馆数目基本一致。㉒ 因此,同时前来高丽的宋朝商团应当不止一批,且在很多情况下可能是一起活动的。

宋商入丽后一般能留居多久? 这个问题对于理解他们的商贸活动也至关重要。从 B1 中"岁许出引发船二只……仍次年即回"可知,宋商在高丽起码有一年的活动时间。有史料显示,纲首范彦华的船舶曾经载送过从蒙古控制下逃脱的南宋人,该船于 1258 年三月进入高丽后,直至次年三月满一年后才返宋。这一事实亦能成为佐证。㉓ 这也使得史料当中留下了一些轶事,其中登场的还有宋商在高丽的妻子。

> D1. 金右丞敦时少年时随一僧,游唐商馆,有一商与妻有衅,欲弃去适谁家。时方冬忽雨,金遽索纸书一绝云:"东韩地胜敛寒威,瑞雪翻为瑞雨飞。应是巫山神女术,故关宾馆不教归。"商见之,感叹至垂泪,终不去妻。彼中朝人虽庸贾,见好诗感动如此。况士大夫乎。㉔

D1 记叙了金敦时少年时的一次经历,大致在睿宗或仁宗时期。说是某个冬日,有宋商正欲休妻,恰好被金敦时撞见,才华横溢的他遂用一首诗挽回了他们的感情。"唐商馆"应指宋商客馆,宋商与妻子共同居住于此。从宋商"与妻有衅"来看,二人是正式夫妻,他们受金敦时之诗感动后不再闹分离,可推测婚姻关系继续维系了下去。另外还有高丽人娶宋商之妻的文献记载,如宋有仁"初娶宋商徐德彦之妻"。㉕ 宋商之所以会娶高丽女子为妻,是

㉒ 有学者指出,由当地官方提供馆舍及食物,在为商人提供便利条件的同时,也含有对其人身与活动加以全面管控的意图(山内晋次,2003,《東アジア・東南アジア海域における海商と国家》,《奈良平安期の日本とアジア》,吉川弘文館,第 199 页)。
㉓ 黄时鉴,1997,《宋—高丽—蒙古的关系史考察——以〈收刺丽国送还人〉为例》,《东方学志》97,第 12 页。
㉔《补闲集》卷上,金右丞敦时。
㉕《高丽史》卷 128,郑仲夫传附宋有仁。

由于宋商常往来于高丽,且滞留时间较长。

总而言之,虽然双方的贸易条件会随政治局势、国家政策的变化而改变,但宋商在大多数情况下并不是只做一次性交易或无规律往返的。他们频繁来回于宋丽之间,同时一次前来数批商团的情况也不在少数。由于他们会在高丽政府所提供的客馆里留居至少一年时间,所以才出现了高丽人娶宋商所休之妻的事例。高丽人几乎随时都能在礼成港或开京客馆与宋商交易,将自己所需货品告诉宋商,并拜托他们下次来时带上——通过与宋商面对面的交往,民间贸易的发展得以促进。

2) 宋商贸易与高丽国王

宋商每次前来都要与高丽人进行长时间的商贸活动。高丽对于他们而言是外国,像这样的海外贸易必定有诸般不利或不便之处。所以宋商以都纲头目为中心来组建船队奔赴高丽,向国王进献土特产等贡物,以期获得来自最高权力的支持。[66] 宋商向高丽朝廷进献方物,是一种入贡贸易的形式,他们不仅能从国王处获得回赐品,还有利于讨好高丽当局。[67] 中国称这种惯例为"呈样",在宋朝也有,即外国商船入港后,会选出一部分货品呈贡官府或朝廷。[68]

对于宋商向国王进献方物一事,有学者使用了"私献贸易"一词。理由是这种行为若出现在国家对国家之间便是"朝贡",若纯

---

[66] 如《高丽史》中有如下表述:"朔,宋泉州商都纲林蔼等五十五人来献土物。"(《高丽史》卷5,世家,德宗二年八月甲午。)"宋商陈谅等六十七人献土物。"(《高丽史》卷6,世家,靖宗二年秋七月申巳。)

[67] 金庠基,同脚注①文,第67页。关于这一点,有学者认为,呈献贡品一事并非仅凭个人意愿,而是基本按照对方需求来进行的,所以不存在必有与之相应的回赐品的理由,而且进献的性质似乎也不在于获取赏赐物(金渭显,1978,《丽宋关系及其航路考》,《关大论文集》6;1985,《辽金史研究》,裕丰出版社,第206页)。

[68] 金庠基,同脚注①文,第72页。

粹代表个人意图便是所谓"私献"。⑲ 但最近有学者认为高丽王权是主动干涉海上活动及对外贸易的,所以"私献贸易"并不是恰当表述,实际上也是朝贡与回赐的关系。⑳

"宋商进献"的仪式过程,后来作为"八关会"㉑的一项环节而得以完善。1034 年(靖宗即位年)十一月开设的八关会上,国王"御神凤楼,赐百官酺";次日大会,东西二京、东北两路兵马使、四都护、八牧等各上表陈贺,"宋商客、东西蕃、耽罗国,亦献方物,赐座观乐",之后定为常例。㉒

"八关会"是在以高丽为中心,将中国之外、位于自身政治影响范围内的周边民族国家视作"蕃"的前提下,举行的一种仪礼活动,㉓承载着高丽独有的天下观。㉔ 高丽朝廷不仅允许百姓观看典礼,来自宋朝、女真、耽罗等高丽以外地方的商人通过向国王进献方物,得以与外官一同参与整个过程,仪式的政治效果被发挥到了极致。㉕ 与外交无关的宋商为获取经济利益,成为了高丽王室所设定的"华夷秩序"中的重要组成部分,并发挥了作用。㉖ 此外,高丽国王还将中国皇帝的下赐品㉗及宋、日本商人的贡物保存于王室仓库,待宴会时与群臣分享,㉘这是在利用外国人的进献行为来彰显国王的权威。

---

⑲ 森克己,1959,《日・宋と高麗との私献貿易》,《朝鲜学报》14,第 556 页。
⑳ 山内晋次,同脚注㉒文,第 204 页。
㉑ 八关指佛教的"八关斋戒"。
㉒ 《高丽史》卷 69,礼志 11,嘉礼杂仪,仲冬八关会仪,德宗三年十月。
㉓ 奥村周司,1979,《高麗朝における八関会の秩序と国際環境》,《朝鲜史研究会论文集》16;1992,《高麗の外交姿勢と国家儀式》,《历史学研究》别册。
㉔ 金基德,1997,《高丽的诸般王制及皇帝国体制》,《国史馆论丛》78;卢明鎬,1999,《高丽的多元天下观与海东天子》,《韩国史研究》105。
㉕ 秋明烨,2002,《高丽前期对"蕃"的认识及东西蕃的形成》,《历史与现实》43,第 23—35 页。
㉖ 山内晋次,同脚注㉒文,第 216 页。
㉗ 《高丽图经》卷 3,城邑,贸易;《高丽史》卷 96,金仁存传;《高丽图经》卷 6,宫殿 2,延英殿阁;《东文选》卷 64,清燕阁记。
㉘ 《高丽史》卷 19,世家,毅宗廿三年春正月。

显而易见的是,高丽国王通过"宋商进献"以达到相当程度的政治目的,宋商也可获得实际经济利益。在进献形式上,高丽国王作为买方而存在,所以只有将考察焦点放在宋商与高丽国王之间的商贸交易层面,才能更接近问题本质。

  E1. 长龄殿……每中朝使者欲行前期,必有先书介绍,至则于此受之。贾人之至境,遣官营劳舍馆。定,然后于长龄受其献,计所直,以方物数倍偿之。⑲

  E2. 运仁贤好文,内行饬备,每贾客市书至,则洁服焚香对之。⑳

  E3. 昔睿王时,画局李宁尤工山水,为其图附宋商。久之,上求名画于宋商,以其图献焉。上召众使示之,李宁进曰:"此臣所画天寿寺南门图也。"折背观之,题志甚详,然后知其为名笔。㉑

  E4. 癸亥,宋商来献《大平御览》,赐白金六十斤,仍命崔诜校雠讹谬。㉒

按 E1,宋商在长龄殿进献方物,高丽国王回礼价高数倍的赐品。国王虽在长龄殿接受宋商进献,但同样要回赐物品,事实上可视之为发生于宋商与高丽国王之间的贸易活动。

按 E2,高丽宣宗王运在迎接宋朝书商到来时,照例换上干净的衣服并焚香对之。㉓ 这是一场宋商与高丽国王的会面,应记作"献书",但在《高丽图经》中省略了对礼仪的记录,仅保留了本质上交易部分的内容。

E3 讲的是宋商从高丽画局李宁处得到一幅《天寿寺南门

---

⑲《高丽图经》卷6,宫殿2,长龄殿。
⑳《宋史》卷487,高丽传。
㉑《破闲集》卷中,昔睿王时。
㉒《高丽史》卷20,世家,明宗廿二年八月癸亥。
㉓ 文宗时期对待宋商"亦有体貌",是因为将其视作外交使节而"意勤厚至"(《高丽图经》卷2,世次,王氏)。

图》,待日后高丽国王向宋商索求名画时,又将此图献上。㉞ 绘画与图书一样,是宋商贸易中的重要货品。㉟ 在 E3 中,宋商将高丽画师的画作献给高丽国王,这颇具玩味。可知宋商进献的物品并非以自己的意愿来准备,而是按照高丽国王的需求来备置的。宋商与高丽国王也不是仅通过一次见面,就能满足双方利益。

E4 讲的是宋商进献《太平御览》,随即获得了 60 斤白金的赏赐。此处若删去"献""赐"等表示尊卑仪礼的修辞,剩下的事实便是:宋商前来贩卖《太平御览》,高丽国王花 60 斤白金购得。这亦可视作宋商与高丽国王之间的买卖行为。从国王购书后立马下令组织人员进行校雠来看,高丽朝廷极有可能事先向宋商索求过该书。

综合上述四条史料可知,宋商谒见高丽国王并进献方物一事,虽作为一种仪礼形式被记录下来,但实质上是宋商与国王之间的贸易行为。另外,这些进献的物品——中国特产或阿拉伯商品——都是宋商希望在高丽销售的货物,㊱十分珍贵。国王能够捷足先登最早接触到这些物品,也凸显了王权的优越性。

对宋商而言,高丽国王是最高等级、最重要的贸易对象,因而宋商往往会为国王带来各类奇珍异宝。据《高丽史》载,睿宗时期国王欲"置花园二于宫南西",众宦官竞相献媚,为装饰花园而"括民家花草移栽其中"。然尤以为不足,又向宋商购买,以致"费内帑金币不赀"。㊲ 宦官向宋商买的应是稀贵华丽的花草,并动用了王室内帑。即为从宋商处购得装饰宫阙一隅的花草,不惜动用国王私产。如此看来,从宋商手中购买奇珍的高丽最上层人物是

㉞ 类似记载见于《高丽史》卷 122,《李宁传》。按《高丽史》,此事发生于仁宗时期,故《破闲集》中的国王应是仁宗。
㉟ 朴真奭,同脚注④文,第 88 页。
㊱ 金库基,同脚注②文,第 455 页。
㊲《高丽史》卷 13,世家,睿宗八年二月庚寅。

国王,⑧⑧宋商入丽后不得不首先与国王会面,国王会以礼相待。⑧⑨宋商进献的背后,除了借助最高权力的支持,以获得自由贸易保障之外,同样有着商业目的。

　　与此同时,国王处于宋商与高丽贸易的中心位置,这一点不容忽视。宋商谒见高丽国王并进献物品;国王给予相应赏赐,并允许其在政府经营的客馆里长期居留,以开展贸易活动。由此可见,高丽国王在宋商贸易中具有直接或间接的影响力。然而到了1058年八月文宗欲伐木造船与宋恢复通交之时,内史门下省以"我国文物礼乐兴行已久,商舶络绎,珍宝日至"为由,反对为减少政治压力而与宋朝互通使节的举动。⑨⑩ 虽然此处略去了内史门下省的其他几项反对理由,但从强调高丽"文物礼乐兴行已久",以及宋商贸易已能满足高丽人需求这两点来看,内史门下省认为文宗希望通过恢复与宋通交来实现以上目标的想法已是多此一举,因而提出反驳。⑨⑪

　　993年(成宗十二年)以后,高丽与宋断绝国交,⑨⑫自此宋商在将宋朝先进文化与物产传入高丽,和满足高丽王室贵族奢侈需求方面扮演着举足轻重的角色。通过宋商最先能接触到宋朝文化的是国王,在国王主导下树立的礼乐制度,是近代社会之前人们的行为规范。这是宋商往来为高丽所带来的诸多利益中的一种。

---

⑧⑧ 高丽国王喜爱珍玩书画,有相当部分是通过外国人——尤其是宋商——的进献来获得的,且定会报以谢礼。这可通过1165年(毅宗十九年)"内侍左右番,争献珍玩"的记载加以确认(《高丽史》卷18,世家,毅宗十九年四月)。

⑧⑨ 有学者认为,对于东亚及东南亚海域各国来说,中国海商的作用至关重要。经济方面,从王室立场出发,中国海商是能带来诱惑十足的异国珍玩的贸易者;通过对这种贸易单方面的统制管理,来掌控国内贸易品的再分配,这能够确保王权威信,偶尔也得以期待关税收益(山内晋次,同脚注⑫文,第220页)。对于高丽而言,所呈现的结果也是类似的,但尚未见到与贸易品再分配、关税收益相关的具体文献记载。

⑨⑩《高丽史》卷8,世家,文宗十二年八月。

⑨⑪ 金庠基,同脚注①文,第47页。

⑨⑫ 有关高丽与宋外交问题的研究成果不胜枚举,其中下列论述较为详细:金庠基,1959,《高丽与金、宋之间的关系》,《国史上的诸问题》5,国史编纂委员会;1974,《东方史论丛》,首尔大学出版部。

总而言之,宋商的相关史料里经常能见到高丽国王的身影,这暗示了二者间的密切关系。高丽国王借助宋商进献来提升自身权威,宋商以呈递珍玩或国王所求之物并获得赏赐的买卖方式,来获取经济利益。另外在高丽与宋断绝外交的局势下,宋商的往来可为高丽带来宋朝先进的文物,国王贵族亦能满足私人的奢侈之欲。整个高丽上下能从宋商处获得诸多实惠,皆得益于国王充当了宋商的支持者与保护者。

3. 武臣执政与宋商贸易

1) 武臣政权时期宋商贸易的持续

从1170年(毅宗廿四年)郑仲夫、李义方、李高等发动军事政变开始,直到1271年林惟茂执政终结为止,这100余年是武臣政权时期。《高丽史》《高丽史节要》等史籍中,关于这一时期宋商的记录均大幅缩减。针对此现象,有学者认为,宋高宗时期(1127—1162)已出现与高丽断交之意向,虽不知是否因金朝间谍口供而对高丽使臣已产生误解,两国官方往来逐渐停滞,其影响亦波及民间贸易。随着两国政治关系的破裂及南宋国势之衰微,宋商的海外活动频率也在逐年下降。偏安一隅的南宋王朝最终灭亡于蒙古,宋商贸易也以1277年(忠烈王四年)马晔的渡海为终结,之后便难觅踪影了。[33]

近年来,学界对这一现象的成因从两方面进行了解读:一方面,以1127年靖康之变为界,宋室南迁,东亚国际形势发生变化;另一方面,高丽因1126年李资谦之乱和1135年妙清之乱而元气大伤,加上1170年以后百余年的武臣执政与1231年遭受蒙古入侵,国内政治环境一直动荡不定。[34]

---

[33] 金庠基,同脚注②文,第446—447页。
[34] 朴玉杰,同脚注⑦文,第43—44页。

上述两点解读均基于对《高丽史》等文献中关于宋商贸易记录的认识,并结合了两国外交关系背景。但是,由于其所依据的宋商史料是不完整的,得出的结论只能是窥豹一斑。从这一点而言,挖掘相关的新材料,可以打破既成观点。

G1. 高丽国礼宾省牒:上大宋国庆元府,当省准贵国人升甫、马儿、智就等三人,久被狄人捉拿。越前年正月,分逃闪入来,勤加馆养。今于纲首范彦华、俞昶等,合纲船放洋还国。仍给程粮三硕,付与送还。请照悉具,如前事,须牒大宋国庆元府照会施行,谨牒。己未三月×日,谨牒。⑨⑤

G2. 今高丽虽臣属于鞑,然每有畏鞑贼之心,迁都海岛,防其侵犯……常有贩高丽者,大率甲番三只到丽国,必乙番三只回归,丙丁亦如之。今庆元人见有在彼国仕宦者,却缘此等船只皆属朝廷分司,制司不可得而察其往来之迹。此间之舟一只,可以载二三百人,万一彼有异之,并吾甲乙两番之舟,并行拘夺,以渡鞑贼,则亦意外之过虑也。⑨⑥

G3. 愿闻江都之说。大夫曰……涯凌叶拥,渚岬枝附,丽其枝叶而沙散棋布者,江商海贾、渔翁盐叟之编户也……内据摩利穴口之重匝,外界童津白马之四塞。出入之谁何,则岬华关其东;宾入之送迎,则枫浦馆其北……大夫曰:城市即浦,门外维舟……商船贡舶,万里连帆。舣重而北,棹轻而南。樯头相续,舳尾相衔。一风顷刻,六合交会。山宜海错,靡物不载……争来泊而缆䑸,俟街填而巷隘。顾转移之孔易,何驮负之赛倩。尔乃手挈肩担,往来跬步,堆积于公府,流溢于民户。匪山而巍,如泉之溥。菽粟陈陈而相腐,孰与

---

⑨⑤《开庆四明续志》卷8,《收剌丽国送还人》。相关详细说明参见卢明镐等,2000,《韩国古代中世古文书研究(上)》,首尔大学出版部,第448—449页;黄时鉴,同脚注⑥③文。
⑨⑥《许国公奏议》卷3,《奏晓谕海寇复为良民及海关防海道事宜》。

大汉之富饶?⁹⁷

G4. (元宗十一年十二月)乙卯,世子谌与蒙古断事官不花孟祺等来,王出迎于郊。诏曰……如前年,有人言高丽与南宋、日本交通。尝以问卿,卿惑于小人之言,以无有为对。今年却有南宋商船来,卿私地发遣,迫行省致诘,始言不令行省知会,是为过错。⁹⁸

G1是高丽礼宾省在送还从蒙古人手中逃脱至高丽的宋朝俘虏时,发往宋庆元府(明州)的牒文。三名俘虏最终搭乘纲首范彦华、俞昶的商船返宋。高丽礼宾省的牒文之所以发往庆元府,并非因为那里是漂流民的居所,而是因为那里是宋商船舶的返航之处。另有文献载,1229年二月,宋商都纲金仁美携济州漂流民梁用才等28人到达高丽。⁹⁹ 无论宋人还是高丽人,都是由宋商船舶将其送还故国。那么宋朝政府将1174年八月的张和等5人⁽¹⁰⁰⁾和1186年5月的李汉等6人⁽¹⁰¹⁾,吴潜在1258年(高丽高宗四十五年,宋宝祐六年)十一月将漂流至宋海岸的张小斤三、金光正、金安成、金万甫、卢善才、金惠和等人送还高丽时,⁽¹⁰²⁾都有可能利用了宋商船舶。

民众漂流和俘虏出逃均属突发性事件,这种情况下,高丽和宋朝都选择通过宋商船舶来完成遣返任务,因为这是最为迅捷的处理方式。按照礼宾省的牒文,自蒙古人手中逃出的宋朝俘虏约在一年零四个月之前逃入高丽营地。⁽¹⁰³⁾从这一点来看,如果当时宋商船舶是以数年一艘,甚至数十年一艘的频率到达高丽的话,

---

⁹⁷《东文选》卷2,《三都赋》;原书韩文译文参考自民族文化促进会,1968,《国译东文选》I,第64—65页。
⁹⁸《高丽史》卷26,世家,元宗十一年十二月。
⁹⁹《高丽史》卷22,世家,高宗十六年二月乙丑。
⁽¹⁰⁰⁾《高丽史》卷19,世家,明宗四年八月。
⁽¹⁰¹⁾《高丽史》卷20,世家,明宗十六年五月。
⁽¹⁰²⁾《开庆四明续志》卷8,《收养丽人》,宝祐六年十一月。
⁽¹⁰³⁾黄时鉴,同脚注⁶³文,第12页。

政府是不会考虑利用它们来遣返俘虏的。正确的理解应当是：纲首范彦华、俞昶的到来并非偶然，而是一种定期性往返；他们以"放洋还国"之便，顺便将宋朝俘虏带走。G1 正说明了宋人商船常常来往于两国之间。

G2 则显示了高丽迁都江华岛时期宋商往来的具体规律。在抗击蒙古的形势下，宋商船舶按以下方式更迭：每次三艘前来高丽，接替上批停留的三艘，上批得以返航。一艘商船可容纳二三百人。[104]

若该记载属实，可知抗击蒙古时期，每年前来江华岛的宋朝商船有三艘，商人数量约为 600 至 900 名。当然根据货物量之不同，人数也会有浮动。一名都纲所负责的商团人数一般都在百人以下，因而一次来的三艘船舶可搭载五六个商团。这与前期相比并无太大变化，《宋史》记载的是两艘左右，此处为三艘。

G3 是《三都赋》中描写江华岛*风貌的部分，多为与商船、贸易相关的内容。[105] 由此推断，宋商进出的门户不再是礼成港，而是改为了以往用来迎送外宾的枫浦关。"商船"并非官方运送租税贡赋的贡舶，而是与之相对的民间贸易用船。下锚从事买卖的船主们主要是高丽普通商人，也应包括部分宋商。同时，"尔乃手挈肩担，往来跬步，堆积于公府，流溢于民户"一句的含义是，开京距礼成港约 40 里，要以牛马缓步艰行才能到达，而江都离港口很近，经商更为便利。而且，虽处于抗蒙战争阶段，高丽的丰裕程度若能与"大汉之富饶"相提并论的话，王室贵族对于珍奇的需求也应是一如既往的，宋商往来自然没有中断。

---

[104] 从宋商的立场出发，为降低前往高丽的成本和追求利益最大化，理应在允许范围内装载最多的货物以及带上尽可能多的商人。

* 译者注：高丽迁都江华岛后，升县为郡，通称江都。

[105] "江商"应是指活跃于距离江华岛较近的礼成江、汉江一带的商人。"海贾"意同海商，指跨海行商的商贾，故为贸易商人，也可理解为在浦口附近置备居所的宋商。不过他们的房子密密麻麻遍布于丘坡之上，和渔翁、盐叟为同一编户，与宋商身份不符。

G4 的内容是,面对元朝对高丽与南宋、日本通交的质责,高丽国王一开始予以否认,但经不住行省的一再诘问而最终承认。[106] 当时虽是高丽向蒙古示忠而实行"出陆还都"政策*时期,但宋人商船照例自由进出江华岛。

综上所述,武臣政权时期的宋商往来是定期且大规模的,与之前相比并无太大差异。过去主要依据《高丽史》而作出的"明宗以后几无宋商往来"之结论,值得重新商榷。[107] 这一期间,高丽国内固然有武人政变、武臣当权、蒙古入侵等一系列政治、社会上的变动,但每年宋商往来的形式没有改变,船舶数量还有所增加。因而认为这一时期宋商贸易呈衰微之势的观点,是完全站不住脚的。

2) 宋商与武臣

《高丽史·世家》中武臣政权时期关于宋商前来的史料大幅减少,这是不争的事实,然而这并不能证明宋商贸易活动已走向终结。有一现象引人注目,那就是武臣执政者的名字常出现于宋商贸易相关的记载里,兹例举如下:

> H1.(熙宗元年)八月,宋商船将发礼成江。监检御史安琬行视阑出之物,得犯禁宋商数人,笞之太甚。忠献闻之,罢琬,又论不择遣御史,罢侍御朴得文。[108]
>
> H2.(高宗)十六年初,国家授宋商人布,令买水牛角来。至是,宋商买绫段以来,国家责违约。宋商曰:"我国闻

---

[106] 李康汉,2007,《13—14 世纪高丽与元朝贸易的展开及其特点》,首尔大学国史学科博士学位论文,第 58—59 页。

* 译者注:指高丽将首都从江华岛重新迁回开京。

[107] 白南云指出,直至南宋灭亡为止,宋商船舶在这 300 余年间一直是往来不断的。虽然没有通过实证说明,但白氏的灼见仍然准确把握了宋商贸易的实质(白南云,同前书,第 359 页)。

[108]《高丽史》卷 21,世家,熙宗元年。

汝国求水牛角造弓,敕禁买卖,是以不得买来。"怡囚都纲等妻,取所买绯段剪裁,还与之。后宋商献水牛四头,怡给人参五十斤、布三百匹。怡私造御辇以进,辇饰金银锦绣,覆以五色毡,穷极侈丽。王叹赏不已,赐监造大集成鞍马、衣服、红鞓。王以辇驾水牛,道路争观。[109]

H3.（元宗元年）冬十月甲寅,宋商陈文广等不堪大府寺、内侍院侵夺,道诉金仁俊曰:"不予直,而取绫罗丝绢六千余匹,我等将垂橐而归。"仁俊等不能禁。[110]

按 H1,监检御史安琓被派往礼成江,盘查即将离港的宋朝商船,因查出不得带出的犯禁之物,遂给予当事者处罚,却不料自身被革职。安琓作为监检御史,对触犯法律的宋商加以刑罚属于履职,崔忠献反而罢免安琓,就连当初派遣安琓的侍御史朴得文都遭到问责,可见崔氏权力之大。

崔氏这一违反原则的人事处置,恐怕和其与宋商的特殊交往有关。即宋商所携犯禁之物可能经过崔忠献的默认,或者违法宋商是受崔忠献暗中保护的人。安琓擅自对他们加以笞刑,因而崔氏会惩罚他与朴得文。这样的处理结果公开之后,估计新任礼成港监检御史在工作时就会提防着崔忠献了。这一事件正说明了崔忠献在高丽与宋商贸易中的权威。倘若此前就已如此,那么之后崔氏的影响力定会继续扩大;就算过往并非如此,那么以此事为开端,宋商们为获取贸易便利,也势必会寻求崔氏的帮助。

按 H2,高丽官方给宋商布匹并命其购买水牛角,而宋商未按要求行事,时任武臣执政者的崔怡随即对宋商展开报复。然而对宋商而言,无法购得水牛角是因为其乃宋朝敕禁买卖之物;崔怡明知如此,仍采取强硬手段,因禁都纲之妻,还把彩缎——代替水牛角的货品——剪碎归还。之后宋商终于买来水牛呈献,崔怡才

---

[109]《高丽史》卷 129,崔忠献传附崔怡。
[110]《高丽史》卷 25,世家,元宗元年冬十月甲寅。

以人参和布匹作为报答。

无论是高丽"授宋商人布,令买水牛角",还是"宋商献水牛四头,怡给人参五十斤、布三百匹",都属于典型的贸易形式。[111] 就像前期的"宋商进献"实际是一种买卖形式一样,宋商向崔怡的进献也是如此,只不过对象从高丽国王换作崔怡罢了。这样就不难理解为何宋商甘心屈服于崔怡的淫威了:因为如果不按命令去做,便很难在高丽继续从事贸易。为此,得到崔怡的支持是必须的。该事件表明,宋商贸易的保护者由国王变成了武臣执政者。

H3讲的是,1260年(元宗元年)宋商陈文广等人向武臣执政者金仁俊控诉,称大府寺、内侍院强取了他们六千余匹的绫罗丝绢却不付钱,要求给予说法。宋商被官府一次侵夺的绫罗丝绢就达六千余匹之多,这一点耐人寻味,[112]因为这些只是宋商所有商品的一部分而已,可见他们每次前来时所携货物之多。另一方面,不收钱就先将绫罗丝绢付给大府寺、内侍院,这表示宋商信任高丽官府,而且常与之打交道。整个事件说明直到1260年为止,宋商贸易依旧相当活跃。

在对武臣执政者与宋商关系的考察中,有一条史料值得深究:宋商们跑去伸冤的对象是金仁俊。高丽官府从宋商处购买大量布料却不付货款,给宋商造成重大经济损失,因而宋商向权力者申诉以求得问题解决,这无可厚非。大府寺是职掌财货廪藏之官府,[113]内侍院是管理国王身旁宦官的近侍机构,[114]二者或多或少都与高丽国王有直接关系。所以宋商理应去找国王仲裁,结果却

---

[111] 一开始,宋商没有遵守约定而遭受崔怡的报复,但其返回宋朝后购得4头水牛再次呈献,因而获得了人参50斤、布300匹的回报,其实也算是得到了不少利益(洪喜裕,同脚注㉖文,第110页)。
[112] 金庠基,同脚注①文,第55页。
[113]《高丽史》卷73,百官志1,大府寺。安秉佑,2002,《财政结构之成立》,《高丽前期的财政结构》,首尔大学出版部,第33—34页。
[114] 金甫桃,2002,《高丽前期内侍的构成与作用》,《韩国史学报》13;金载名,2002,《高丽时代的内侍——以其别称与构成为例》,《历史教育》81。

把目光转向了武臣执政者金仁俊。因为在宋商眼中,能帮自己摆脱困境的人并不是国王,而是金仁俊。

高丽的宋商贸易,在武臣政权时期仍在持续。但与之前相关史料中常有国王的出现不同,这一时期的记载以武臣执政者为中心。宋商想在高丽获取贸易便利,就不得不仰仗于执权者,而武臣政变之后,武臣执政者作为实权人物登上历史舞台,宋商们也就别无他择了。武臣执政者为宋商贸易保驾护航的同时,亦能通过宋商的礼节来提升自身权威,还能得到贸易上的优先利益,而这些都是过去国王才能享受的实惠。武臣政权时期王权的弱化,也体现在贸易掌控能力的转移上。

另外,武臣们在追求贸易利益上一直保持着积极的态度,以下事例可予以佐证:

> I1.(宋有仁)进参知政事。旧例,宰相奉使如金,其傔从有定额。要市利者,赂使银数斤,然后得行。内侍郎中崔贞为生日回谢,使有仁嘱一奴令带去。时贞以货得者已满数,不能补。奴恃主势,遂行。金人检还之,贞还坐免。[115]

> I2.(明宗十三年八月)是月,两府宰枢奏:"每岁奉使如金者,利于懋迁,多赍土物,转输之弊,驿吏苦之。夹带私橐,宜有定额,违者夺职。"诏可。居无何,将军李文忠、韩正修等使金,恐失厚利,请复旧例。王又许之。王柔而寡断,政令无常,朝出暮改,类多如此。[116]

I1 是 1178 年左右的记载,大致内容为,参知政事宋有仁欲将自己的奴仆安插进前往金朝的使臣——内侍郎中崔贞的傔从人员中,无奈人数已满,无法增添,遂用非法手段将奴仆塞入使行队伍;经金朝查实后,该奴仆又被送回。赴金使臣及随行人员都能

---

[115]《高丽史》卷 128,郑仲夫传附宋有仁;《高丽史节要》卷 12,明宗八年三月。
[116]《高丽史》卷 20,世家,明宗十三年八月。

在使行过程中获取巨大利益。⑪ 宋有仁出身于武班,为郑仲夫姻戚,是堂堂的实权者。他企图安插奴仆,捞取经济利益,却以失败告终。武班出身的他,在武臣政权之前,做梦也想不到能登上参知政事之位,得到高额俸禄、享用各种珍玩。但他仍不满足,想在"奉使如金"任务中攫取利益,未能遂愿。

I2讲的是,1183年八月,两府宰枢奏议,"奉使如金者"所带货品太多,已成弊端,为此应有定额限制,得到了国王准许。但将军李文中、韩正修等担心自己作使臣时,利益会缩小,遂"请复旧例",又被国王许可。将并不适宜的武班官员派为使臣,是武臣政权时期的新现象。他们出使别国,无非是想借此谋求私利。武臣政变已过去了13年,在李义旼掌权之下,将军李文中、韩正修提出恢复旧例的请求,无疑会对国王造成极大负担。尽管《高丽史》的编纂者是为批评明宗的优柔寡断,才将此事收录于正史,但这条史料真正引人注意的部分,是表明了武臣的权力可以改变刚刚定下的王命,以及他们对贸易利益的关心。

I1中,宋有仁为攫取利益,强行将奴仆安插在使金的傔从队伍里;I2中,出任使臣的将军李文中、韩正修等人怕利益缩水,请求国王解除对使臣所带物品的限额。虽然方式有所不同,二者都体现出共同一点:在武臣政权时期,武臣们都企图通过参与使臣贸易,获取经济利益。将军李文中、韩正修等甚至让国王修改了对自身不利的律令。我们固然不能以此类不端行为来认定整个武臣集团的属性,但唯一能确定的是,他们对开展贸易活动怀有强烈的欲望。

在上述背景下,武臣执政者取得了对宋商这一最大贸易利益筹码之一的管理权。对宋商而言,在他国经商,得到当地掌权者的支持是必须的。⑬ 高丽前期,国王在为宋商提供保护伞的同

---

⑪ 朴汉男,1995,《与北方民族之关系》,《韩国史》15,国史编纂委员会,第365页。
⑬ 山内晋次,同脚注㊼文,第204页。

时,提升了自身的政治权威,并获取了经济收益;而从武臣政变之后,不知不觉间,武臣执政者代替国王行使了权力,并将国王的特权一并占为己有。

《高丽史》在明宗以后关于"有宋商来""宋商来献"的记录骤减,这恐怕也是上述变化所引起的。记载"进献""渡来"内容的《高丽史·世家》部分,基本是以国王的活动为中心。至毅宗朝为止,宋商们入丽觐见最高权力者国王,并进献珍玩,因而得以在《高丽史·世家》中留下身影。武臣政变以后,尽管宋商往来未发生太大变化,但由于不再能时常谒见国王,相关记载之减少也就在所难免了,而这并不能证明宋商本身往来频率的降低。

4. 结语

《高丽史》与《高丽史节要》中,留有大量宋商入丽向国王进献的记录,这可以作为证明宋商活跃于以礼成港与开京为中心的贸易舞台的重要依据。但是仅凭这些不够完备的史料,尚无法准确统计出宋商往来的次数和人数,由此描绘的历史背景与得出的结论也都值得商榷。

实际上,从高丽时代的文集和中国史料中,还能发掘更多《高丽史》中未收录的、涉及高丽宋商贸易的记载,能够确认他们基本是定期往来于高丽的。从商船搭载人数和商团平均人数分析,每次有两拨以上的商团同时前来的可能性极大。宋商会在高丽所提供的客馆中居留约一年光景,由下一拨来更替之后方才返回。住在开京的高丽人可随时与宋商进行交易活动,有时也能通过预订来获取渴求的商品。因而通过全面爬梳史料可知,高丽宋商贸易的繁荣程度较之以往学界所认为的实则更高。

宋商以外国人身份入丽开展贸易,需要当权者作他们的保护伞。武臣政变之前,宋商谒见高丽国王并进献物品,不仅提升了国王的权威,双方也以"物物交换"的方式,各自获取了经济利益。

这一时期,与宋商相关的事例中总能见到国王身影,他以国家最高权力者的身份,为宋商贸易的顺利开展提供了保障。

武臣政变以来,《高丽史》中的宋商记录骤减,有观点就此认为宋商贸易的规模出现萎缩。这种理解并不正确,因为结合其他史料分析,彼时的宋商仍旧在持续前来高丽。尽管该时期高丽内部政局动荡,与蒙古战事紧张,甚至一度迁都至江华岛,但宋商贸易仍一如既往,未有太大变化。只不过,宋商所寻求的保护伞由高丽国王转为了武臣执政者。新当权者支撑起宋商贸易,并享有随之而来的利益。明宗时期以后,《高丽史·世家》中鲜有"有宋商来""宋商来献"之记录,这并不意味着宋商的缺席,因为彼时的国王已然遭遇了来自不同方面的冷眼相待——其中除了武臣执政者,连宋商也赫然在列。

第四章　宋丽外交与宋商往来

1. 绪论

直到南宋灭亡为止的300余年间,高丽时代的宋商船舶持续不断地往来于开京的门户——礼成港。① 其证据是《高丽史》《高丽史节要》中留有大量"宋商来献"的记录。② 同时,宋商除自己的贸易本行之外,也会参与到如传达官方文书等的外交活动当中。最典型的例如泉州商人罗拯、黄慎等经宋神宗授命,在宋丽两国外交恢复过程中发挥了重要作用。③

---

① 白南云,1937,《商业及商业资本》,《朝鲜封建社会经济史》,改造社。
② 20世纪30年代,金庠基率先整理《高丽史》等史料中的宋商相关史料,并制成《宋商来航表》对宋商活动加以说明。此后许多学者效仿此法,但每次也仅仅是在该基础上追加若干事例而已,大体上没有多少变化。本章为论述上的便利,仅列举具有代表性的研究成果,此外请参见本书第一章脚注①。金庠基(a),1937,《丽宋贸易小考》,《震檀学报》7;1948,《东方交流史论考》,乙酉文化社,第59—64页;金庠基(b),1959,《高丽前期的海上活动与文物的交流——以礼成港为例》,《国史上的诸问题》4;1974,《东方史论丛》,首尔大学出版部,第447—453页。
③ 有关宋商的外交贡献,最早论述者仍是金庠基,之后许多研究宋商的学者都有过相似结论,其中宋晞与山内晋次的成果较具参考价值。金庠基,同脚注②(a)文,第51—52页;金庠基,同脚注②(b)文,第442页;宋晞,1979,《宋商在宋丽贸易中的贡献》,《宋史研究论丛》2,(中国文化研究所)华冈出版社,第166—170页;倪士毅、方如金,《宋代明州与高丽的贸易关系及其友好往来》,《杭州大学学报(哲学社会科学版)》1982年第2期,第87页;朴真奭,1996,《11—12世纪宋与高丽的（转下页）

关于宋商往来及其在两国外交上的贡献的研究，是高丽时代贸易与外交史研究中非常重要的成果，不过学界通常将这两方面作为单独主题进行考察，故而忽略了许多与宋商活动相关的史实，甚为遗憾。追根究底，乃因太囿于包含"宋商"字眼的文句，只将字面显示的用商船乘载使节或宋商传递文书的例子，视为宋商参与的外交活动。当时由于辽金占据了中国东北地区，陆路被人为阻断，宋丽两国人员的互通只能依靠乘槎跨海。因而不论史料记录中是否直接出现"宋商"一词，凡涉及渡海，要么自备船只，要么就是得到了当时主导海上贸易的宋商之帮助。

本章基于此观点，试图还原宋商船舶被灵活用于帮助使节互往④、外交文书传达、漂流民遣返的事实。研究方法是以未出现"宋商"字眼的史料为中心，证明其确实为有宋商参与的外交活动，从而得出高丽时代宋商往来的频率比目前所知程度更高的结论。虽然对史料的分析应遵循严谨缜密的原则，但加上合理的逻辑推理以扩大理解的维度，对于把握事实真相而言亦不失为可行之道。

（接上页）贸易往来》，《长白丛书：中朝关系史研究论文集》，吉林文史出版社，第124—125页；山内晋次，1996，《東アジア・東南アジア海域における海商と国家— 10—13世紀を中心として覺書—》，《歷史学研究》681；2003，《奈良平安期の日本とアジア》，吉川弘文館，第206—208页。

④ 相比"使臣"，本章更多使用了"使节"一词。宋朝国信使和高丽进奉使多以团体阵容来往，更为确切的表述应为"使节团"。本章为论述便利而用"使节"一词。同时本章还使用了"官方正式使节"与"非正式使节"的表述，以往学者在采用该表述时也未明确其概念定义（黄时鉴，1997，《宋—高丽—蒙古的关系史考察——以〈收剌丽国送还人〉为例》，《东方学志》97，第 2—3 页；申泰光，2000，《北宋变法时期对高丽的政策》，《东国史学》37，第 95 页）；在本章第二节中，"官方正式使节"包括宋朝国信使、吊慰使、祭奠使、册封使、册命使等受皇帝之命向高丽国王下达诏书或授予赐品的使节，以及高丽的朝贡使、进奉使和谢恩使等。若宋朝使节前来，高丽国王会举行盛大的仪礼以领受宋朝皇帝的诏书。另一方面，第三节中的"非正式使节"，主要指传达宋丽两国的情报，以及转递关于漂流民或俘虏遣返内容牒文等的使节，任务并不复杂，因而高丽国王对他们的迎接仪礼也是简单备之。

2. 宋丽使节的往来与宋商往来

宋丽两国于962年缔结外交关系,后在契丹的胁迫下暂时断交,之后又于1071年恢复通交。在外交正常时期,两国间互派了大量肩负使命的使节。⑤ 然而,两国使节只能通过乘船横渡黄海的方式实现往来,一旦定下使节的派遣事宜,官方会备置船舶并组织航行人员。1123年的宋朝使节徐兢,便在日记中记录了这一历史细节:

> A1. 臣侧闻神宗皇帝遣使高丽,尝诏有司造巨舰二,一曰"凌虚致远安济神舟",二曰"灵飞顺济神舟",规模甚雄。皇帝嗣服,羹墙孝思,其所以加惠丽人,实推广熙丰之绩。爰自崇宁以迄于今,荐使绥抚,恩隆礼厚。仍诏有司,更造二舟,大其制而增其名,一曰"鼎新利涉怀远康济神舟",二曰"循流安逸通济神舟"。巍如山岳,浮动波上,锦帆鹢首,屈服蛟螭,所以晖赫皇华,震慑海外,超冠今古。是宜丽人迎诏之日,倾国耸观,而欢呼嘉叹也。⑥

> A2. 旧例,每因朝廷遣使,先期委福建、两浙监司顾募客舟,复令明州装饰,略如神舟,具体而微。其长十余丈,深三丈,阔二丈五尺,可载二千斛粟。其制皆以全木巨枋,挽迭而成。上平如衡,下侧如刃,贵其可以破浪而行也。其中分为三处。前一仓,不安艎板,惟于底安灶与水柜,正当两樯之间

---

⑤ 关于宋丽间的使节往来问题,下列研究最为详实:朴龙云,1995、1996,《高丽与宋的交聘目的及使节考察》,《韩国学报》81、82;2002,《高丽社会的诸历史像》,新书苑。
⑥《高丽图经》卷34,海道1,神舟。

也。其下即兵甲宿棚。其次一仓,装作四室。又其后一仓,谓之腐屋,高及丈余,四壁施窗户,如房屋之制,上施栏楯,采绘华焕,而用帘幕增饰。使者官属,各以阶序分居之。⑦

A3. 宣和四年壬寅春三月,诏遣给事中路允迪、中书舍人傅墨卿充国信使副,往高丽。秋九月,以国王俣薨,被旨,兼祭奠吊慰而行,遵元丰故事也……(宣和)五年癸卯春二月十八日壬寅,促装治舟……夏五月三日乙卯,舟次四明。先是得旨以二神舟、六客舟兼行,十三日乙丑,奉礼物入八舟。⑧

A1 是《高丽图经》中有关神舟的记载。为了遣使高丽,宋廷下令制造神舟。宋神宗时期神舟名称分别是"凌虚致远安济神舟"与"灵飞顺济神舟",宋徽宗时期则是"鼎新利涉怀远康济神舟"和"循流安逸通济神舟"。

按 A2,沿过去惯例,宋朝遣使之前,会先委派福建、两浙监司募集客舟,后运至明州加以装饰。客舟大体上与神舟相似,但较之更小,容载量约为 2000 斛粟。另外还会对船仓进行改造,用于兵甲存放以及分隔房间供官员入住。

A3 则记载了宋朝使团出访高丽的过程。1122 年三月给事中路允迪和中书舍人傅墨卿分别被任命为国信使与副使;然而高丽睿宗于九月薨逝,故沿元丰时期旧例,又遣祭奠使和吊慰使兼行。最后于 1123 年二月整置舟船,匆匆打理行装而发。五月三日泊于四明,遵照皇帝圣旨,以神舟两艘及客舟六艘并行。五月十三日"奉礼物入八舟"。1123 年出使高丽的宋国信使团,乘坐

---

⑦《高丽图经》卷 34,海道 1,客舟。
⑧《高丽图经》卷 34,海道 1,招宝山。

了包括神舟在内的八艘航船。A1—A3完整披露了神舟与客舟的大小、结构等基本情况,以及使节与随行人员的组织与筹备过程。

其中,我们推测官方正式使节所乘坐的神舟是由宋商来负责驾航的。神舟作为搭载皇帝使节的官船,初造于1078年(宋神宗元年),在宋丽两国恢复通交之后,最早曾帮助国信使安焘一行完成使命。⑨当时的神舟是奉神宗皇帝特旨而建造的大型木船,比中型客舟大了将近3倍。⑩从其承载国信使与规模巨大的特征来看,神舟属于特殊性船舶。因不经常使用,应当不会配置专门的船员,在国信使、吊慰使等官方正式使节出使时才会临时募集负责驾航的人员。同时商船还会被装饰改造成客舟,驾船者应是船老大。

如此看来,宋朝使节若要往来高丽,自然少不了宋商的助力,因为无人能像他们那样熟稔两国间海路。所以宋商常会受到雇佣。若他们参与了神舟的航行,则意味着无法行商,这也许会损害他们的利益。但果真如此吗?根据史料,国信使安焘一行于1078年六月甲寅日到达礼成港,于同年七月乙未日离开,共滞留了42天;⑪1123年国信使路允迪一行于六月十二日到达礼成港,七月十五日离开,⑫共留住一个多月。就像这样,在使团长时间留居高丽以完成使命之际,宋商完全有机会同高丽人进行商贸活动。1078年,"闻福建、两浙有旧贩高丽海商,知朝廷遣使,争谋以轻舟驰报,规求重赂",⑬即说明参与使节外交任务对宋商而言

---

⑨《续资治通鉴长编》卷289,神宗元丰元年三月丁亥。
⑩ 申採湜,1997,《10—13世纪东亚的文化交流——以丽宋间通过海路的文物交易为例》,《中国与东亚世界》,国学资料院,第72页。
⑪《高丽史》卷9,世家,文宗三十二年六月甲寅。《高丽史》卷9,世家,文宗三十二年秋七月乙未。
⑫《高丽图经》卷39,海道6,礼成港。
⑬《续资治通鉴长编》卷289,神宗元丰元年五月甲申。

是天赐良机。此外,1123年随两艘神舟、六艘客舟前来的宋商,与礼成港里宋都纲所率领的商团汇聚一处,其贸易情景之盛恐怕难以想象。

宋商负责赴高丽使节渡航的事实,在文献中亦能得到确认:

> B1. 哲宗元祐元年二月丙午,诏:祭奠吊慰高丽国王所管勾舟船客人,船主梢工虞际,与三班借职,盛崇、李元积,与大将。⑭

按B1,1086年二月,宋哲宗下诏,授船主梢工虞际——负责搭载祭奠高丽文宗的宋使团之船老大——以三班借职⑮之职,封盛崇、李元积以大将之衔。⑯ 领受官职的这三名海商,是当时为1084年八月到达高丽的祭奠使左谏议大夫杨景略、吊慰使右谏议大夫钱勰一行驾船之人。⑰ 从该则史料推知,《高丽图经》中神舟及客舟的驾船者也应是宋朝海商。而且,李元积作为经常前来高丽的都纲身份,这一点是明确的,⑱因此虞际、盛崇可能也是都

---

⑭《续资治通鉴长编》卷369,哲宗元祐元年闰二月丙午。
⑮ "三班借职"是宋朝武臣的最低职级之一(《宋史》卷169,职官志9,武臣三班借职至节度使叙迁之制)。"三班"指五代以来的低级武官,是供奉官、殿直、承旨的统称。从唐中期以后,由宦官充任供奉官、殿直和承旨,或被派往外边监督军队;五代以后,天子侧近的藩镇出身人物代替宦官,在枢密使辖下负责军事事务,随着中央集权体制的确立而受到重视。宋代以后,作为升至内诸司的武官,寄禄官的最低职,十阶的三班使臣——从内殿承制(正八品)到三班借职(从九品)——开始登场。宋初,供奉官以上置内殿崇班,殿直以上各置左右侍禁,殿前承旨成为三班奉职,借职承旨成了三班借职(梅原郁,1985,《宋代の武阶》,《宋代官僚制度研究》,同朋舍,第105—120页;友永植,1983,《唐、五代三班使臣考》,《宋代の社会と文化》,汲古书院;友永植,2005,《五代内官考》,《史学論叢》35,第38页)。
⑯ 近藤一成,2001,《文人官僚蘇軾の対高麗政策》,《史滴》21,第18页。
⑰《高丽史》卷10,世家,宣宗元年秋八月甲申。
⑱ 李元积作为宋商,在《高丽史》中出现过三次(朴玉杰,同前文,第46页),在大觉国师义天致宋朝净源法师的信中也被提及(崔柄宪,1991,《大觉国师义天的渡宋活动及高丽与宋的佛教交流》,《震檀学报》71、72合辑,第360—361页)。

纲。此外泉州商人郭敌也在这一行列之中。[19] 从若干名都纲的参与来看,除神舟以外,应当还有部分随行客舟。就像这样,宋廷向帮助祭奠使、吊慰使完成外交任务的宋商授予官爵,算是对雇佣的一种回报。而宋商载送使节们前往高丽,不仅能够获得在礼成港经商的机会,还可于宋丽外交中建功而受封官爵,可谓"名利双收"。

总之,1071年宋与高丽恢复外交关系之后,每当宋使赴丽之时,朝廷会招募商船改作客舟,并动员宋商驾驶神舟,因此官方正式使节的出发即意味着宋商的前来。而且由于神舟与客舟一同前来,可以由此联想礼成港里有大量船舶停泊并开展贸易的一片盛景。

那么在11世纪后半叶高丽文宗与宋恢复通交之前,两国使节往来中还有宋商担当的角色吗?

C1.(光宗十三年)冬,遣广评侍郎李兴祐等如宋献方物。[20]

C2.(光宗十四年)冬十二月,行宋年号。宋遣册命使时赞来,在海遇风,溺死者九十人,赞独免。王特厚劳之。[21]

D1.(开宝九年)伷遣使赵遵礼奉土贡,以父没当承袭,来听朝旨。授伷检校太保、玄菟州都督、大义军使,封高丽国王。[22]

D2.(景宗元年)冬十一月,宋遣左司御副率于延超、司农寺丞徐昭文,册王为光禄大夫、检校太傅、使持节、玄菟州

---

[19]《续资治通鉴长编》卷350,神宗元丰七年十二月丁亥。
[20]《高丽史节要》卷2,光宗十三年。
[21]《高丽史》卷2,世家,光宗十四年冬十二月。
[22]《宋史》卷487,高丽传。

诸军事、玄菟州都督、大顺军使,食邑三千户。㉓

C1记录了962年冬,高丽使臣广评侍郎李兴祐入宋朝贡一事;C2记载了宋朝派遣册命使时赞入高丽,却于海上遭风以致90人遇难一事。㉔

又按D1,976年九月,㉕高丽景宗即位后,派遣使臣赵遵礼入宋朝贡,禀告其父光宗去世、自身承袭王位一事,宋朝遂册封景宗为检校太傅、玄菟州都督、大义军使和高丽国王。按D2,976年十一月宋朝派遣左司御副率于延超和司农寺丞徐昭文入丽,册封景宗为光禄大夫、检校太傅、使持节、玄菟州诸军事、玄菟州都督、大顺军使,并赐食邑3000户。

史料C、D记述了光宗至景宗时期宋丽使节的往来情形,其方式为高丽先遣使请求册封,宋朝遂派册命使前往。因当时契丹占据辽东地区,所以使节往返应是利用商船来横渡大海的。奉皇帝之命、为炫耀国威而造的神舟,直至1078年才问世;而在此之前的外交航行,则应像《高丽图经》所载的那样,将海商船舶装饰改造后作为官方使节的专船。

罗末丽初时期,朝鲜半岛与中国五代十国诸政权之间,已有遣使之际借商船用作使节船的先例,还有利用商船运送图书的情况。㉖宋朝统一全国之后,似乎也未立即改变使节来往的方式。从963至993年间,宋廷共派遣了十回使节赴丽,㉗很可能均乘

㉓《高丽史节要》卷2,景宗元年冬十一月。
㉔《高丽史》卷2,世家,光宗十四年冬十二月。
㉕ 准确年月参考自朴龙云,同前文,第151页。
㉖ 日野开三郎,1965,《羅末三国の鼎立と対大陸海上交通貿易(一)》,《朝鲜学报》16;1984,《日野開三郎東洋史学論集―北東アジア国際交流史の研究(上)―》,三一書房,第52页。
㉗ 金庠基,同脚注②(a)文,第69—70页;朴龙云,同前文,第161—162页。

坐了宋商船舶,或者至少得到过宋商的帮助。那么早至10世纪后半叶,也许已有宋商往来过高丽了,其主要目的则是向宋朝使节提供渡海协助。

不妨以900至1150年间赴日的中国海商作为参考。虽然五代至宋的王朝交替之际会遭受影响,中国商人基本还是不间断地往返于日本的。㉘ 以常识推论,这一时期的宋商会经常往来于日本,自然也会到达地理位置更近的高丽。那么,将1012年十月"南楚人陆世宁等来献方物"㉙视为宋商最早入高丽的观点,㉚便亟待商榷了。这只能说是目前史料中所见的最早记录,㉛实际上,宋商可能在此之前就已往来于高丽了。

此外,还有高丽使节搭乘宋人商船入宋的例子。苏轼就提到过高丽使节乘坐闽商徐积的船舶而来。㉜ 类似的例子还有很多,㉝例如,1017年,金悌在黄慎的向导之下渡宋;㉞1080年,柳洪与朴寅亮所搭乘的亦是中国船只;㉟1090年七月,高丽使臣李资义㊱

㉘ 根据山内晋次的《900—1150年中国海商来航状况表》,10世纪中国海商前去日本的记录有27条,其中最长的时间间隔是959至979年的20年(山内晋次,1989,《荘園内密貿易説に関する疑問—11世紀を中心として—》,《歴史科学》117;2003,《奈良平安期の日本とアジア》,吉川弘文館,第142—147页)。
㉙《高丽史》卷4,世家,显宗三年冬十月丙午。
㉚ 自金庠基提出宋商最早入丽的时间是1012年以来,学界基本上没有异议(金庠基,同脚注②(a)文)。
㉛ "宋商来献"记录自显宗时期才登场,这恐怕与《七代事迹》的编纂有关。契丹第二次入侵高丽时,军队攻陷京城,摧毁宫阙,书籍均遭烧毁。之后黄周亮奉王命,经走访採撷,撰成《七代事迹》共36卷,记载从太祖至穆宗时期的历史(《高丽史》卷95,黄周亮传)。故穆宗以前关于宋商往来的记录或被烧毁,或是黄周亮在编书时觉得不重要而将其略去。
㉜《苏轼文集》卷34,《论高丽买书利害劄子》。
㉝ 金庠基,同脚注②(a)文,第71—72页。
㉞ 山内晋次,同脚注③文,第208页;近藤一成,同前文,第6页。
㉟ Michael C. Rogers, 1991, "Notes on Koryo's Relations with Sung and Liao",《震檀学报》71, 72, pp. 321—322。
㊱ 按《高丽史》载,1090年七月"遣户部尚书李资义、礼部侍郎魏继廷如宋谢恩兼进奉"(《高丽史》卷10,世家,宣宗七年秋七月癸未)。

等人前往宋朝时,则乘坐了商人李球的船只——彼时李球恰在高丽结束商业活动准备返程。㊲

1085年九月宋朝敕令,"许诸蕃愿附船入贡或商贩者"。㊳"诸蕃"之中自然包括高丽,证明当时高丽使臣搭乘宋商船舶完全合法。早在1058年,便有高丽文宗欲造船通宋而遭内史门下省反对一事;㊴待到1071年与宋复交之后,较之亲自造船,高丽方面认为以宋商船舶渡海似乎更为便利,于是常常加以利用。不过从983年(成宗二年)崔承老"因其聘使,兼行贸易,其余非时买卖,一皆禁断"㊵的建议来看,高丽初期的使节入宋乘坐的应当还是高丽船舶。

总而言之,1071年宋丽恢复外交之后,宋朝使团是乘坐神舟、客舟前来高丽的,驾船者很可能是常来高丽的宋商;而客舟也是直接改造自宋商船舶。到达礼成港后,使节们去完成外交使命,这一期间宋商们则可与高丽人开展交易活动。因为是数艘船只一并前来,贸易的规模应当十分可观。此外,即便早在10世纪后半叶,也可能已有宋商向赴丽使节提供船舶并负责航行的情形了。虽于史料中未有明确提及,但在当时没有神舟的情况下,将宋商船舶改作使节专船不仅最为有效,也是对宋商熟稔海路这一特点的充分利用。倘若果真如此,宋使的到来在逻辑上即意味着宋商的到来,这也暗示了宋商最早来到高丽的时间,要比学界所认为的提前很多。

㊲ 鲍志成,1995,《苏东坡与高丽》,《中韩文化交流与南方海路》(曹永禄编),国学资料院,第92页。
㊳《苏轼文集》卷31,《乞禁商旅过外国状》。
㊴《高丽史节要》卷5,文宗十二年八月。
㊵《高丽史》卷93,崔承老传。

3. 宋丽外交文书的传递与宋商往来

众所周知,宋商在 1071 年宋丽外交恢复过程中扮演了重要角色。尤其是与当时执权的变法新党有联系的罗拯、黄慎等泉州商人,活跃于两国海上贸易舞台之上;㊶而且代高丽国王向宋神宗表达重启外交之意这一重要任务的也是宋商。㊷ 可见宋商除了经商之外,也是外交史上的功臣。

中韩两国的文献中,保留着大量关于非正式使节往返的记录。㊸ 如果这些使节渡海时乘坐了宋商船只,那这也可视作宋商往来史料了,因而有必要将两国使节与宋商放在一起考察。不妨先来分析以下看似与宋商无关的非正式使节往来记录。

E1. (文宗三十二年夏四月)辛未,宋明州教练使顾允恭赍牒来,报帝遣使通信之意。王曰:"敢期大朝降使外域? 寡人一喜一惊。凡百执事,各扬尔职,馆待之事,罔有阙遗。勤谨著能者,当行超擢;怠劣有过者,别论贬黜。"㊹

E2. (文宗三十二年六月)甲寅,宋国信使左谏议大夫安焘、起居舍人陈睦等到礼成江。㊺

㊶ 郑修芽,1995,《高丽中期对宋外交的重新展开及其意义——以北宋改革政治之受用为例》,《国史馆论丛》61,第 111 页。
㊷ 李镇汉,2008,《高丽文宗时期的对宋通交与贸易》,《历史学报》200,第 255 页。
㊸ 山内晋次认为,宋商活动的政治外交性质体现在如下方面:宋朝皇帝诏旨的传达、宋朝政治情报的传递、宋朝军事情报的转达、官方文书的转递、搭载高丽使节并作向导、筹备高丽上层所订货品等(山内晋次,同脚注③文,第 206—209 页)。
㊹ 《高丽史》卷 9,世家,文宗三十二年夏四月辛未;《高丽史节要》卷 5,文宗三十二年夏四月。
㊺ 《高丽史》卷 9,世家,文宗三十二年六月甲寅。

F1. (宣宗二年三月)戊戌,宋密州报:帝崩,皇太子即位。㊻

F2. (宣宗十年二月)甲寅,宋明州报信使黄仲来。㊼

G1. (睿宗十六年三月)宋遣姚喜来。㊽

G2. (睿宗十七年六月)丁未,宋持牒使进武校尉姚喜等六十九人来。㊾

E1 讲的是 1078 年四月,宋明州教练使顾允恭持牒文前往高丽,传达宋朝皇帝欲遣使通信的意愿。高丽文宗面露喜色,并下令做好迎接事宜。按 E2,是年六月,宋朝国信使左谏议大夫安焘、起居舍人陈睦一行抵达礼成江。可知 1078 年四月,明州教练使前往高丽,是提前通知高丽做好准备的。宋朝正式使团出行之前,登州、明州的地方官吏会派报牒使或商人前去告知对方。㊿

如果宋朝在派遣国信使之时,会有非正式使节先行前往,根据惯例,作为官方正式使节的吊慰使、祭奠使、册封使等的派遣也应遵循相同程序。(51) 因此以官方正式使节记录为根据,也能推测出非正式使节的往来情形。

F1 记载了宋密州方面来报皇帝驾崩及皇太子即位一事,F2

㊻《高丽史》卷 10,世家,宣宗二年三月戊戌。

㊼《高丽史》卷 10,世家,宣宗十年二月甲寅;《高丽史节要》卷 6,宣宗十年春二月。

㊽《高丽史节要》卷 8,睿宗十六年三月;《高丽史》卷 14,世家,睿宗十六年三月乙巳。

㊾《高丽史》卷 15,世家,仁宗即位年六月丁未。

㊿ 金庠基,同脚注②(a)文,第 69—70 页。

(51) 由宋朝皇帝任命的国信使、吊慰使、祭奠使等带有官方使命,其官亦是中央高职。从这一点来看,不论是 1079 年七月为高丽文宗送来治疗风痺药物的閤门通事舍人王舜封等(《高丽史》卷 9,世家,文宗三十三年秋七月辛未),还是 1084 年八月祭奠使左谏议大夫杨景略和吊慰使右谏议大夫钱勰,在他们出发之前,应当都有使者先行前来告知(《高丽史》卷 10,世家,宣宗元年秋八月甲申)。官方正式使节乘坐神舟前来高丽一事,通过 1079 年国信使和 1123 年祭奠使、吊慰使的派遣可以得到确认。

记录了1093年二月宋明州报信使黄仲到来之事。"报信"含有"传递消息"和"通信"之意,[52]因而"报信使"应同E1中"报帝遣使通信之意"的教练使一样,携带有宋朝欲向高丽传达的文书。所以,密州和明州的两位使者,应当没有与官方正式使节的同等地位。

G1、G2是1121年三月、1122年六月宋朝派遣的持牒使——进武校尉姚喜到达高丽的记载。连续两年前来高丽的姚喜,其官职为"进武校尉",按《宋史·职官志》,此乃宋高宗绍兴年间(1131—1162)以来武散阶中的最低职之一。[53]姚喜在具有武散阶的同时,还拥有"持牒使"这一职衔,故其确为朝廷官员,不过人微言轻。

史料F和G记述了宋朝明州教练使、报信使、持牒使等前往高丽的情形,他们的身份低于官方正式使节,因而应当无法乘坐国信使等级的神舟,只能搭乘类似客舟的、被改造成使节船舶的宋人商船。即便乘坐了神舟,航行中也需宋商的协助。所以说,关于宋朝非正式使节的记录也与宋商往来相关。

另一个宋商发挥外交作用的直接例证,便是他们扮演了赴丽使节的角色:

> H1.(睿宗十五年秋七月)宋遣承信郎许立、进武校尉林大容等来。及还,王欲许阶上参见。起居注韩冲、左司谏崔巨麟、侍御史崔洪略等谏曰:"今诏使本商人,尝到我国,与市井人贩卖,而又秩卑。于传诏日拜阶上已是过谦,今宜拜

---

[52] 诸桥辙次,《大汉和辞典》(3卷),第219页,土部,9划,"报"。
[53] 《宋史》卷169,职官志9,绍兴以后阶官。

阶下。"从之。㊴

H2.（仁宗元年春正月）宋使许立来。㊵

H1记载了宋朝派遣承信郎许立和进武校尉林大容等前来高丽的内容。返程之时，高丽睿宗欲在大殿内接见，但遭到起居注韩冲、左司谏崔巨麟、侍御史崔洪略等人的反对，理由是此次充当使节的官员本是商人，品阶又低下，还曾来高丽行商贩市；所以传诏日之时，国王请他们入殿一事已然表现出过度的谦虚，此次应在殿外接见。国王最后采纳了该意见。㊶ H2则是1123年七月宋使许立入丽的记录。

根据韩冲等的谏言，1120年前来的许立分明是宋商出身，之前也在高丽经过商。可知，宋廷曾任命该海商为使臣，并授予其武散阶中最低的承信郎。㊷ 不过，韩冲等以"今诏使本商人，而又秩卑"为由，反对其入殿拜见。许立本是宋商，即便此次拥有武散阶并充当使节，日后应当还会以商人身份继续活动。像这样直接以宋商为使节的例子，不一而足：

I1.（仁宗六年三月）丁亥，宋纲首蔡世章赍高宗即位诏来。㊸

I2.（仁宗十六年三月）宋商吴迪等六十三人持宋明州牒来，报徽宗皇帝及宁德皇后郑氏崩于金。㊹

㊴《高丽史节要》卷8，睿宗十五年秋七月。
㊵《高丽史节要》卷9，仁宗元年春正月。
㊶ 在《高丽史·世家》中，只记为"宋遣承信郎许立、进武校尉林大容等来"（《高丽史》卷14，世家，睿宗十五年秋七月壬戌）。
㊷ 承信郎作为政和时期的武臣寄禄格阶官，相当于先前的三班借职，是最低官职之一（《宋史》卷169，职官志9，政和武臣寄禄格阶官）。
㊸《高丽史》卷15，世家，仁宗六年三月丁亥。
㊹《高丽史》卷16，世家，仁宗十六年三月。

I3.（毅宗十六年三月）宋都纲侯林等四十三人来，明州牒报云……⑥⁰

I4.（毅宗十七年秋七月）乙巳，宋都纲徐德荣等来，献孔雀及珍玩之物。德荣又以宋帝密旨，献金银合二副，盛以沈香。⑥¹

I1是宋纲首蔡世章持高宗即位诏书前来的记录。⑥² I2讲的是1138年三月，宋商吴迪等63人持明州牒文，前来告知徽宗皇帝和宁德皇后郑氏崩于金的消息。⑥³ I3是宋都纲侯林等43人持明州牒报前来的记载。I4讲的是1163年七月，宋都纲徐德荣等入丽呈献孔雀与珍玩，又遵皇帝密旨，再次呈递装有沈香的两副金银合。⑥⁴

I1至I4都是宋商以使臣身份前往高丽的事实。在宋丽两国外交中断期间，他们以非正式使者身份出色完成了外交任务，在维持两国友好关系方面作出了贡献。⑥⁵ 肩负使命前来的宋商多为纲首或都纲，均具备使节身份。从"赍高宗即位诏来""持宋明州牒来""明州牒报"等表述来看，他们基本与F、G史料中"持牒使""报信使"的功能一致，因而持牒使、报信使是宋商出身的可能性很大。往来高丽的宋商以使臣身份负责外交文书传递的事实，在下列文献中亦有体现：

J1.（神宗元丰七年十月）癸未，密州商人平简为三班差

---

⑥⁰《高丽史》卷18，世家，毅宗十六年三月。
⑥¹《高丽史》卷18，世家，毅宗十七年秋七月乙巳。
⑥²金庠基，同脚注②(a)文，第51—52页。
⑥³《高丽史》卷16，世家，仁宗十六年三月。
⑥⁴须田英德，1997，《高麗後期における商業政策の政策—対外関係を中心に—》，《朝鲜文化研究》4，第29页。
⑥⁵黄时鉴，同前文，第2—3页。

使,以三往高丽通国信也。⑯

　　J2. 本府与其礼宾省以文牒相酬酢,皆贾舶通之。⑰

　　按 J1,1074 年十月,密州商人平简被授命为"三班差使",理由是其"三往高丽通国信"。⑱ 密州位于山东半岛南部,在北宋时期与登州一起,作为北线航路的重要港口而受人重视。⑲ 平简应是一位以密州为根据地的、往来于宋丽之间的海商都纲。"三班差使"是奉职流外官一定时日后被任命的、最低职的官职之一,⑳ 而向其除授官职的原因是他曾三次往来高丽"通国信"。即海商若在外交活动中作出贡献,皇帝会以授予官职作为褒赏。事后除授官职是朝廷对海商所作付出的奖赏,而前述中的武散阶则是事前授予的,目的是鼓励他们努力完成使命。但无论哪种情形,所除授的官职均是"进武校尉""承信郎""三班借职""三班差使"等最低等的官阶与职衔,这是考虑到他们身为商人的结果。

　　J2 是与南宋庆元府*相关的记载,㉑称庆元府与高丽礼宾省互通文牒,其媒介是"贾舶"。㉒ "贾舶"不过是运输工具而已,而驾船者为宋商都纲,他们才是在高丽礼宾省与明州之间传递两国

---

⑯《续资治通鉴长编》卷 349,神宗元丰七年十月癸未。

⑰《宝庆四明志》卷 6,叙赋下,市舶。

⑱ 森克己,1959,《日宋麗連鎖関係の展開》,《史淵》41;1975,《続日宋貿易の研究》,国書刊行会,第 398—399 页;陈高华、吴泰,1981,《各贸易港口的发展状况》,《宋元时期的海外贸易》,天津人民出版社,第 102—103 页;近藤一成,同前文,第 18 页。

⑲ 倪士毅、方如金,同前文,第 86 页。

⑳《宋史》卷 169,职官志 9,流外出官法。"三班差使"在绍兴年间之后相当于进武校尉,是三班借职(从九品)的下一品外职(梅原郁,同前文,第 109 页)。

* 译者注:1194 年,宋宁宗升明州为庆元府。

㉑ 张东翼,2000,《高丽与宋的政治外交的相关记录》,《宋代丽史资料集录》,首尔大学出版部,第 120—124 页。

㉒ 宋晞,同前文,第 168 页;陈高华、吴泰,1981,《海外贸易与宋元时期中外友好联系及文化交流》,《宋元时期的海外贸易》,天津人民出版社,第 226 页;近藤一成,同前文,第 13 页。

文牒的关键。据此可知,对于日常外交事务,两国会选择通过宋商来处理,这意味着历史上有诸多未加记载的日常外交活动都是依靠宋商得以展开的。

除此之外,宋朝所派官员乘坐宋商船舶入丽的情况也时有发生:

> K1.（文宗廿八年六月）宋扬州医助教马世安等八人来。⑬

> K2. 故登仕郎检校大医少监李君,讳坦之,世为益阳人。少习萧相法律,比状颇晓医药。会中国名医官随商舶至东土,主上下制,简择名家子,往习其术。公亦预其选,而深得其妙焉。越著雍困敦岁,适有北狄来侵境土……⑭

K1 记录了 1074 年六月,宋扬州医助教马世安等八人前来高丽一事。为治疗高丽文宗的风痹,宋与高丽恢复国交之后向其派遣了诸多医官,如 1072 年六月的医官王愉、徐先,⑮1079 年七月的阁门通事舍人王舜封、翰林医官邢慥、朱道能、沈绅、邵化等 88 人一行,⑯上述马世安于 1080 年七月再次前来。⑰ 1081 年七月,高丽国王"以宋帝节日,赐宴于马世安所馆,兼致礼币"。⑱ K2 中则明确宋朝医官是搭乘商船而来的,与正式或非正式使节无异。

K2 摘自高丽检校大医少监李坦之(1086—1152)的墓志铭,其中提到以马世安为首的宋朝医官团乘商船而来。李坦之少时

---

⑬《高丽史节要》卷 5,文宗廿八年六月。
⑭《李坦之墓志铭》,第 127 页。
⑮《高丽史节要》卷 5,文宗廿六年六月。
⑯《高丽史节要》卷 5,文宗三十三年秋七月。
⑰《高丽史节要》卷 5,文宗三十四年秋七月。
⑱《高丽史节要》卷 5,文宗三十五年三月。

学习西汉相国萧何制订的法律,长大后颇晓医药,恰逢宋医官团来到高丽,国王下令让李坦之选一位名医拜师。通过学习,李坦之深得其师医术之妙。此事发生于1108年(著雍困敦岁:戊午年,睿宗三年)之前。

因为教李坦之医术的宋朝医官是乘坐商船而至的,可推测1072年六月前来的医官王愉、徐先和后来的马世安也不例外。当时没有神舟,要么乘坐商船,要么乘坐由商船改造的客舟。同样地,1110年六月,高丽国王"御乾德殿,召见宋明州所归女乐二人",⑦⁹女乐们也应是搭乘宋商船舶返回高丽的。

由是观之,宋朝派遣的非正式使节与低职官员皆乘宋人商船前来高丽,宋商直接被任命为使臣的情况也不在少数。若将此类事例均视为宋商往来的事实,加之"宋商来献"记录,其往来次数的统计数字将得以大幅提高。

另一方面,当高丽方面欲向宋朝派遣使节或传递文书时,也会寻求宋商的协助。相关例证如下:

> L1.(神宗熙宁八年三月)丙午,江淮发运使罗拯言:泉州商人傅旋持高丽礼宾省帖,乞借乐艺等人。上批……⑧⁰
>
> L2.(睿宗八年九月)遣西头供奉官安稷崇如宋。礼宾省移牒明州曰:"去年六月,进奉使金缘回谕:'来岁又当禋祀,申覆国王,遣使入朝以观大礼。'已令有司备办。忽母后薨逝,未遑遣使以达情礼。"⑧¹
>
> L3.(绍兴六年冬十月)高丽将入贡,先遣持牒官金稚

---

⑦⁹《高丽史节要》卷7,睿宗五年六月。
⑧⁰《续资治通鉴长编》卷261,神宗熙宁八年三月丙午。
⑧¹《高丽史节要》卷8,睿宗八年九月。

圭、刘待举来。朝廷惧其与金人为间,是月,诏赐稚圭等银帛各百匹两,及衣带器币而遣之。于是,稚圭至明州而反……㉒

L4. (绍兴三十二年)纲首徐德荣至明州,言本国欲遣贺使,有旨令守臣韩仲通许之。㉓

按 L1,1075 年三月,据江淮发运司罗拯称,有泉州商人傅旋持高丽礼宾省乞借乐艺的文牒而至。按 L2,1113 年九月,西头供奉官安稷崇入宋向明州传递礼宾省文牒,其内容为高丽国王之母突然薨逝,无法应宋朝皇帝之邀派遣使臣。安稷崇之头衔"西头供奉官"是参外职,㉔而遣其入宋也不属于官方正式使节,只为禀告高丽国内突发之事。

按 L3,高丽入贡之前,先派持牒官金稚圭、刘待举赴宋,然而宋朝担心此事会与金产生间隙,于是给他大量赏赐并遣其回国。㉕ 金稚圭只负责传递文牒而已,故地位应当不高。㉖ 按 L4,1162 年,纲首徐德荣向宋朝报告了高丽欲遣使祝贺大宋收复疆土的请求,朝廷下旨令守令韩仲通予以许可㉗。㉘

㉒ 《建炎以来系年要录》卷 106,绍兴六年冬十月壬申。
㉓ 《宝庆四明志》卷 6。
㉔ 当时,安稷崇持宋朝皇帝下赐给高丽睿宗的大盛新乐返回高丽,之后升职为权知阁门祗候(《安稷崇墓志铭》,第 59 页)。
㉕ 《高丽史》对此事有较为详细的记载,内容如下:"遣金稚规、刘待举如宋明州,牒云:'伏审,近商客陈舒赍到公凭……无使小国结怨于金,上国亦无唇亡齿寒之忧,幸甚。'宋明州回牒,略云:'至兴兵应援,假途徂征,皆敦礼等专对之辞,非朝廷指授。宜深见谅,无致自疑。'"(《高丽史》卷 16,世家,仁宗十四年九月乙亥。)
㉖ 此处并未留下其官职的记载,恐怕与地位不高有关。
㉗ 不过高丽方面也有反对派遣使臣的声音,故此事最终未能达成(姜吉仲,1990,《关于南宋与高丽的政治外交及贸易关系的考察》,《庆熙史学》16、17 合辑,第 174—176 页)。
㉘ 张东翼,同前书,第 339 页。

从 L1 至 L4 可知,当高丽要向宋朝传递消息时,礼宾省会移牒明州,派地位较低的官员或宋商持牒文前往。高丽安稷崇和金稚圭、宋商傅旋和徐德荣等所负责的事务,与前来高丽之宋朝持牒使、报信使所担当的相似。不过,高丽安稷崇、金稚圭等人向明州转达牒文时,所乘为何种船只尚不得而知。但李资义等高丽官方正式使节搭乘的尚且是宋商船舶,故较其地位更低的使者应很难配有专船。故其乘坐商船的可能性最大,因其相对安全经济。⑧⑨ 综合各种记载可知,宋商队伍中既有如郭满、徐德英(荣)等来回高丽五次之多的人,也有像黄助、徐成等仅相隔 160 和 140 天便再度前来者。⑨⓪ 如此看来,对高丽使节而言,就没有必要为其备置专船出行了。

总而言之,高丽与宋的非正式使节大多乘坐宋人商船来回,由此宋商往来次数必然得以增加。另外大部分情况下,文献中宋商来献与非正式使节的往返在时间上并不重合,故统计次数应该还会更多。由是观之,迄今为止对于宋商往来的考察是不够全面的。

4. 高丽漂流民的遣返与宋商往来

高丽与宋之间的漂流民遣返记录是与宋商活动相关的重要内容之一。高丽贸易史的研究学者们认为,有不少记录显示高丽船只(被认为是商船)曾漂流至宋朝的主要贸易港口——登州与明州,这是高丽海上贸易活动十分频繁的标志。⑨① 但也有反对意

---

⑧⑨《宝庆四明志》卷 6。
⑨⓪ 全海宗,1989,《高丽与宋的交流》,《国史馆论丛》8,第 17—18 页。
⑨① 金庠基,同脚注②(b)文,第 459—460 页。

第四章 宋丽外交与宋商往来

见表示,并无直接证据证明这些漂流民是商人,而且经常漂至明州地区一事也仅仅是因为海潮流向而已,很难将其与高丽海商的活动联系起来。⑫ 不过,本节所关注的不是漂流民的身份,而是他们被遣返至高丽的过程。以下史料记叙了宋朝对于高丽漂流民的救助措施与遣返方式。

> M1.（咸平三年冬十月）庚午……时明州又言高丽国民池达等八人,以海风坏船,漂至鄞县。诏付登州给贽粮,俟便遣归其国。⑬

> M2.（绍兴四年秋七月）辛未……高丽罗州岛人光金,与其徒十余人泛海,诣泉州,风折其樯,泊秦楚州境上。诏付沿海制置使郭仲荀养赡,伺便舟还之。⑭

> M3.（真宗天禧四年二月）丙午,明州言高丽夹骨岛民闾达,以风漂舟至定海县岸。诏本州岛存问,给度海粮遣还。自今有此类,准例给遣讫以闻。⑮

> M4. 臣窃惟自中兴南渡,声教与西北罕接。惟丽倭二国,介于东南海隅,犹知向慕本朝,至今通商……又有高丽境内船只,忽遇恶风,时亦飘至台温福建庆元界分。万里流落,尤为可念,臣两岁之间一再见之。遂从有司,每名日给白米二升。其倭人则俟同艅船只之回载与同归,丽人则俟此间商人入丽,优给钱米,使归其国。无非所以广朝廷之仁心仁闻于远人也。但自本司行之,终恐难继,此来欲望朝廷行下市

---

⑫ 李镇汉,2005,《高丽前期对外贸易与政策》,《九州大学韓国研究センター年報》5,第86—87页;本书第二章。
⑬《续资治通鉴长编》卷47,咸平三年冬十月庚午。
⑭《建炎以来系年要录》卷78。
⑮《续资治通鉴长编》卷95,真宗天禧四年二月丙午。

103

舶司,立为定例……⑯

M1讲的是,1000年十月左右,高丽人池达等八人遭风船毁,漂至明州鄞县;政府下令登州地方提供资粮,待有船入丽时顺便回国。M2讲的是,1134年七月,高丽罗州人光金及其十余名同伴越洋前往泉州,途中遭风,桅樯断折,漂泊至泰州与楚州交界;政府下令由沿海制置使郭仲荀供其食粮,待有船入丽时携他们归国。

M1与M2都是高丽船只遭风损毁,漂流至中国东南沿岸的例子,漂流民在中国得到了食粮救济,并等到有便船来时带其归国。这种方式与南宋曾巩笔下的"任明州日,有高丽国界诧罗国人崔举等,因风失船,漂流至泉州界,得捕鱼船援救全度……愿来明州,候有便船,却归本国"⑰如出一辙,即宋廷向因风失船、漂流上岸的高丽漂流民提供食粮以救性命,并利用便船发遣归国。

M3则记录了漂流船尚且完好的情况下,宋朝所采取的救助措施。1020年二月,明州有报"高丽夹骨岛民阔达,以风漂舟至定海县岸",国家诏令明州地区存问并提供食粮,安排遣还;且令今后再有类似事件发生时,均照此例处理。之前的1016年十月也有相似案例:"诏明州自今有新罗舟飘至岸者,据口给粮,倍加存抚,俟风顺遣还。"⑱1016年新罗已被高丽统一,故"新罗舟"当指高丽船舶。当人船同时漂到时,给予食粮并直接发遣回国的方式似乎十分普遍。

---

⑯《许国公奏议》卷4,《奏给遭风倭商钱米以广朝廷柔原之恩亦于海防密有关系》。
⑰《曾巩集》卷32,《存恤外国人请着为令劄子》。
⑱《续资治通鉴长编》,《令明州存抚新罗舟飘风至岸者诏》,大中祥符九年二月甲辰。

由上可知,宋朝遣返高丽漂流民回国的方式有两种:一是利用前去高丽的海商便船,一是乘坐自己来时的船舶。前者针对船舶损毁的漂流民,后者针对船舶完好者。而在 M4 中,二者皆有体现。该史料出自南宋丞相吴潜(1196—1262)在 1231 至 1258 年间的上疏所辑成的《许国公奏议》,内容为吴潜授沿海制置大使、判庆元府时,关于漂流民问题向朝廷的奏表。[99] 高丽与日本位于中国东南的大海之中,因向往中国而来往通商不断;吴潜在任职的两年间,就多次遇到高丽船舶遭风漂至台州、温州、福建、庆元等地之事。[100] 观其处理方式,是要求有关部门向每人每天发放两升白米,并通过等待入丽商船(船毁坏时)或直接供给钱米并发遣(船完好时)的方式来遣返。

缺乏远洋航海经验的漂流民如果自己驾船归国,无异于徒增危险;但让他们舍弃作为贵重财产的船舶也不现实,因而供给必要的钱财、食粮并发遣回国是比较妥当的方式。[101] 那么船舶损毁的高丽漂流民所俟之"便船",究竟是何种船只呢?这可由以下记录进行分析:

N1.(高宗十六年二月)乙丑,宋商都纲金仁美等二人,偕济州飘风民梁用才等二十八人来。[102]

N2.(开庆元年四月)纲首范彦华至自高丽,赍其国礼宾省牒,发遣被虏人升甫、马儿、智就三名回国……(六年)三

---

[99] 张东翼,同前书,第 335—336 页。
[100] 按照吴潜的说法,漂流至中国东南海岸的高丽人不在少数,其中相当一部分最后都返回了高丽。但有关漂流民遣返的记录少之又少。就像《高丽史》《高丽史节要》中的"宋商来献"内容并不能涵盖实际所有的宋商往来情况一样,漂流民的遣返事件理应还有更多,只不过仅有少数流传下来而已。
[101] 为使高丽船舶安全返航,当时很有可能由宋商来指引航路。
[102]《高丽史》卷 22,世家,高宗十六年二月乙丑。

月,发入范彦华船。又逾年三月,船始归。制司即备申朝廷,……高丽国礼宾省牒上大宋国庆元府。当省准贵国人升甫、马儿、智就等三人久被狄人捉拿,越前年正月分逃闪入来,勤加馆养。今于纲首范彦华、俞昶等合纲船放洋还国,仍给程粮三石,付与送还。请照悉具如前事,须牒大宋国庆元府照会施行。谨牒。己未三月□日谨牒。[103]

按N1,1229年二月,宋商都纲金仁美等与济州漂流民梁用才等28人一同来到高丽;N2是高丽礼宾省发给明州方面的牒文,内容为1259年四月,宋商纲首范彦华用商船载送从蒙古人手中逃脱至高丽的宋人升甫、马儿、智就等回国一事,以及高丽对他们的救助措施等。[104] 宋商范彦华不仅提供了遣返用船,还负责将相关牒文从高丽带往明州。1229年携济州漂流民而来的宋商都纲金仁美,想必也带有明州发往高丽礼宾省的牒文。

从以上两则史料可知,归还高丽漂流民和送还宋人俘虏的任务均是交由宋商来完成的。如前所述,类似于"丽人俟船便"的表达形式大有所在。有理由相信,这一"船便"就是经常往来于高丽的宋商船舶。虽在高丽初期尚且还有高丽商船往来于中国,但成宗时期之后就没有类似的相关记载了。自显宗时期以来,高丽的对外贸易由宋商主导,[105] 宋商船舶经常进出礼成港,因此漂流民不必等待太久,便可搭便船安全回国。

漂流民或俘虏出逃都是偶发性事件,宋丽两国不约而同均选

---

[103] 《开庆四明续志》卷8,《收刺丽国送还人》。
[104] 陈高华,1991,《元朝与高丽的海上交通》,《震檀学报》71、72合辑,第350页;黄时鉴,同前文,第12页;卢明镐等,2000,《韩国古代中世古文书研究(上)》,首尔大学出版部,第448—449页。
[105] 朴承范,2004,《9—10世纪东亚的地域贸易》,《中国史研究》29,第136页。

择利用宋商船舶负责人员遣返,大概因为这是最便利的方式。[106]其他漂流民遣返的相关史料中即便没有出现"宋商"字眼,很可能也是有宋商参与其中的。

  O1.(宣宗五年五月)宋明州归我罗州飘风人杨福等二十三人。[107]

  O2.(肃宗四年秋七月)宋归我毛罗失船人赵逞等六人。[108]

按O1,1088年五月,明州遣返高丽罗州漂流民杨福等23人;按O2,1099年七月,宋朝送还毛罗(耽罗)漂流民赵逞等6人。前者未提及船舶信息,不排除他们自行驾船归来的可能;后者写明"失船",故当是搭乘宋商船舶归国的。同时明州也应向高丽礼宾省发送了牒文,很可能成为了《高丽史节要》所参考的原始文献。

从逻辑上判断,保留在文献中的高丽漂流民送还史料,能够成为证明宋商往来的依据,而且它们与"宋商来献"记录是不重叠的。例如,宣宗时期的高丽漂流民记录,除了1088年五月的O1记录以外,还有1088年七月的耽罗漂流民用叶等10人、[109]1089年八月的李勤甫等24人。[110]这三批高丽漂流民皆从明州被遣返。此时的"宋商来献"有1087年四月和1089年六月的两条史料。[111]倘若宋商至高丽后向国王进献并被载于史册,那么"宋商

---

[106] 李镇汉,2007,《再论高丽时代宋商贸易》,《历史教育》104,第71页;本书第三章。
[107] 《高丽史节要》卷6,宣宗五年五月。
[108] 《高丽史节要》卷6,肃宗四年秋七月。
[109] 《高丽史节要》卷6,宣宗五年七月。
[110] 《高丽史节要》卷6,宣宗六年秋八月。
[111] 金庠基,同脚注②(b)文,第450页,《宋商来航表》。

来献"与遣返漂流民的时间应当一致,不一致则意味着并非同一事件。因而每回遣返高丽漂流民的记录,可被算作一次宋商往来。

总而言之,宋商为宋丽两国的漂流民与宋人俘虏提供了归国船舶。文献中"俟便遣归其国"的表述,暗示了等待时间不会太长,这反映出宋商往来程度之频繁。另外,如果1000年的高丽漂流民池达回国时也搭乘了宋人商船的话,那就比《高丽史》中最早的"宋商来献"时间1012年更加提前,即在此之前就有宋商来到高丽了。由是观之,目前有关宋商往来次数的统计是不准确的。

5. 结语

本章根据史料推测出了如下内容:宋丽之间的使节往来、文书传达、漂流民遣返等事件中均有宋商参与。即使文献中未见"宋商"字眼,也不可否认宋商的在场,由此佐证宋商往来的次数比已知的更多。不过,本章的论述多依靠逻辑层面的推理,在实证方面稍显不足。

但是,仅凭"宋商来献"记录来统计宋商往来次数,这是存在问题的。实际上,在中国文献中出现了诸多往来高丽的宋商姓名,《高丽史》和《高丽史节要》中也有不少史料的遗漏。如1074年密州商人平简三次至高丽以通国信,在《高丽史》中却未留下丝毫信息。此外,1084年随吊慰使、祭奠使一同前来的虞际、盛崇、李元积,1085年向宋朝转递高丽礼宾省文牒的泉州商人傅旋,1090年搭载高丽使臣李资义一行至宋的泉州商人李球,1123年搭载宋朝吊慰使的泉州商人郭敌,1259年协助宋人俘虏归国的范彦华等,其姓名与事迹均未载入《高丽史》。类似事件越多,理论上宋商往来的次数也就越多,文献记载下的只是实际发生的冰山一角而已。

尽管有一定的推理成分,但白南云所言"直至南宋灭亡为止,宋商船舶在这300余年间一直没有间断地往来于高丽",可谓接近历史的真相。10世纪后半叶的正史中没有宋商前来的记载,武臣政权时期的相关记录亦十分稀见。北宋初期与南宋末期是宋商往来的"空白期",如果能证明宋朝使节是和宋商一同前来的话,这一"空白"将得到相当的填补。此外,本章并未涉及宋丽两国关于佛教等文化层面的交流和宋人投化高丽等问题。若对这部分史料进行深究,定能挖掘出更多宋商往来的事实。

第五章　宋人的来投与宋商往来

1. 绪论

宋商往来于高丽与宋朝之间,并以礼成港为中心开展海外贸易活动,前文亦有数次言及。近来出版的高丽史概论型著作中,对此有如下论述:"从宋丽两国正式开展贸易的高丽显宗时期,至忠烈王四年为止的约 260 年间,宋商前来之人数,仅从高丽单方面的记载来看,已高达 5000 余名,次数达 120 余回。可想而知,其商贸活动是多么地繁盛。"① 这是在早期成果②和后续不断研究③的基础上,对高丽时代宋商问题所作出的结论。

以往学界的研究所依据的史料是《高丽史》《高丽史节要》等史书④中留下的"宋商来献"记录,以此统计出了宋商往来次数与

---

① 朴龙云:《修正、增补版高丽时代史》,一志社,2008,第 275 页。
② 金庠基(a),1937,《丽宋贸易小考》,《震檀学报》7;1948,《东方文化交流史论考》,乙酉文化社;白南云,1937,《商业及商业资本》,《朝鲜封建社会经济史(上)》,改造社;金庠基(b),1959,《高丽前期的海上活动与文物的交流——以礼成港为例》,《国史上的诸问题》4;1974,《东方史论丛》,首尔大学出版部。
③ 参考本书第一章脚注①所列论文。
④ 《高丽史》和《高丽史节要》由朝鲜王朝官方组织人员编纂完成,其中关于宋商往来和宋人来投的记录最为丰富。本章为叙述上的便利,将其称作"史书",以区别于金石文献、墓志铭以及中国方面的史料。

人员数量,⑤于一定程度上揭示出宋商"数量多"、来往历史"持续长"、往返"频繁"等特点。如果这是在宋商往来相关文献完整的前提下所作出的统计结果,则可以承认其可信度。但实际上,有关宋商往来的一些史实,不仅在朝鲜王朝初期就已湮没,有的根本未曾载于史册。《高丽史》中从太祖王建至穆宗时期七代的对外关系史料皆有缺失,这是史书本身的局限性。⑥

笔者当然无意否定之前的统计所揭示的某种倾向,但有必要强调的是,这些倾向是建立在所谓的"以记录形式留存至今的史料"基础上的。所以通过深入挖掘新文献或重新审视旧史料,我们分明能够找到更多的新事例。在这一趣旨下,笔者另辟蹊径,对高丽时代的宋商问题再作阐发并试图指出:在宋丽两国的使节互往和高丽漂流民的遣返过程中,都利用过宋商船舶;而由于这些史料与"宋商来献"事例并不重复,因而可视为对已有的宋商往来次数的补充。⑦

与以往研究相比,笔者的研究中显示,有"更多"的宋商,从"相当早之前"便"尤为频繁"地往来于高丽。本章同样旨在证明

---

⑤ 最近学界又确认了两条宋商史料,修正了关于宋商往来次数与人员数量的统计(朴玉杰,1997,《来航高丽的宋代商人及丽宋的贸易政策》,《大东文化研究》32,第36—42页)。
⑥ 1011年契丹军队攻陷高丽开京,藏于宫阙的各类典籍均被烧毁,后由黄周亮奉高丽显宗之命,搜集流散于各地的史料,编纂出记录从太祖至穆宗时期历史的《七代事迹》共计36卷(《高丽史》卷95,《黄周亮传》)。因此,朝鲜初期编纂的《高丽史》中,至穆宗时期为止的史料多有遗漏,特别是对外关系史部分的记载是有所疏略的(姜大良,1948,《高丽初期的对契丹关系》,《史海》1,第44—45页)。
⑦ 李镇汉,2009,《高麗時代における宋商の往来と麗宋外交》,《年報朝鮮學》12;本书第四章。

这一点,拟重新审视有关高丽时代"宋人来投"⑧的史料。高丽时代有大量宋人来投高丽⑨,他们乘坐的是宋商船舶,这一点部分学者已有论证,⑩但若对这一结论囫囵吞枣不加深究,则会引发不少新的问题。例如如果按照目前通行的观点,将1012年(显宗三年)十月陆世宁前来高丽进献方物的记录⑪作为最初的宋商往来事例的话,⑫那么就应该得出如下结论:在"宋商来献以前时期"(1012年十月以前)未曾有来投的宋人,⑬而"宋商来献时期"来

---

⑧ "来投"一词包含了宋人"跨海而来"与"投化"成为高丽人的两层意思。"归化""投化""归朝"等词汇在以往研究中也常被使用(全海宗,1972,《"归化"小考——在东洋古代史的意义》,《白山学报》13,第22—23页)。本章标题使用"来投"一词,不仅因为显宗时期之后的史料中有很多"来投"字眼,而且在于"来"字更适合说明宋人乘坐商船而来的动作。光宗时期的史料在记载从中国至高丽的归化者时,常用"投化"一词,因而本章在这部分论述中沿用此例。

⑨ 对于高丽时代"归化人"的研究史,在朴玉杰著作(1996)的绪论中(第16—17页)有详细的整理。下列所补充的论著中也全部或部分地涉及了这一主题:李丙焘,1961,《韩国史(中世编)》,震檀学会,第400—401页;权兑远,1981,《关于归化人对高丽初期社会影响的考察》,《忠南大人文科学论文集》8-2;金渭显,1982,《高丽对宋辽金人投归者的收容政策(918—1146)》,《史学志》16;金渭显,1985,《辽金史研究》,裕丰出版社;南仁国,1986,《高丽前期的投化人及其同化政策》,《历史教育论集》8;朴玉杰(a),1992,《关于高丽初期的归化汉人》,《国史馆论丛》39;罗钟宇,1995,《与五代、宋的关系》,《韩国史》14,国史编纂委员会,第292—293页;朴玉杰(b),1996,《高丽时代归化人研究》,国学资料院;杨渭生,1997,《宋与高丽:源远流长的文化交流》,《宋丽关系史研究》,杭州大学出版社,第299—301页;朴玉杰(c),2004,《高丽时代归化人的作用与影响——以技术、文化层面为例》,《白山学报》70;崔永好,2007,《高丽时代与宋朝的海上交流——以宋朝出身的专业人才之入境与活动为例》,《历史与界限》63。

⑩ 金庠基,脚注②论文,第58页。之后的研究者皆赞同这点。

⑪ 《高丽史》卷4,世家,显宗三年十月。

⑫ 最早对高丽时代宋商往来进行研究的是金庠基,脚注②(a)、(b)的论文都是以《高丽史》和《高丽史节要》的记载为根据,将1012年十月视为宋商入高丽的开端,之后的研究者皆无异议。

⑬ 由于以往的研究成果将1012年十月看成宋商初次入高丽的时间,所以在探讨宋人乘坐商船来投问题时,似乎也有必要以这一时间点为基准,分为前期与后期两个阶段,以不同方式进行论述。因此,本书将光宗至穆宗这一阶段定为"宋商的高丽往来之前时期",将显宗至忠烈王这一阶段定为"宋商的高丽往来时期"。　　(转下页)

投的宋人则必是乘坐在文献中能寻得踪迹的船只前来的。

但是仔细核察"宋人来投"史料就会发现，"来献以前时期"的光宗时期就有过投化者，"来献时期"有的投化者所搭乘的宋商船舶并没有载于文献。如果前者为实，高丽时代宋商往来的起点时间就可被大幅提前；如果后者为实，则可以确认更多宋商往来的事实。

因此，为了深入探讨以上想法，本章先集中考察了"来献以前时期"的来投宋人是否搭乘了宋商船舶这一问题。然后，通过比较"来献时期"宋人的来投时间，与"宋商来献"记录的时间是否一致，以此来确认来投者是否乘坐了史书中未载的宋人商船这一问题。本章写作的预期目的，正在于揭示宋商往来的次数比史书所载更多、贸易活动比以往所知更频繁的事实。同时指明，以往学界依据史书中不完整的史料做出统计数值从而证明高丽时代贸易之繁盛的这种方式是存在问题的。

（接上页）为叙述便利，将其分别简称作"往来时期"和"往来之前时期"。此外，双引号表示"所谓"之意，因为前文已强调过，宋商实际上早在 1012 年之前就已来过高丽了。对于这条 1012 年十月的"宋商进献"史料，我们应当在一定的前提下去理解它，即它只是史料记载上的最早的事例。

补）本文在学术期刊发表之时，对"宋商的高丽往来之前时期"和"宋商的高丽往来时期"进行了划分说明。但是随着笔者对这一问题的研究深入，发现自宋朝建立的 960 年开始，就已有宋商来往于高丽，本书（译者注：指韩文版）如果坚持用"宋商往来"这样的表述，不仅不恰当，也易使读者混淆。考虑到以往学界将 1012 年宋商陆世宁入丽"进献方物"视作宋商来航的开端，笔者以此为基准，分别用"宋商来献以前时期"和"宋商来献时期"来表示，简称作"来献以前时期"和"来献时期"。"来献以前时期"指从 960 年宋朝建立至 1012 年十月为止。而虽然从高丽神宗时期开始几乎没有留下"宋商来献"的史料，但一直有宋商持续前来这一点是毋庸置疑的，故笔者认为从 1012 年开始至宋灭亡的 1279 年为止是"来献时期"。

2. "宋商来献以前时期"(光宗至穆宗时期)的宋人投化

918年,太祖王建开创了高丽王朝,为获得中国的册封以树立王权,919年(太祖二年)派遣左良尉金立奇入吴越国朝贡,⑭此后接连与五代十国中的诸多政权通交。⑮ 960年(光宗十一年)宋朝灭后周而统一中原,两年后高丽与宋建立了正式的外交关系。⑯

高丽与宋之间,在外交上继续保持着同过去五代十国间的传统关系,而在海上贸易方面似乎今不如昔。因为一般认为,五代十国时期,朝鲜半岛后三国、高丽和中国的海商们越海互往,从事活跃的海上贸易;⑰而宋朝建立之后海商往来一度中断,直到1012年十月才有"最初的宋商"登场。然而又有文献显示,虽有

---

⑭ 《资治通鉴》卷270,后梁纪,均王,贞明五年。

⑮ 李基白,1959,《高丽初期和五代的关系》,《韩国文化研究院论丛》1;1981,《高丽光宗研究》,一潮阁,第140页。

⑯ 两国的外交关系从962年高丽光宗派遣广评侍郎李与佑等入宋献方物开始。(《高丽史》卷2,世家,光宗十三年冬)。关于这一问题可参考如下论文:金庠基(a),1959,《高丽光宗的治世》,《国史上的诸问题》2,国史编纂委员会;金庠基(b),1959,《高丽与金、宋之间的关系》,《国史上的诸问题》5,国史编纂委员会;1974,《东方史论丛》,首尔大学出版部;丸龟金作,1961、1962,《高麗と宋との交通問題(1)(2)》,《朝鲜学报》17、18;全海宗(a),1974,《对宋外交的性质》,《韩国史》4,国史编纂委员会;全海宗(b),1977,《高丽与宋的关系》,《东洋学》7;黄宽重,《高丽与金、宋的关系》,《亚细亚文化》创刊号,翰林大学,1986;朴龙云,1995、1996,《高丽与宋的交聘目的及使节考察》,《韩国学报》81、82;2002,《高丽社会的诸历史像》,新书苑。

⑰ 关于罗末丽初时期朝鲜半岛与中国的海上往来研究,可参考以下论文。其中尤其是日野开三郎的论文,内容相当详尽。金庠基,1960,《新罗末地方群雄的对中国交通——特以王逢规为例》,《黄义敦先生古稀纪念史学论丛》;1974,《东方史论丛》,首尔大学出版部;日野开三郎,1960、1961,《麗三国の鼎力と対大陸海上交通貿易》,《朝鲜学報》16、17、19、20;1984,《日野开三郎東洋史学論集—北東アジア国際交流史の研究(上)—》,三一書房;李基东,1997,《罗末丽初与中国南方诸国的交涉》,《历史学报》155。

从五代至宋王朝交替时的混乱局势,但高丽海商仍不断前往中国;宋朝建立后也继承了前朝贸易政策,并奖掖商人发展海外贸易。[18] 所以在这50多年间,宋商没有理由不到最近的国家——高丽去寻找市场。

之所以会有令人费解的"宋商往来空白期",是由于以往研究者仅囿于史料中的"宋商"字眼来考察问题。所以,我们有必要对史料——即便没有明确的"宋商来献"的记录也能推测出其盖然性的史料——进行重新解读,来摆脱研究困境。而从高丽光宗时期的中国投化者身上,我们似乎就能看到宋商往来的身影。

A1. (光宗十年)周侍御清州守双哲来,拜为佐丞。哲,冀父也,闻冀有宠,故随王兢来。[19]

A2. 公姓蔡,讳仁范,是大宋江南泉州人也。随本州持礼使(缺)寔东达扶桑以(缺)光宗朝御宇之。乾德八年觐我(缺)明庭应玄(缺)宗驻留便,赐官告一通,拜为礼宾省郎中,仍赐第宅一区,并赆获田庄(缺)诸物等。凡其所须,并令官给。[20]

A1是959年,后周侍御清州守令双哲来高丽被拜为佐丞的记载。其子双冀于958年跟随册封使薛文遇至高丽,因病暂留,

---

[18] 日野开三郎,1962,《唐、五代東亞諸国民の海上発展と佛教》,《佐賀龍谷学会紀要》9、10合辑;1984,《日野开三郎東洋史学論集—北東アジア国際交流史の研究(上)—》,三一书房,第190页。北宋前期宋朝政府因害怕商人到高丽去贸易,可能与辽朝发生关系,因而一度禁止商贩去高丽。但实际上,许多中国商人不顾这一禁令,私自前往高丽经商,有些地方政府也采取支持的态度。元丰二年(1079年),宋朝政府正式颁布法令,允许商人去高丽经商(陈高华、吴泰,1981,《宋元时期海外贸易的活动状况》,《宋元时期的海外贸易》,天津人民出版社,第37页)。
[19] 《高丽史节要》卷2,光宗十年。
[20] 《蔡仁范墓志铭》,第14页。

病愈后在光宗劝诱下归化高丽,被擢用为元甫、翰林学士。双冀于960年上奏,建议在高丽施行科举制度,并任知贡举等,从而作为光宗时期推行改革的核心人物活跃于高丽政坛。双哲得知儿子受到光宗宠爱,便跟随王兢来到高丽。据《高丽史·双冀传》载,王兢是出使后周归来的高丽使节。㉑ 后周的双哲、双冀父子分别于958年和959年投化高丽,双冀当时搭乘的是后周使节船只,双哲则乘坐高丽使节船舶而来。㉒

A2摘自《蔡仁范墓志铭》。蔡仁范是大宋江南泉州人,跟随"本州持礼使"来到高丽,于乾德八年(970)拜谒了高丽光宗。随后光宗劝其留下,并下发官告,任命其为礼宾省郎中,赐予宅第和田庄,又让官府提供各种所需物品。㉓

蔡仁范墓志中明确其为大宋泉州人,是可知姓名的最早投化高丽的宋朝人。史料中称他和"本州持礼使"一同前来,"本州"即是泉州,因此又可作"泉州持礼使"。这一官职似乎可有两种解释:一方面可能与后来的"持牒使"相似,㉔是由泉州守令所派遣的、向高丽传达宋廷命令的使节;另一方面也可能是无官方性质的泉州海商为往返高丽之便,随意自封了"持礼使"这一职衔。而即便"本州持礼使"是官方非正式使节,由于船舶都是由海商来驾驶的,蔡仁范是搭乘泉州商船或是在宋商协助下前来高丽的,这一点是不容质疑的。

㉑《高丽史》卷93,双冀传。关于双冀之父双哲前来高丽一事,在《高丽史节要》卷2,光宗十年条中也有类似记载。
㉒ 关于光宗时期汉人投化的研究,参考金库基,同脚注⑯文和李基白,同脚注⑮文。
㉓ 金龙善,2001,《蔡仁范墓志铭》,《译注高丽墓志铭集成(上)》,翰林大学亚细亚文化研究所,第4—5页。
㉔ 李镇汉,2009,《高麗時代における宋商の往来と麗宋外交》,《年報朝鮮學》12,第8页;本书第四章。

第五章　宋人的来投与宋商往来

以上分析了后周人双冀、双哲和宋泉州人蔡仁范的事例。除此以外，光宗时期还有不少其他的投化汉人，见史料如下。

B1. 时光宗厚待投化汉人，择取臣僚第宅及女与之。一日弼奏曰："臣居第稍宽，愿以献焉。"光宗问其故，对曰："今投化人择官而仕、择屋而处，世臣故家反多失所。臣愚诚，为子孙计，宰相居第非其有也，及臣之存，请取之。臣以禄俸之余更营小第，庶无后悔。"光宗怒，然卒感悟，不复夺臣僚第宅。㉕

B2. 光宗……自即位之年，至于八载，政教清平，刑赏不滥。及双冀见用以来，崇重文士，恩礼过丰。由是，非才滥进，不次骤迁，未浹岁时，便为卿相。或连宵引见，或继日延容……于是，南北庸人竞愿依投，不论其有智有才，皆接以殊恩殊礼。所以后生争进，旧德渐衰。虽重华风，不取华之令典；虽礼华士，不得华之贤才……况自庚申至乙亥十六年间，奸凶竞进，谗毁大兴，君子无所容，小人得其志。㉖

B1 出自《高丽史·徐弼传》，讲的是高丽光宗为了优待投化汉人，欲将臣僚的宅第和女儿㉗赐予他们，徐弼一方面表示愿意献出宅第，但同时对光宗的政策有所不满，因为其已让世臣们的利益受到损害。

B2 是崔承老上奏的时务策中，对光宗即位八年以来的政事

㉕《高丽史》卷93，徐弼传。几乎相同的内容也见于《高丽史节要》卷2，光宗十六年秋七月条。
㉖《高丽史》卷93，崔承老传。
㉗相关研究指出，投化高丽的宋人得到了配偶、房屋、土地及官职等。白南云，1937，《投化田》，《朝鲜封建社会经济史（上）》，改造社，第88页；朴玉杰，同脚注⑨(b)书，第194—200页。

117

评价。崔承老指出,光宗重用双冀之后,中国南北庸人竞相投化,光宗不论他们有无才智,皆施以厚礼,以致中国人争相而来谋求官位,国家传统道德渐衰。崔承老认为,光宗虽重华风却学不到优秀的制度,虽礼华士却得不到贤能的人才。

从 B1、B2 可知,受光宗支持而出仕的投化汉人很多,对当时高丽政坛有较大的冲击。"今投化人择官而仕、择屋而处,臣故家反多失所""南北庸人竞愿依投"皆表明当时高丽国内的汉人投化者数量巨大,投化行为具有历史持久性。

中国人大量投化高丽的现象,出现于双冀被光宗重用的 958 年,至光宗在位最后一年的 975 年这近 20 年间。而赵匡胤于 960 年建立北宋,又先后平定了尚存的荆南、武平、后蜀、南汉、南唐、吴越、北汉等政权,于 982 年基本实现了全国统一。[28] 故高丽光宗时期被称作"投化汉人""南北庸人""华士"的投化者中,当然包括了从吴越国等五代十国各个政权来的人,还有如蔡仁范一样的宋人。

就像罗末丽初时期,无论是中国人来投高丽,还是后三国、高丽的僧人入华求法,都曾得到过海商的帮助一样,[29]上述投化者应当也是乘坐海商的船只前来的——这些船只在北宋建立以后依旧往返于中国和高丽之间从事贸易活动。借由下列光宗时期佛教交流的相关史料,可以确认两国间的海商往来的事实。

C1. 杭州慧日永明智觉禅师,讳延寿,余杭人,姓王

---

[28] 谭其骧主编,1991,《简明中国历史地图集》,中国地图出版社,第 51—53 页。
[29] 日野开三郎,1960,《麗末三国の鼎力と対大陸海上交通貿易(一)》,《朝鲜学报》16;1961,《麗末三国の鼎力と対大陸海上交通貿易(四)》,《朝鲜学报》20;1984,《日野开三郎東洋史学論集—北東アジア国際交流史の研究(上)—》,三一書房,第 41—57 页。

氏……建隆元年……著《宗镜录》一百卷,诗偈赋咏凡千万言。高丽国王览师言教,遣使赍书叙弟子礼,奉金缕袈裟、紫晶数珠、金藻罐等。彼国僧三十六人亲承印记,归国各传一方。㉚

C2. 吴越王遣使,以五十种宝往高丽求教文。其国令谛观来奉诸部,而《智论疏》《仁王疏》《华严骨目》《五百门》等不复至。据此则知,海外两国皆曾遣使。若论教文复还中国之宝,则必以高丽谛观来奉教卷为正。㉛

C1 讲的是,高丽光宗阅读了永明延寿禅师于宋建隆年间(960—963)撰写的《宗镜录》之后,遣使致书于延寿禅师,以弟子之礼表达崇敬之情,并献上珍宝。光宗所派 36 名高丽僧在延寿禅师门下最后都获印可,返回高丽后各化一方。

C2 是高丽向吴越国回传佛教典籍之事。吴越王钱俶遣使臣带 50 种宝物来高丽求取佛典,于是 961 年高丽遣僧谛观捧各部教宗典籍前往吴越㉜,但《智论疏》《仁王疏》《华严骨目》《五百门》等不在其中。据此可知,两国很早开始就实现了使节互派,高丽谛观入华使多数教宗佛典重新回传中国。㉝ 以上两条史料表明,光宗时期高丽和吴越两国就有过佛教文化交流。

另外,这一时期的高丽入华求法僧不仅有 C1 中的 36 名,还有法眼宗的道峰慧炬、寂然英俊、真观释超等。㉞ 36 僧之一的智

㉚《佛祖历代通载》卷 18。
㉛《佛祖统纪》卷 8,《佛教东土十五祖净光尊者义寂》。
㉜ 宋太祖建隆二年为公元 961 年,吴越王为钱(弘)俶(《佛祖统纪》卷 23)。
㉝ 金庠基,同脚注⑯(a)文,第 90 页;全海宗,同脚注⑯(a)文,第 331 页;杨渭生,同脚注⑨论文,第 321—330 页。
㉞ 李能和,1918,《高丽初多传法眼宗》,《朝鲜佛教通史(下)》,新文馆,第 344—346 页。

宗于959年入华,970年归国;㉟英俊则是968年入宋向永明延寿求法,972年回国。㊱ 他们之所以搭乘商船渡海求法,一方面也许别无选择,另一方面在险象环生的海上奔波的商人亦笃信佛教并希望求得保佑,故也会尽力去帮助求法的僧人。㊲

此外,1015年十一月去世的高丽户部尚书张廷佑,其父张儒曾在新罗末期避乱于吴越国,熟习汉语后返回高丽,光宗命其入职客省,每当中国使节来时都由其负责接待。㊳ 从光宗授职一事可知,张儒从吴越回国应是在光宗时期。

综上,光宗时期高丽与中国之间频繁的佛教文化交流和人员往来,皆说明了当时海商贸易之活跃。值得注意的是,关于C2所载吴越国王遣使以50种宝物求取佛典一事,在南宋晁公武的藏书目录《郡斋读书志》中披露了细节:"《法华言句》20卷,唐僧智顗撰,五代兵乱,其书亡。钱俶闻高丽有本,厚赂因贾人求得之,至今盛行于江浙。"㊴

由此可知,吴越王钱俶遣使于海外求取《法华言句》,光宗派谛观奉赠此书,虽似正式的外交程序,其中却有贾人(即海商)的身影。这名海商告诉吴越王所求之书在高丽,并用商船捎载使节前来高丽,最后又携高丽僧谛观与佛典回到吴越。

正如两国间的佛教交流离不开海商的帮助,汉人的投化亦需要借助海商之力方能实现。海商们将光宗的优待政策转达给中国文人,并将有意投化者捎载至高丽,可能会从中收取一定费用。

㉟ 金杜珍,1994,《佛教思想的传播》,《韩国史》16,国史编纂委员会,第38页。
㊱ 金英美,2006,《10世纪初禅师们留学中国的情况》,《梨花史学研究》33,第7页。
㊲ 日野开三郎,同脚注⑱文,第213页。
㊳ 《高丽史节要》卷3,显宗六年。
㊴ 《郡斋读书志》后志2,释书类,"《法华言句》二十卷"。

由于吴越国在光宗末年至景宗年间才归顺宋朝,虽然很难断言这些海商都是宋商,但也不能将其排除在当时众多往返高丽的中国海商之外。因为北宋继承了五代时期鼓励发展对外贸易的政策,海商们的活动几乎未受王朝更替的影响。[40]

由此看来,光宗时期前来投化的汉人当中应该也是有乘坐宋商船舶而来的,只不过缺少直接史料,难下断言;而以后的时期则开始有较明确的记录了。

> D1. 公讳志诚,大宋扬州人也。迁仕我朝,阶至将仕郎、登仕郎、儒林郎,超授朝散大夫、朝议太夫、中散太夫,官至内薗丞、礼宾注簿、閤门祗候……工部尚书、尚书右仆射职……以重熙八年,岁在己卯……生年六十有八。[41]

> D2-1. 周伫,宋温州人。穆宗时随商舶来,学士蔡忠顺知其有才,密奏留之。初授礼宾省注簿,不数月,除拾遗,遂掌制诰。[42]

> D2-2. (穆宗八年)是岁,宋温州文士周伫来投,授礼宾注簿。[43]

> D3. (穆宗元年)是岁,金成积入宋,登第。[44]

D1摘自中散太夫、尚书右仆射、判閤门事、轻车都尉刘志诚(972—1039)的墓志铭。刘氏乃大宋扬州人,迁仕高丽,阶至将仕郎、登仕郎、儒林郎,官至尚书右仆射,历任内薗丞、礼宾注簿、閤

---

[40] 森克己,1975,《贸易の発展と関税的の性質》,《日宋貿易の研究》,国書刊行会,第393—397页。石井正敏,1992,《10世紀の国際変動と日宋貿易》,《新版古代の日本—アジアからみた古代日本—》,角川書店,第360页。
[41]《刘志诚墓志铭》,第15页。
[42]《高丽史》卷94,周伫传。
[43]《高丽史》卷3,世家,穆宗八年。
[44]《高丽史节要》卷2,穆宗元年。

门祗候。初至高丽时,刘志诚仅得到比其他投化者更低的官职——将仕郎(从九品下)和内薗丞,㊺这大概是因为他在宋时没有什么特别经历。他于1034年担任礼部尚书,㊻1039年68岁去世。因此从他的初职和仕历,以及63岁时任礼部尚书等情况推断,他投化高丽的时间应在其30岁时的1001年前后。

D2-1出自《高丽史·周佇传》。周佇为宋朝温州人,穆宗时随商船至高丽。学士蔡忠顺赏识他的才能,秘密奏请国王让其留下。周佇初任礼宾省注簿,没过数月又升为拾遗,于是掌管起草国王的诏令。

按D2-2,1005年(穆宗八年)宋朝温州文士周佇来投高丽,被授予礼宾注簿的官职。㊼《高丽史·周佇传》言其为"温州人",《高丽史节要》里作"温州文士";前者称其乘商舶而来,后者明确其来投时间为1005年。综合两则史料可知,曾是温州文士的周佇于1005年乘商船来投高丽。

D3是998年高丽人金成积入宋的内容。998年宋丽之间没有使节来往,而在994年(成宗十三年)六月和999年十月有高丽使节访宋的记载。㊽由于彼时不见入宋的高丽使节船,金成积应是乘坐商船而去的。

由D1至D3可知,在10世纪末到11世纪初,曾有海商往来于两国之间。问题是刘志诚和周佇搭乘的是否是宋商船舶?搭

㊺ 虽然现在已无从知晓"内薗丞"一职的官品,但从"丞"这一职衔,以及所对应的官阶来看,内薗丞当在八品左右。
㊻《刘志诚墓志铭》,第9页。
㊼《高丽史》卷3,世家,穆宗八年。
㊽ 朴龙云,同脚注⑯文,第153页,《高丽、宋使节派遣表》。

载周伫的"商舶",似乎与后来投化高丽的宋人刘载[49]、林光[50]、王逢辰[51]等所乘坐的一样,都是宋人商船。因为关于高丽僧人慧素用国王赏赐的白金向宋商购买砂糖一事的记载中,就将宋人商船称作"商舶"。[52]

墓志铭中虽未明确记载,我们仍可以推断,刘志诚同样乘坐了宋商船舶。因为如果他是于1001年左右前往高丽,彼时北宋已统一了南方,故由扬州出发的应是宋人商船。由此推测,10世纪末到11世纪初时,已有宋商往来于高丽了。

但是在982年(成宗元年)崔承老上奏的时务策中,提到了往来于中国的高丽海商;[53]另据史料载,993年二月,作为宋朝使臣的秘书丞、直史馆陈靖和秘书丞刘式等,赴高丽时乘坐了高丽进奉使白思柔一行的船舶,该船曾于同年正月入宋。[54] 由此可见,彼时已然存在高丽海商横渡黄海并赴宋贸易的情形。[55] 而这些海商所搭乘的是否是宋商船舶,对于修正既有观点中所认为的宋商初至高丽的时间点而言,是十分重要的问题。

综上所述,投化高丽的宋人乘坐宋商船舶而来的可能性很高,但由于没有明确史料,因而很难用"肯定"或"全部"这样的词

---

[49]《高丽史节要》卷8,睿宗十三年三月。
[50]《林光墓志铭》,第131页。
[51]《高丽史节要》卷13,明宗十四年九月。
[52]《破闲集》卷中,《西湖僧慧素》。
[53]《高丽史》卷93,崔承老传。
[54]《宋史》卷487,高丽传。
[55] 高丽商人的海上贸易活动自太祖时期兴起,在宋商占领市场之后有了较大萎缩[金庠基,同脚注②(a)文,第67页;同脚注②(b)文,第459页]。也有另一种观点认为,982年崔承老为整改对宋贸易弊端,建议高丽国王仅允许修好使兼行贸易,而禁断所有的私人海外商业活动。国王接受了该提议,进而使得高丽海上贸易走向衰落,市场随之被宋商独占。白南云,1937,《商业及商业资本》,《朝鲜封建社会经济史(上)》,改造社,第765页;朴承范,2004,《9—10世纪东亚的地域交易》,《中国史研究》29,第136—137页。

汇来下结论。(56) 不过,有关“宋商来献时期”宋人投化的文献记载相对确凿,这也许可以为这一问题提供推测的线索。

3.“宋商来献时期”(显宗至忠烈王初期)的宋人投化

高丽光宗至穆宗时期的50余年间,来投高丽的宋人当中,可确定姓名的有蔡仁范、刘志诚、周伫三人,蔡仁范和刘志诚都有墓志铭出土,只有周伫的事迹被载于史书。然而自显宗初期,即所谓宋商初至高丽的时期开始,史书中开始频繁出现宋人来投的记录:

E1.(显宗三年三月)宋人王福等七人来投。(57)

E2.(显宗三年六月)庚戌,宋人叶居腆、林德、王皓来投。(58)

E3.(显宗四年春正月)庚戌,宋闽人戴翼来投,授儒林郎、守宫令,赐衣物田庄。(59)

E4.(显宗六年六月)宋泉州人欧阳徵来投,寻授右拾遗。(60)

E1是1012年三月宋人王福等七人投化高丽的记录,E2是

(56) 除此之外,高丽初期汉人的归化事例还有很多,但从太祖到穆宗时期的相关史料在契丹侵略时遭受焚毁,因而《高丽史》的记载并不完整。而直到显宗时期才出现宋商往来高丽的记录,这也应是与之相关的。姜大良,同脚注⑥文,第44—45页;金成俊,1981,《高丽七代实录编撰与史官》,《民族文化论丛》1;1985,《韩国中世政治法制史研究》,一潮阁;朴玉杰,同脚注⑨(b)书,第36页。

(57)《高丽史节要》卷3,显宗三年三月。

(58)《高丽史》卷4,世家,显宗三年六月;《高丽史节要》卷3,显宗三年六月。

(59)《高丽史》卷4,世家,显宗四年春正月庚戌;《高丽史节要》卷3,显宗四年春正月。

(60)《高丽史节要》卷3,显宗六年六月。

同年六月宋人叶居腆、林德、王皓等来投的内容。按 E3，1013 年正月北宋福建人戴翼来投，被高丽授予儒林郎、守宫令的官职，并获赐衣物与田庄。按 E4，1015 年六月北宋泉州人欧阳徵来投，不久后就在高丽获得右拾遗的官职。

文献 E 都是 1012 至 1015 年间宋人来投高丽的内容。关于王福等七人和叶居腆、林德、王皓等人只留有“来投”这一事实的记录。而戴翼是官拜儒林郎、守宫令，又得到了衣物、田庄；欧阳徵则是投化后不久就做了右拾遗这样的清要官。这些人定是乘船而来的，然而将他们到达的时期和与宋商往来相关的史料作对比的话，就会出现难以自圆其说的部分。来看下列史料。

F1. (显宗三年)冬十月丙午，南楚人陆世宁等来献方物。(61)

F2. (显宗八年七月)辛丑，宋泉州人林仁福等四十人来献方物。(62)

F1 是 1012 年十月南楚人陆世宁等人来献的记录；F2 为 1017 年七月北宋泉州人林仁福等 40 人来献的记载。F1 被视作宋商初至高丽的史料而广为熟知；(63)在此五年之后，第二拨宋商前来。

F1 和 F2 里的宋商分别于 1012 年十月和 1017 年七月来到高丽，E1 至 E4 中宋人来投的时间则分别是 1012 年三月和六月、1013 年正月、1015 年六月。对比两者发现，1012 年三月宋人王

(61)《高丽史》卷 4，世家，显宗三年。

(62)《高丽史》卷 4，世家，显宗八年七月。

(63) 脚注②和脚注③中所列举的大部分论文，都以 F1 为依据，将 1012 年十月定为宋商初至高丽的时间。

福等七人和同年六月叶居腆、林德、王皓等人的来投时间,比所谓宋商初次到来的1012年十月更早。倘若按照以往学界的观点,那么只能认为1012年三月和六月来投的王福和叶居腆等人是没有搭乘宋商船舶的了。反之,如果他们利用了宋人商船,那么E1与E2就成了1012年十月之前也存在宋商往来的证据。

另外,以"宋商来献"记录为基准的话,宋商第二回前来高丽的时间是1017年七月,这期间正好有1013年正月戴翼和1015年六月欧阳徵等人来投。尽管他们有可能于1012年十月乘坐陆世宁的船舶到达高丽后滞留了一段时间才最终归化,但正如下文将述的,宋商向高丽国王进献之时,才是投化者拜见高丽国王及官员并表明自身意愿的最佳时机。那么,1013年正月来投的戴翼是有可能搭乘了不久之前,即1012年十月前来高丽的陆世宁之商船的;但1015年六月的欧阳徵因相隔甚久,应该认为其是乘坐了未载于史书的某一宋商船舶。

结合显宗时期有关"宋人来投"之记载E与"宋商来献"之记载F来看,在所谓宋商初至高丽的1012年十月以前更早时期,便已有宋商来过高丽了。同时,"宋商来献"与"宋人来投"在时间上的不一致,也说明还有更多宋商往来的信息未被保留下来。

1012年三月、六月来投的王福和叶居腆等人,大概是听闻了之前的归化者在高丽享有的土地、官职等优厚待遇后才纷纷而至的。这样的优待政策应是通过宋商传到了泉州及福建其他地区的宋人耳中。所以这反而在逻辑上成为了1012年三月之前就已有宋商来过高丽的证据。将这样的推论用于蔡仁范、刘志诚和周佇等人的事例的话,宋商往来高丽的时间起点则更应提前,即"来献时期"与"来献之前时期"的情况应该差不多。首先来分析几则宋人来投时乘坐宋商船舶的明确事例。

G1. 王城有华人数百，多闽人因贾舶至者。密试其所能，诱以禄仕，或强留之终身。朝廷使至，有陈牒来诉者则取以归。(64)

G2. （文宗三十五年夏四月）壬午，礼宾省奏："宋人杨震随商船而来，自称举子，屡试不中，请依所告，遣还本国。"从之。(65)

G3. （睿宗十三年）三月，尚书右仆射刘载卒。载，宋泉州人，尝随商舶而来。性朴素，不事生产，又能文，时人多之。(66)

G4. （睿宗六年）八月，以左右卫录事胡宗旦权知直翰林院。宗旦，宋福州人，尝入大学，为上舍生。聪敏，博学能文，兼通杂艺。游两浙，仍寄商船而来。王宠顾优厚，骤登清要。然颇进压胜之术，王不能无惑焉。(67)

G1 讲的是，高丽王城内有数百名中国人，其中大部分是搭乘商船而来的福建人。高丽方面对他们的能力进行了秘密测试，然后以居官食禄作为诱饵，或强行逼迫他们终身留在高丽。G2 讲的是，1081 年四月高丽礼宾省奏请将乘商船来投的宋人杨震遣还本国，理由是他虽自称举子，却屡试不中。国王对此予以批准。

根据 G3，1118 年三月去世的刘载是北宋泉州人，早先随商船来投高丽，官至尚书右仆射，由此推测其投化时间应在文宗末期。根据 G4，1111 年八月，高丽左右卫录事胡宗旦晋升为权知直翰林院，他本是北宋福州人，曾为宋朝太学上舍生，游学两浙之时

(64)《宋史》卷 487，高丽传。

(65)《高丽史》卷 9，世家，文宗三十五年夏四月。

(66)《高丽史节要》卷 8，睿宗十三年。

(67)《高丽史节要》卷 7，睿宗六年。

乘商船至高丽。因受高丽国王之宠爱,立马升至品级高的要职。

根据文献,宋人来投时所乘坐的有 G1 的“贾舶”、G2 和 G4 的“商船”、G3 的“商舶”等,虽然船舶国籍和所属信息不见于文献,但仍可以推测出其为宋船。(68) 因为来投的宋人大部分来自泉州、福州及福建其他地区,他们应该是乘坐了当地经常往返于高丽的宋商船舶。

与此同时,从高丽显宗时期开始,往返于两国间开展贸易活动的几乎皆为宋商,跨海时除了利用他们的船舶之外别无他法,(69)故宋丽之间佛教文化的顺利交流也只能仰仗宋商的帮助。宋朝净源法师的声名通过海商传到高丽,(70)文宗仰慕其名,于元丰年间(1078—1085)让“舶人”向净源捎去书信和黄金莲花手炉。(71) 文宗之子义天与以净源为代表的宋朝高僧如辩真、从谏、行端、法邻、希中等进行了深入的佛学交流,书信与佛经的传递主要都是通过李元积、徐戬、洪保、陈寿、郭满等宋商来实现的。(72)

---

(68) 关于宋人乘坐宋商船舶来投问题的研究可参考如下:金庠基,同脚注②(a)文,第 58 页;金庠基,同脚注②(b)文,第 454 页;朴玉杰,同脚注⑨(a)文,第 122 页;山内晋次,1996,《東アジア、東南アジア海域における海商と国家— 10—13 世紀を中心之して覺書—》,《歷史学研究》681;2003,《奈良平安期の日本之アジア》,吉川弘文館,第 211 页;崔永好,同脚注⑨文,第 202—207 页。

(69) 在义天之前,已有高丽僧昙真于 1076 年入宋,在宋三年期间求法于多位禅僧。(郑修芽,1994,《慧照国师昙真与“净因随”》,《李基白先生古稀纪念论丛》,一潮阁,第 621—623 页。)。

(70) 日野开三郎,同脚注⑱文,第 252 页。

(71)《玉岑山慧因高丽华严教寺志》卷 8,《宋杭州南山慧因教院晋水法师碑》。

(72) 关于义天和宋僧之间书信交流的问题,下列论文中有详细论述:金庠基,1959,《关于大觉国师义天》,《国史上的诸问题》3;1974,《东方史论丛》,首尔大学出版部,第 205—212 页;崔柄宪,1991,《大觉国师义天的渡宋活动以及高丽与宋的佛教交流》,《震檀学报》71、72 合辑,第 364—372 页;杨渭生,同脚注⑨文,第 333—351 页。原美和子,1999,《宋代東アジアにおける海商の仲間関係之情報網》,《歷史評論》592,第 3—6 页;近藤一成,2001,《文人官僚蘇軾の対高麗政策》,《史滴》23,第 13—14 页;远藤隆俊,2008,《義天の成尋— 11 世紀東アジアの国際環境と入宋僧—》,《东国史学》44,第 107 页。

可知文宗所委托的“舶人”也应是宋商。

高丽僧侣入华求法或宋僧来丽访问基本都要搭乘宋商船舶。(73) 1085年四月义天携两名弟子赴宋时乘坐了宋商林宁之船；(74)1088年十一月净源法师刚刚圆寂，其弟子携其画像乘“舶客”之船往高丽告丧，义天遂遣弟子寿介等人乘船入宋致祭。(75)寿介一行于1089年十一月到达，后于次年正月持净源部分舍利归国。(76) 整个过程耗时一年零三个月，往来皆利用了宋商船舶。(77)此外，北宋唯识宗僧人惠珍于1095年四月与宋商黄冲(78)一起来到高丽，(79)乘坐的也应是宋商船舶。

另外，高丽大鉴国师坦然亦曾托商船将所作《四威仪颂》《上堂语句》寄给明州阿育王寺的介谌禅师，并获得了赞许；(80)《五灯会元》称当时驾船的海商名叫方景仁。(81) 此人出自中国文献，当为宋商。而睿宗时期奉命使宋求得三部《契丹藏》的慧照国师，(82)其来往也借用了宋商船舶。可以说，是宋商支撑起了两国佛教界

(73) 黄宽重，1991，《宋、丽贸易与文物交流》，《震檀学报》71、72合辑，第340—341页。

(74)《高丽史》卷90，大觉国师煦传。

(75)《续资治通监长编》卷435，哲宗元祐四年十一月甲午。

(76)《玉岑山慧因高丽华严教寺志》卷8，《宋杭州南山慧因教院晋水法师碑》。

(77) 金庠基，同脚注(72)文，第213页；崔柄宪，同脚注(72)文，第371页；鲍志成，1995，《苏东坡与高丽》，《中韩文化交流与南方海路》(曹永禄编)，国学资料院，第88页；黄有福、陈景富，1993，《中朝佛教文化交流史》，中国社会科学出版社，第348页；远藤隆俊，同脚注(72)文，第131页；金荣济，2009，《宋、高丽交易与宋商——以宋商的经营形态与其在高丽的居住空间为例》，《史林》32。特别是金荣济认为，不仅是义天，连寿介也搭乘了宋商船舶，这说明利用高丽船只跨海并不容易。宋商也正是借此开展了两国间的运送事业。

(78)《高丽史》卷10，世家，献宗元年二月辛卯。

(79) 全海宗，同脚注⑨(b)文，第21页；蒋非非、王小甫等著，1998，《宋·辽与高丽的政治关系》，《中韩关系史(古代卷)》，社会科学文献出版社，第223页；崔永好，同脚注⑨文，第231页。

(80) 许兴植编，1984，《韩国金石全文》中世下，《断俗寺大鉴国师塔碑》，亚细亚文化社。

(81)《五灯会元》卷18，《育王谌禅师法师》。

(82)《三国遗事》卷3，塔像，《前后所将舍利》。

的交流。(83)

无论是高丽还是宋朝人，在横渡黄海时都需要乘坐宋商船舶；两国间的文化交流也依赖于宋商。这大概是当时往来于两国之间的海商除宋商之外别无他者的缘故。由此推断史料 G 中，宋人来投时都坐了宋商船舶；甚至可进一步说，宋朝统一之后入高丽归化的宋人也皆是如此。同样，虽不能断定高丽光宗至穆宗时期的情况，但相同的可能性很大。

确认了宋人来投时所使用的的交通手段之后，我们再来比较"宋人来投"与"宋商来献"的具体时间，借以发现更多的宋商事例。由于此时"宋商来献"的相关记录较多，以往研究者便笼统地认定，投化者就是搭乘某趟商船而来的。但仔细分析就会发现，来献与来投时间不一致的情况不在少数。先看高丽文宗至肃宗时期投化者的相关史料：

H1.（文宗六年）六月，宋进士张廷来，授秘书校书郎，赐衣、带、綵段、白银。(84)

H2.（文宗十一年）秋七月壬辰，命有司试宋投化人张琬所业遁甲三奇法、六壬占，授太史监候。(85)

H3.（文宗十四年九月）癸卯，以宋进士卢寅有文才，授秘书省校书郎。(86)

H4.（文宗十五年六月）以宋进士陈渭为秘书校书郎，

(83) 金相永，1988，《高丽睿宗时期禅宗的复兴与佛教界的变化》，《清溪史学》5，第 64—65 页；赵明济，1988，《高丽后期戒环解〈楞严经〉的盛行与思想史的意义——关于丽末性理学的接受基础》，《釜大史学》12，第 18—19 页；赵明济，2003，《临濟宗をめぐる高麗之宋の交流》，《駒澤大学佛教学部論集》34，第 247 页。

(84)《高丽史节要》卷 4，文宗六年。

(85)《高丽史》卷 8，世家，文宗十一年。

(86)《高丽史》卷 8，世家，文宗十四年九月。

萧鼎、萧迁为阁门承旨,叶盛为殿前承旨。渭有文艺,鼎等三人晓音律。⑧⑦

H5.(宣宗八年八月)制曰:"宋人田盛善书札,陈养有武艺,敦请留止,且加职秩,以劝来者。"⑧⑧

H6.(肃宗六年春正月)宋人邵珪、陆廷俊、刘佽来投,王召试于文德殿,并授八品官。廷俊,赐名廷杰。⑧⑨

按H1,1052年六月宋进士张廷来投,被授予秘书省校书郎之职,又获赐衣带、彩段、白银等物。H2讲的是,1057年七月高丽国王命有司对宋投化者张琬进行遁甲三奇法、六壬占考试,后授其太史监候之官。按H3,1060年九月宋进士卢寅因文才横溢,做了高丽秘书省校书郎。

H4讲的是,宋进士陈渭同样因文艺出众,在高丽做了秘书省校书郎;而萧鼎、萧迁、叶盛三人因知晓音律,前两位被任命为阁门承旨,后者成为殿前承旨。按H5,宋人田盛善写作,陈养有武艺,高丽国王下令挽留,并以加官进秩为饵,以此招徕更多的投化者。H6讲的是,宋人邵珪、陆廷俊和刘佽来投,国王在文德殿对他们进行测试,后皆授予八品官。

将上述史料内容分类可知,除H1外,H2至H6的共同点便是,先对来投者进行测试,再授予官职。这种方式也可在G2所示1081年高丽准备将自称举人却屡试不中的杨震遣还本国的事例⑨⓪中加以确认。换言之,来投者必须通过相关考试,才能谋得一官

---

⑧⑦《高丽史节要》卷5,文宗十五年六月。
⑧⑧《高丽史》卷10,世家,宣宗八年八月。
⑧⑨《高丽史节要》卷6,肃宗六年春正月。
⑨⓪《高丽史》卷9,世家,文宗三十五年夏四月壬午。

半职。(91) 因此H1里的宋进士张廷也应是接受了一定的考试的。

接下来要探讨的是他们到达高丽后经过多久才接受考试，以此究明他们是乘坐哪一趟船而来。从H1中宋进士张廷“来”，H6里卲珪、陆廷俊、刘伋“来投”等词汇可以看出，他们似乎是到达之后随即应试并被授职的。比较这一时期的“宋商来献”史料，可知张廷来投的1052年六月没有宋商往来记录，而之前的1049年八月曾有宋商到来，中间隔了两年零十个月。(92) 此外，比卲珪等来投的1101年正月早两个月的1100年十一月，曾有宋商前来。(93)

与之相反的是，H2中高丽国王命有司对张琬进行测试，H5中高丽国王下令以加官进秩敦请田盛和陈养留下。由此推测，他们是到达后经过了一段时间才参加考试的。从下表可知，张琬和田盛的来投时间与史料中最近的宋商往来时间，分别有着八个月和一年零五个月的间隔。

高丽文宗至肃宗时期“宋人来投”和“宋商往来”时间比较一览表(94)

来投者	考试或授官时间	来投者授官以前的宋商往来记录		
		史料1	史料2	备考
张廷	1052年（文宗六年）六月	1049年八月 徐赞	1049年八月 王易从	两年零十个月
张琬	1057年（文宗十一年）七月	1055年九月 黄忻	1056年十一月 黄拯	八个月

(91) 对于归化人的征用，高丽一开始采用的是荐举方式，高丽文宗时期开始实行非公开式的特别考试，1102年以后针对外国人的科举考试（译者注：即高丽科举宾贡科）开始制度化。金渭显，同脚注⑨文，第181页；朴玉杰，同脚注⑨(a)文，第122—127页。

(92) 金庠基，同脚注②(b)文，第448页，《宋商来航表》。

(93) 金庠基，同脚注②(b)文，第448页，《宋商来航表》。

(94) 备考时间为来投者领受官职之时与此前宋商到达高丽之时的最小间隔差，此处没有特别考虑其间是否有闰月。另一方面，关于宋商往来的记录皆参考了金庠基，同脚注②(b)文，449页，《宋商来航表》。

续　表

来投者	考试或授官时间	来投者授官以前的宋商往来记录		
		史料 1	史料 2	备考
卢寅	1060 年 (文宗十四年)九月	1060 年八月 徐意	1060 年八月 黄元载	一个月
陈渭、萧鼎、萧迁、叶盛	1061 年 (文宗十五年)六月	1060 年八月 徐意	1060 年八月 黄元载	十个月
田盛、陈养	1091 年 (宣宗八年)八月	1089 年十月 李球等	1090 年三月 徐成	一年零五个月
邵珪、陆廷俊、刘伋	1101 年 (肃宗六年)正月	1100 年九月 李琦	1100 年十一月 八关会	两个月

如上表所示,"宋人来投"与"宋商来献"时间若存在一年以上的间隔,这意味着他们是乘坐了未被史书记载的商船而来的——因为宋商必须在一定时间内返回本国。以下史料有助于我们掌握宋商在高丽的滞留时间。

I1.(文宗十二年)八月乙巳,宋商黄文景等来献土物。(95)

I2.(文宗十三年)夏四月丙子,亲禘于大庙。宋商萧宗明等乞就街路瞻望法驾,许之。是日肆赦。(96)

I3.(文宗十三年)秋八月,宋泉州商黄文景、萧宗明,医人江朝东等将还,制许留宗明、朝东等三人。(97)

按 I1,1058 年八月宋商黄文景前来进献。按 I2,1059 年四月高丽国王于太庙主持禘祭,宋商萧宗明等请求瞻观国王车驾并获允。按 I3,1059 年八月泉州商人黄文景、萧宗明和医人江朝东

(95)《高丽史》卷 8,世家,文宗十二年八月。
(96)《高丽史》卷 8,世家,文宗十三年夏四月丙子。
(97)《高丽史》卷 8,世家,文宗十三年春八月。

等将要回国,高丽文宗下制允许三人留下。I2 中的宋商萧宗明⁹⁸出现于同年四月,I1 中的黄文景于 1058 年八月来到高丽。因此,从萧宗明至高丽到取得留住许可的时间,短则四个月(1059 年四月至八月),长则一年(1058 年八月至 1059 年八月)。虽无法判断萧宗明等人是否是以归化为目的前来高丽的,但文宗许其长留,并于两年后授其官职。⁹⁹

另外,与 G2 里宋人杨震屡试不中的情况类似,宋人自来投到做官,需经历较长时间的例子是存在的。而像 H1 的张廷、H6 的邵珪等那样,到达不久便谒见国王,因才能受到认可而拜官的情形也是有的。虽然同时存在两种可能,但若在宋朝之时已然抱有出仕的想法,既而前来高丽的话,可能后者的情况更为普遍。所以从盖然性上讲,H1 至 H5 的宋人来投时应该是搭乘史书中未载的宋人商船来的。

最后要单独考察的是 1102 年之后宋人搭乘宋商船舶来投的具体时间。因为彼时高丽录用来投人才方式发生了些许变化。⁽¹⁰⁰⁾

J1.(肃宗七年)夏四月丁酉,御乾德殿覆试进士……赐康涤等及第,并召试投化宋进士章忱,赐别头及第。⁽¹⁰¹⁾

J2-1.(睿宗九年四月)赐白曘等三十八人、明经三人及第,又别赐宋进士林完及第。⁽¹⁰²⁾

---

⁹⁸ 萧宗明曾于此前的 1052 年九月入高丽进献土物(《高丽史》卷 7,世家,文宗六年九月壬子)。
⁹⁹ 萧宗明于 1061 年十二月被授予作为参职的"权知閤门祗候"之官衔(《高丽史》卷 8,世家,文宗十五年十二月丙午)。
⁽¹⁰⁰⁾ 关于来投者的录用方式请参照脚注⑨所引论文。
⁽¹⁰¹⁾ 《高丽史》卷 11,世家,肃宗七年。
⁽¹⁰²⁾ 《高丽史节要》卷 8,睿宗九年夏四月。

J2-2. 公讳光,字彦实,初名完,西宋漳州人。政和壬辰[103]随商舶到京求仕,中甲午年春场,别赐乙科□第,直授监门卫录事。[104]

J3. (明宗十四年九月)赐琴克仪等三十一人、明经五人及第。时宋进士王逢辰随商舶而至,乞赴试,别赐乙科。[105]

按J1,1102年四月高丽国王在乾德殿覆试进士之时,宋投化进士章忱也被召来应试,后获赐别头及第。[106] 史料中称其为"投化宋进士",因其先前取得了归化者身份。由此可见,他是来投高丽后经过一段时间才去应举的。[107]

按J2-1,1114年四月白曘等38人和明经等3人受赐及第的时候,宋进士林完受"别赐"及第。林完以宋进士的资格应举,与其他人不同,所以作"别赐"。J2-2摘自《林光墓志铭》。林光原名完,北宋漳州人,政和壬辰年(1112年,睿宗七年)随商船至开京求官。在1114年春场考中,受别赐乙科及第,被直接授予监门卫录事一职。综合两则史料可知,曾为宋朝进士的林完于1112年乘宋人商船至高丽求仕,但未能马上如愿,而是于两年后的1114年应举,受别赐及第。

在林光随商船而来的1112年当中,史书里没有宋商往来记录。[108]

---

[103] 墓志铭上作"宣和",但是宣和时期没有壬辰年,从林完科举及第之时为睿宗九年来看,应当为"政和"。
[104]《林光墓志铭》,第131页。
[105]《高丽史节要》卷13,明宗十四年九月。
[106] 同年六月章忱被授予将仕郎、礼宾注簿同正之职(《高丽史》卷11,世家,肃宗七年六月丙午)。
[107] H2中,张琬被称作"宋投化人",从语感上似乎指他在投化后经过了一定时期,才参加了遁甲三奇法、六壬占的考试。
[108] 1112年之前来到高丽的宋商有1110年六月的李荣、同年七月的池贵等〔金庠基,同脚注②(b)文,第450页,《宋商来航表》〕。

因而可将其算作一次新的往来事实。这一事例充分表明,由于宋人来投与宋商往来可能存在时间上的不一致,故来投事例可以作为宋商往来事例的补充。

林光在到达高丽两年之后,才以科举获得官职。他之前似乎知道以宋朝进士的身份可以轻易在高丽做官,而且随宋商向高丽国王进献之时,很容易见到包括最高领导层在内的各类贵族、高官,因而一来就展开了求仕活动。但此一时非彼一时,随时经过简单考试便可获得官职的做法已成过去,现行的是科举时单独为投化者设立别试的方式,因而林光才会等待了两年。1112年三月高丽曾有一次科举考试,由于文献中没有记载林光到来的月份,可能他来时已经错过,又或应举落第,只好参加下一次即1114年三月的科举,[109]最终及第入仕。

如果1102年四月前来的章忱也错过了考试,那么他来高丽的时间当是头回科举的1100年四月与次回的1102年四月之间。[110] 在此期间史书记载的"宋商来献"有1100年九月、十一月和1101年十一月三回[111]。章忱要么是随着其中一回而来,要么是随一艘未被记录的商船而来。

J3是可补充已知宋商往来次数的重要史料。按J3,1184年九月高丽人琴克仪等31人和明经等5人科举及第,此时宋进士王逢辰随商船至高丽后,立即请求赴试,取得别赐乙科及第。1184年九月高丽施行科举之际,王逢辰恰好到达应试,证明其前来高丽之目的非常明确。在他之前前来的宋商记录有1173年六

---

[109] 朴龙云,1990,《资料:科试设行与制述科及第者》,《高丽时代荫叙制与科举制研究》,一志社,第365—366页。
[110] 朴龙云,同前书,第360—361页。
[111] 金庠基,同脚注②(b)文,第451页,《宋商来航表》。

月的徐德荣和1175年八月的张鹏举。⑫ 如果说王逢辰是随这二者中的一个前来的话,那其至少要在高丽等上9—11年后方可应试,实不符事理。那么,王氏应试的时间应可锁定在如下范围:1176年八月、1177年四月、1178年六月、1180年六月、1182年六月。⑬ 考虑到其及第时间与宋商来献记录相差过甚,笔者推测,王氏彼时所乘坐的宋人商船并未在史书中留下踪影。

以下事例亦可证明宋人来投对宋商往来的补充。1124年十二月,崔瑀*上奏道:"本朝文物礼乐一遵华制,其自宋国来者,许于台省政曹清要之职,随材擢用。"⑭这期间史书所载的宋商往来仅有1221年和1228年两次,⑮然而崔瑀上奏的前提应该是,1224年左右有许多宋人来高丽投化求仕,且此趋势将会持续。换言之,崔氏政权期间是有不少宋人陆续来投,并被委以重任的。而由于宋人来投时不得不乘坐宋商船舶,故可以说,宋商往来的实际次数要远超史书所载的次数。

总而言之,"来献时期"的投化者只能乘坐宋商船舶前来,以此不仅可类推"来献以前时期"的情况,而且可将宋商初至高丽的时间提前。同时通过对"宋商来献"与"宋人来投"在时间上的比较,可以确认许多未载于史书的宋商往来之事实。

4. 结语

宋人投化高丽时搭乘了海商船舶,这是公认的事实。学者们

---

⑫ 金庠基,同脚注②(b)文,第453页,《宋商来航表》。
⑬ 朴龙云,同前书,第391—393页。
* 译者注:武臣政权执政者,后改名为"怡"。
⑭ 《高丽史节要》卷21,高宗十二年。
⑮ 金庠基,同脚注②(b)文,第453页,《宋商来航表》。

对于从高丽显宗开始的"来献时期"之海商均为宋商这一说法并无异议,但尚未深入探究从光宗到穆宗的"来献以前时期"的海商身份。究其原因,不仅在于这一期间史料不多、真相难求,更在于史书中没有出现"宋商前来"的字眼,加之高丽海商也积极往来于中国从事贸易,故无法轻易下定结论。

然而,从这一时期蔡仁范、刘志诚、周佇三人自宋来投的事实中能够推测,他们应是乘坐了宋商船舶的。其中可以确认的是1005年周佇所乘坐的是宋商船舶,因而可以修正最初来到高丽的宋商是1012年十月前来的陆世宁这一说法——陆世宁只是史料中所载最早的、留下姓名的宋商而已。从光宗时期的宋商动向与两国佛教文化交流情形来看,自北宋建立之初,大概就有宋商往来于高丽了。

另一方面,将"来献时期"史料中宋人的"来投"与宋商的"来献"从时间上对比后可以发现,有许多来投者是随史书未载的宋人商船前来的。可见,留下记录的宋商往来事例仅不过是冰山一角,目前学者所统计出的数值只能反映出宋商出身地、往来次数、往来时间的大致情况而已,其本身并不完善。

本章旨在说明,与已知事实相比,有着更多的宋商从更早开始就更频繁地来到高丽。特别是对在被视作"空白期"的光宗到显宗初期也有宋商往来这一点的说明,是本章的重要成果。然而自1170年高丽武臣政权建立到1279年南宋灭亡为止的百余年间,史书中同样鲜有"宋商来献"之记录,即是说,武臣政权时期也是宋商往来的"空白期"。那么历史的真相究竟为何?留待下一章进行探讨。

第六章　武臣政权时期的宋商往来

1. 绪论

从《高丽史》《高丽史节要》中的"宋商来献"记录可以看出,高丽时代有大量宋商渡海前来高丽开展贸易活动。有学者做过统计,1012 年宋商初至高丽,此后往来的次数逐渐增加,但于武臣政权时期骤减;1170 年武臣政变发生后约 100 年间,仅有八次宋商来航。[①] 同时指出,这一现象的原因在于,与金发生战争的南

[①] 金庠基(a),1937,《丽宋贸易小考》,《震檀学报》7;1948,《东方文化交流史论考》,乙酉文化社,第 54 页。有趣的是,金氏一方面认为高丽武臣政权时期宋商来航的次数很少,一方面又引李奎报《又楼上观潮赠同寮金君》一诗中"来船去舶首尾衔相连""末午棹入南蛮天"等句,主张礼成港贸易的繁华景象,不免前后矛盾[金庠基(b),1959,《高丽前期的海上活动与文物的交流——以礼成港为例》,《国史上的诸问题》4;1974,《东方史论丛》,首尔大学出版部,461 页]。然而笔者认为,诗里所描述的船只并不是经过礼成港的商船,而是漕船(李镇汉,2005,《高丽前期对外贸易与政策》,《九州大学韓国研究センター年報》5,第 82—83 页;本书第二章)。另外,最近研究又将 1228 年宋商为崔怡购买水牛角和 1301 年江南商客来航包括在内,统计这一时期的宋商往来共计十次(朴玉杰,1997,《来航高丽的宋代商人及丽宋的贸易政策》,《大东文化研究》32,第 42 页)。以往研究认为 1278 年宋商的来访是最后一次宋商往来,朴氏则补充了与购买水牛角相关的宋商事例。尽管多了这一次的差异,但朴氏和此前的研究一样,都认为这一时期的宋商往来是十分稀见的。

　　(补)随着对于这一问题研究的深入,笔者发现宋商频繁往返于两国之间,以至于接近常时性往来的程度;且有记载称该时期每次有三艘船同时前来。据此判断,诗中所描述的确实有可能是宋商船舶。

宋曾向高丽求援,但遭高丽仁宗拒绝,导致两国关系急剧冷却直至断交;②而且随着南宋国势的衰落,宋商的活动也逐渐减少。③

但根据佛教史和美术史研究者的主张,这一时期两国间的文化交流仍旧是相当活跃的。武臣政权时期,高丽与南宋僧侣之间有各类诗书互传;④1274年雕造的牙州鹭峰寺"木造阿弥陀佛坐像",其风格无疑受到了当时南宋的影响。⑤ 另外,李奎报向丁秘监求取墨竹图与画像,并作诗曰"丁君于此戏,声价满夷夏",⑥说明丁氏的画技在宋朝亦负盛名。⑦ 可见,以上现象与"武臣政权时期的宋商往来十分稀见"这一说法并不相符。

笔者在第三章中曾论述过,这一时期只不过是高丽贸易的控制权由国王转移至武臣执政者,从而导致"宋商进献"记录出现骤减罢了,宋商往来本身依旧是很活跃的。⑧ 韩国学界的以往研究主要依赖于《高丽史》和《高丽史节要》,并未利用高丽文士所留下的文集和中国文献,而且仅关注宋商向国王进献的记录,对于其他隐含宋商往来信息的记载有所忽视。

---

② 金庠基,1959,《高丽与金、宋之间的关系》,《国史上的诸问题》5;1974,《东方史论丛》,首尔大学出版部,第598—599页。
③ 金庠基,同脚注①(b)文,第446—447页。
④ 许兴植,1995,《一枝庵本湖山录的重要性》,《真静国师与湖山录》,民族社,第77页;赵明济,2003,《臨濟宗をめぐる高麗と宋の交流》,《駒澤大学佛教学部論集》34,第248—249页。
⑤ 崔圣银,2004,《高丽时代佛教雕刻的对中关系》,《高丽美术的对外交涉》,艺耕,第144—145页。
⑥ 《东国李相国后集》卷24,《又以长篇二首求黑竹与写真并序》及《求墨竹》。
⑦ 由韩生画人、郑鸿进画竹共同完成的《水墨白衣观音图》被归为禅宗水墨画,有学者认为画作的背景和竹子与日本圆觉寺所藏南宋牧溪的《白衣观音图》构图相似,这一观点意味着郑鸿进的画风受到了南宋影响,也是宋和高丽文化交流的见证(洪善杓,1996,《书画》,《韩国史》21,国史编纂委员会,第421页)。
⑧ 李镇汉,2007,《再论高丽时代宋商贸易》,《历史教育》104,第75—79页;本书第三章。

本章旨在证明,尽管《高丽史》和《高丽史节要》中有关武臣政权时期对外关系的记录以及《高丽史·高宗世家》的内容多有遗漏,但《东国李相国集》《湖山录》等高丽文集中保留有诸多与宋商往来相关的信息;同时通过重新解读中国文献和《高丽史》中暗示宋商往来的相关史料,揭示彼时宋商往来之频繁这一事实;最后综合各方面文献制成《宋商往来表》,由此推得,即使在武臣当权、蒙古入侵等动荡政局下,宋商往来也从未中断过。如果论证无误的话,那么对过去由于政治外交形势而导致武臣政权时期宋商往来骤减的观点便要作彻底修正了。

2. 宋丽文物交流与海商

　　高丽时代宋商往来频繁的依据是宋商来献的记录——《高丽史》《高丽史节要》当中类似"宋商来献方物"的记载比比皆是,所以得出结论并不难。但偏偏高丽武臣政权时期宋商来献的记载相对较少,所以这一时期被认作宋商往来的"空白期"。⑨ 当然,从实证角度出发,相关记载较之以往确有减少,上述观点无可厚非。但以往研究在史料搜集方面存在局限,有些文献中虽未明确出现"宋商"字眼,但与宋商的关联性很高。只有对这些史料加以缜密检讨,方能找出更多端绪。正如通过下列史料,便可推断出两国间的文物交流是在海商的帮助下才实现的。

　　　　A1. 淳熙元年五月二十九日,明州进士沈忞上《海东三

---

⑨ 与高丽时代宋商往来最早的相关研究[金庠基,脚注①(a)和(b)文]相比,虽然最近的成果中新增了三条记录,即1148年十月与宋人张喆相关的谋反事件、1230年宋商呈给崔瑀四头水牛一事、1113年二月宋商为装饰王宫花园而进献珍贵花卉一事(朴玉杰,同前文,36—42页),但这并不能动摇之前的基本观点。

国史记》五十卷,赐银币百,付秘阁。⑩

A1讲的是,1174年五月明州进士沈忞向朝廷进献了《海东三国史记》50卷,获赐银币百枚,书被藏入秘阁。1145年十二月完成的《三国史记》⑪直到29年之后才传入宋朝,而1174年两国没有外交关系,因而可推测,此50卷书是经海商传入的。⑫

沈忞进献书卷后收到银币作为谢礼,其实相当于他将自己或托海商在高丽购得的书籍带回了宋朝贩卖。就像1192年宋商入丽呈献《太平御览》并获60斤白金的情形一样,书籍的交流是宋贸易的一部分,所以上述事例和宋商有关联的可能性很大。⑬

佛教典籍的流传亦如是。1198年高丽知讷禅师在智异山无住庵修行,因读《大慧普觉禅师语录》后开悟,⑭可见宋朝临济宗"看话禅"宗风的开创者——大慧宗杲禅师的语录对知讷的深远影响。⑮ 宗杲的语录由弟子们在其1163年圆寂后所编辑,又通过某种途径传入高丽,待知讷读到已是1198年。

无论是明州进士沈忞向宋廷进献《三国史记》,还是高丽知讷禅师读到了《大慧普觉禅师语录》,皆说明在高丽武臣政权初期,两国间的文物交流仍在持续。但是扮演中间桥梁角色的是宋商

---

⑩《玉海》卷16,地理,异域图书。
⑪《高丽史》卷17,世家,仁宗廿三年十二月壬戌。
⑫ 张东翼,2000,《高丽与宋的文物交流的相关记录》,《宋代丽史资料集录》,首尔大学出版部,第437页。
⑬《高丽史节要》卷13,明宗廿二年八月。
⑭《东文选》卷117,《曹溪山修禅社佛日普炤国师碑铭》。朴胤珍,2005,《高丽后期王师、国师的谢礼与功能变化》,《韩国中世史研究》19;2006,《高丽时代王师、国师研究》,景仁文化社,第120页。
⑮ 吉熙星,1996,《知讷的思想》,《韩国史》21,国史编纂委员会,第29—30页;朴荣济,1996,《修禅社的成立和开展》,《韩国史》21,国史编纂委员会,第50—51页。

还是丽商,史无详载,我们可从《东国李相国后集》中寻找蛛丝马迹。

B1. ……大人初登第时,尝与四五同年,将游通济院,联鞍唱和。公诗一句云:"寒驴影里碧山晚,断雁声中红树秋。"四韵失三句。闻此诗流入于宋,大为其宰相所赏。此少年时所赋特一首耳。⑯

B2. 宋朝禅子祖播因欧阳伯虎东来,以诗一首寄我国空空上人,兼贶漆钵五器、斑竹杖一事。又名庵曰兔角,手书其额以寄之。予嘉两师千里相契之意,又闻欧阳君诗名,亦复渴仰,因和二首,一以寄播禅老兼简空空上人,一以寄欧阳二十九。⑰

B3. ……其首落句则皆所不知也。余虽未聪明,亦不甚椎钝者也。岂其时率尔而作,略不置意而偶忘之耶?昨者欧阳白虎访余,有坐客言及此诗,因问之曰:"相国此诗传播大国,信乎?"欧遽对曰:"不惟传播,皆作画簇看之。"客稍疑之。欧曰:"若尔,余明年还国,可赍其画及此诗全本来以示也。"噫!果若此言,则此实非分之言,非所敢当也。次前所寄绝句,赠欧曰……⑱

B1 是李奎报之子李涵所作《东国李相国后集》的序文,讲李奎报中举后与几名同年游通济院时所吟之诗后来传入宋朝,受到宋宰相赞赏一事。李奎报作诗时间为 1190 年,传入的途径可能

---

⑯《东国李相国后集》序。
⑰《东国李相国后集》卷 3,《次韵宋朝播禅老寄空空上人并序》。
⑱《东国李相国后集》附录,《白云小说》。

是通过彼时往来于两国间的海商。⑲

B2讲的是,宋朝祖播禅师委托前去高丽的欧阳伯虎,向高丽空空上人寄诗一首,并带去漆钵、斑竹杖,以及亲自为其命名并手书的寺额。李奎报赞叹两僧相隔千里的友情,又听闻欧阳伯虎的诗名,期待与他相见,因而和诗两首,一首致祖播禅师与空空上人,一首致欧阳伯虎。

B2是武臣政权时期瑜伽宗僧人景照(空空上人)与宋僧祖播禅师之间的交往史实。景照的佛学思想受禅宗影响很大,曾通过与李奎报之间的和诗,加深了对《楞严经》的理解。⑳将被大海阻隔的两国之人联系起来的是宋朝的欧阳伯虎。

B3摘自李奎报所作《白云小说》。欧阳伯虎造访李奎报之时,有坐客听闻李奎报游通济院所作之诗传至宋朝一事,遂有一问"相国此诗传播大国,信乎?"欧阳伯虎插言:"不惟传播,皆作画簇看之。"见坐客仍怀疑,欧阳又道:"若尔,余明年还国,可赍其画及此诗全本来以示也。"㉑他自言明年回国后会再来,暗示了其商人的身份。坐客称李奎报为相国,可知欧阳伯虎往来于高丽的时期在其任宰臣的1233年十二月到致仕的1237年之间。㉒祖播禅师通过欧阳伯虎向空空上人传递物品一事,说明二人在此之前已经通过宋商而相识;而欧阳伯虎为了消除疑虑称下一年回国后会带诗再来,这说明他不是初来高丽,也不会只来一次。

---

⑲ 张东翼,2009,《高丽时代对外关系史综合年表》,东北亚历史财团,第154页(以下简称《年表》)。
⑳ 赵明济,1988,《高丽后期戒环解〈楞严经〉的盛行和思想史的意义——关于丽末性理学的接受基础》,《釜大史学》12,第29页。
㉑ 《东国李相国后集》附录,《白云小说》。
㉒ 朴龙云,2001,《通过李奎报的事例看崔氏执权期的官制运作实际情况》,《史丛》53,第72—73页。另外,有观点称此事发生于1238年(张东翼,《年表》,第183页)。

第六章 武臣政权时期的宋商往来

　　结合 B1 至 B3 的记载,1190 年之后李奎报的诗作能传至宋朝,而 13 世纪 30 年代两国僧人、文士也仍可通过宋商进行持续性的文化交流。就像这样,武臣政权时期有高丽诗文传播于宋,且两国之人能相互联络,这皆得益于宋商的频繁往来。

　　此外,除了欧阳伯虎,李奎报也通过其他宋商与宋人交往。[23] 以宋商为两国文化互通媒介的例子,亦见于《湖山录》《圆悟国师碑》中。

　　C1. 越岁在戊午八月上旬,山人卓然以大宋延庆寺所寄《佛舌銘》《祖师赞》《净土院记》来示。予谨稽首欣庆,叹美不足。今并取《草庵录》中"日本国师遥献金字莲经事"、《振祖集》中"法雨堂命名缘起",复《次随品赞韵》聊申赞叹,非敢好事也,盖亦向慕大国佛祖之盛事云尔。[24]

　　C2. 中统三年壬戌五月初六日,伏承法云然禅老所传示大宋延庆寺诸尊宿《法华随品赞》一轴,句句皆佛精祖髓黼黻,一大事光辉海外,何其韪欤?[25]

　　C3.《更和法华随品赞并序》……昨见大宋延庆寺《随品赞》,不香暗短,聊赓赞咏,近讬商船先已寄呈诸尊宿座下。今又更成一轴者,非鄙见异于人也。[26]

　　C4.《曹溪山五世赠谥慈真圆悟国师碑铭并序》……又大宋延庆寺传天台教观沙门法言以本寺所藏《佛居记》,寄本朝云游子卓然,献于师,师作赞以应之。奇辞丽藻,骇人之

---

[23] 例如,李奎报从江南的静上人那里得到过十柄松扇(《东国李相国后集》卷 2,古律诗,《谢江南静上人惠松扇十柄》),即能证明这一点。
[24]《湖山录》卷 3。许兴植,1995,《真静国师与湖山录》,民族社,第 198 页。
[25]《湖山录》卷 3。许兴植,同前书,第 213—214 页。
[26]《湖山录》卷 3。许兴植,同前书,第 187 页。

目。然写其赞,附商驰寄于法言。言受之嘉叹,愿寿其传,即锓诸贞珉,打数本以送之。其为异邦之敬服如此。㉗

C1 至 C3 是宋朝延庆寺高僧与高丽真静国师之间的交往实录。按 C1,1258 年八月上旬,山人卓然将大宋延庆寺寄来的《佛舌諺》《祖师赞》《净土院记》见示真静国师,国师观后非常高兴。C2 讲的是,1262 年五月六日,法云卓然禅老将大宋延庆寺诸位高僧所作《法华随品赞》一轴给真静国师看,国师称其句句是佛陀和祖师之精髓。㉘ C3 讲的是真静国师读过《随品赞》后加以续写,并托商船交付延庆寺诸高僧座下。

C4 是圆悟国师碑铭的一部分,讲的是宋延庆寺僧法言将本寺所藏《佛居记》寄给了高丽僧卓然,卓然将其献给圆悟国师,国师观后作《赞》回应。由于辞藻奇丽,卓然抄写后随商船寄给法言,法言读后大加赞赏。为使其永久流传,法言将其刻于石上,并作拓本送回高丽。

宋朝延庆寺僧人与高丽的真静国师、圆悟国师之间,实际上有过多次的典籍和诗文交流。而正如 C3 中"近托商船先已寄呈诸尊宿座下"和 C4 中"附商驰寄于法言"所体现的,常年往返于两国的宋商是他们的媒介。

从事例的具体时间来看,C1 为 1258 年,C2 为 1262 年,C3 为 1264 年。㉙ 另外,1258 年春真静国师曾通过卓然得到了延庆寺送来的《佛舌諺》等典籍,就算这是真静国师与延庆寺的第一次交流,但作为中间人的卓然应该很早之前就与延庆寺有过往来了。

㉗《曹溪山松广寺史库》第 477 页;许兴植,1986,《金石文的落穗》,《高丽佛教史研究》,一潮阁,第 685—686 页。有些文献中将"延庆寺"误记为"建庆寺"。
㉘《湖山录》卷 3。许兴植,同前书,第 214 页。
㉙ 许兴植,1995,《生涯与时代背景》,《真静国师与湖山录》,民族社,第 39 页。

通过 C1 至 C3 可知,1258 至 1264 年左右这段时间,宋商至少来过高丽四次;若加上 C4 中将拓本送回高丽一事,可推测的宋商往来次数还会更多。

除此之外,《湖山录》里还有"门外江商献蜀椒"这样的诗句,向高丽进献蜀椒的"江商"无疑是入丽从事贸易的宋商。㉚ 就像这样,两国僧人通过宋商船舶所进行的佛教文化交流应该是十分多样且频繁的,㉛这间接证明了当时宋商贸易——商船前来的最初目的——的活跃程度。

总而言之,虽然以往学界认为高丽武臣政权时期宋商往来是大幅减少的,但详细分析两国之间文物交流的相关记载可知,两国之间的典籍、诗文交流并无太多障碍,这得益于像欧阳伯虎这样的宋商的帮助。由是观之,如果承认高丽武臣政权时期这 100 年间的宋商往来仅有八九次的话,当时两国间如此频繁的文物交流现象便无从解释了。换而言之,有许多宋商往来的信息未被记录,或未流传下来。

3. 宋商相关文献的重新梳理

高丽武臣政权时期,在往来于宋丽之间的海商帮助下,两国人得以实现交流。由于像欧阳伯虎这样见诸于文献的海商多为宋人,故笔者推测他们应为宋商。但是仅凭这一点,还难以断定其他各种文献中记载的海商皆为宋商。所以,在统计宋商往来次

㉚《湖山录》卷 3。许兴植,同前书,第 230 页。
㉛ 许兴植,1995,《一枝庵本湖山录的重要性》,《真静国师与湖山录》,民族社,第 77 页。

数之前,需要确定这一时期往返于两国之间的海商皆为宋人。㉜不妨先通过以下暗示海商持续性往来的史料,来考察一下海商的身份。

> D1. 出补全州幕府,二年间凡所游历,颇亦多矣⋯⋯正月壬辰,初入边山⋯⋯旁俯大海,海中有群山岛、猬岛、鸠岛,皆朝夕所可至。海人云:"得便风直若激箭,则其去中国亦不远也。"㉝

> D2. 宝佑六年十一月,水军申:"石衕山有丽船一只,丽人六名,飘流海岸。"公命帐前将校取之来,诘其所以⋯⋯靼于是连年围海岸,逼新都,境土就荒,米价翔踊,银瓶一斤易粟三苫【准中国一石】,民殍死者众。靼退,丽人始还旧巢,采粟以充饥,取松实以售商贾。有崔令公,世积金谷。今年四月八日,令公出礼佛,丽主遣人乘间诛之。㉞

D1 为时任全州牧司录兼掌书记的李奎报因公务于 1200 年正月㉟造访边山的见闻。他指出,海中的群山岛、猬岛、鸠岛等皆是朝夕之间即可到达;另有海上渔民告诉他说,若赶上顺风,行船便如疾飞的箭羽一般,去中国也不算远。群山岛等岛屿是海上航路之要地,据《高丽图经》载,宋朝国信使团就曾于此停留。㊱ 渔民所言于某种程度上暗示了,在 1200 年左右,仍有往来于高丽和

㉜ 宋朝史书中所记载的高丽商人,不仅指高丽初期入宋的高丽人,应当也指往来于高丽的宋商。详参第一章脚注⑰。因此可以说,武臣政权时期往来于宋丽之间的所谓高丽商人,其实应该就是宋商。
㉝《东国李相国集》卷 23,《南行月日记》;《东文选》卷 65。
㉞《开庆四明续志》卷 8,《收养丽人》。
㉟ 李奎报于 1199 年六月擢任全州牧司录兼掌书记,翌年十二月又被罢免。因此,这条史料中的正月应指 1200 年正月(《东国李相国集》年谱己未及庚申)。
㊱《高丽图经》卷 36,海道 3;同书卷 39,海道 6。

中国之间的船舶。

D2 摘自 1259 年编纂的明州地方志——《开庆四明续志》,记录了 1257 年十一月有高丽人漂流至明州一事。[37] 据高丽漂流民所言,蒙古军队连年封锁江华岛,致使物价飞涨;蒙古撤兵后,高丽人返回旧都开京,采栗子用来充饥,摘松子用以交易。松子作为高丽的代表性土特产载于《高丽图经》,[38] 亦常被进献到宋朝。[39] 由此看来,这里的松子可能并不用作国内交易,而是售往宋朝。综合 D1 和 D2 可推测,1200 年和 1257 年左右应有海商往来于两国之间。

尽管如此,还不能确定以上海商就是宋商,尚需更具体的记载。而下列关于武臣政权时期宋人来投的史料即可供参考。

E1. (高宗 12 年)十二月,崔瑀奏:"请本朝文物礼乐,一遵华制。其自宋国来者,许于台省、政曹清要之职,随材擢用。"[40]

E2. 今高丽虽臣属于鞑,然每有畏鞑贼之心,迁都海岛,防其侵犯,决不至为鞑向徒。纵使有窥中国之意,然无松杉木可以造船……此间舶船,常有贩高丽者。大率甲番三只到丽国,必乙番三只回归,丙丁亦如之。今庆元人见有在彼国仕宦者,却缘此等船只,皆属朝廷分司,制司不可得而察其往来之迹。[41]

---

[37] 张东翼,2000,《高丽与宋的政治外交的相关记录》,《宋代丽史资料集录》,首尔大学出版部,第 335—336 页。
[38]《高丽图经》卷 23,杂俗 2,土产。
[39] 李镇汉,2003,《高丽时代的贸易》,《韩国贸易的历史》(崔光植等编),清雅,第 265—266 页。
[40]《高丽史节要》卷 21,高宗十二年。
[41]《许国公奏议》卷 3,《奏晓谕海寇复为良民及海关防海道事宜》。

按 E1,1224 年十二月崔瑀奏请高丽文化礼乐制度一律遵循中国制度,对于投化的宋人,则根据才能授予台省、政曹等要职。从"一遵华制""台省、政曹清要之职"等句,可推测当时归化的宋人数量不在少数,因为这些建议的前提是要不断有宋人的到来。

E2 是 1256 年宋沿海制置大使判庆元府吴潜建议加强海防、根治海寇的部分上疏内容。[42] 他说,在此期间赴高丽开展贸易的商船,通常后一拨的三艘到达高丽时,前一拨滞留的三艘必须返回,如此反复进行。当前有庆元(明州)之人在高丽入仕为官,正是搭载这些商船过去的。这意味着这一时期同样存在宋人归化高丽的现象。

E1 和 E2 反映了 13 世纪 20 和 50 年代"宋人来投"的史实,高丽崔瑀和宋朝吴潜站在不同的国家立场上,都承认宋人入丽为官的现状,并提出了相应对策。如前文所述,来投高丽的宋人所搭乘的基本皆是宋商船舶,并通过宋商结识高丽高层人物,以向他们展示才华或应试科举等方式谋得官职。[43] 因此这一时期投化者之多即意味着宋商往来之频繁。尤其如 E2 所言,投化者乘坐的是定期往来于高丽的宋人商船,所以武臣政权时期宋人来投的现象实际上并不是如以往学界所认为的那样少,而是相当多的。

这一时期宋商往来的次数实际比以往所认为的多很多,这一点虽然可以通过当时两国间的文物交流之盛况及宋人来投之风潮得以确认,但是与此前相比,武臣政权建立之后"宋商来献"的记录大幅减少,这也确为事实。然而若对中国文献与《高丽史》的

---

[42] 张东翼,同前文,第 335—336 页。
[43] 关于高丽时代宋人来投和宋商关系的研究可参考李镇汉,同第一章脚注[17]文;本书第五章。

相关内容进行缜密分析的话,仍能发现许多能够推出宋商往来的信息。先看下列中国史料。

> F1. 兴隆二年四月,明州言高丽入贡,史不书引见日,历孝、光、宁三朝,使命遂绝。庆元间,诏禁商人博易铜钱入高丽,朝廷亦绝之也。㊹

> F2. 汉扬州、交州之域,东南际海,海外杂国,时候风潮,贾舶交至。唐有市舶使总其征。皇朝因之,置务于浙、于闽、于广。浙务初置杭州,淳化元年徙明州。踰六年,复故。咸平二年,杭明二州各置务……光宗皇帝嗣服之初,禁贾舶至澉浦,则杭务废。宁宗皇帝更化之后,禁贾舶泊江阴及温、秀州,则三郡之务又废。凡中国之贾高丽与日本,诸蕃之至中国者,庆元得受而遣焉。㊺

> F3. 嘉定十七年,高丽乃弃金正朔,以甲子纪年,历法与中国等……中国贾人至其地,风候逆,或二三岁不可返,因室焉,返则禁其妻若子不得从。再至,有室如初。本府与其礼宾省以文牒相酬酢,皆贾舶通之。㊻

F1 出自《文献通考》,《宋史·高丽传》里也有几乎相同的内容,仅在文字表述上有所差异。㊼ 自南宋孝宗兴隆二年(1164)四月始,明州报告有高丽使节入贡,经过孝宗、光宗、宁宗三朝之后,高丽停止遣使。庆元年间(1197—1200)南宋朝廷下诏禁止商人赴高丽开展铜钱贸易。对此有学者解读如下:"南宋英宗庆元年

㊹《文献通考》卷325,四裔考2,高句丽。
㊺《宝庆四明志》卷6。
㊻《宝庆四明志》卷6。
㊼《宋史》卷487,高丽传。

间,朝廷连商人携带铜钱前往高丽都要加以禁止,这意味着宋朝欲与高丽断绝所有关系。"⑱即他认为,两国贸易自此已走到终点。然而,这一诏书的核心是禁止铜钱外流,并非不准宋商入丽,因此这非但不是两国贸易中断的证据,反而表明12世纪末宋商依旧在进出高丽。

F2摘自南宋明州地方志《宝庆四明志》,讲的是汉代的扬州与交州,位于中国的东面与南面,毗邻大海,海外诸国商船交汇于此。宋朝继承了唐朝的市舶制度,分别于浙、闽、广等地设立了市舶司。浙江市舶司初置于杭州,990年(淳化元年)迁至明州,六年后又改回杭州;999年(咸平二年)杭州、明州两地均设立了市舶司。历经光宗、宁宗两代变迁之后,浙江市舶司只有明州的被保留了下来。在《宝庆四明志》成书的13世纪上半叶(1226—1228年左右),⑲对于在中国和高丽、日本之间往来的商人而言,只能通过庆元府(明州)获取贸易凭证。⑳

F2主要陈述了庆元府(明州)市舶司的历史沿革。庆元府于999年以后至1228年左右均设有市舶司,掌管从高丽、日本入宋的商人和宋商的出入境等事务。这说明高丽武臣政权时期(1170—1270)的大半时间里,仍有宋商不断前往高丽。

F3也出自《宝庆四明志》,讲的是宋商至高丽后因赶上恶劣天气,有的两三年无法回国,只得在高丽另娶妻室。而庆元府与高丽礼宾省之间的文牒传递亦依托于商船。这则史料作为宋商

---

⑱ 金庠基,1959,《高丽与金、宋之间的关系》,《国史上的诸问题》5;1974,《东方史论丛》,首尔大学出版部,第598—599页。

⑲ 张东翼,2000,《高丽与五代王朝的相关记录》,《宋代丽史资料集录》,首尔大学出版部,第102页。

⑳ 这里所说从高丽、日本而来的并不是高丽人或日本人,而指的是往来于高丽、日本的宋商(森克己,1956,《日本、高麗来航の宋商人》,《朝鲜学报》9,第228页)。

参与外交活动的佐证经常被引用,[51]却很少有人关注到,此时正是所谓"几乎没有宋商往来"的武臣政权时期。实际上,文中"贾舶"指宋商船舶这一点是毋庸置疑的,这亦说明当时仍有宋商活动于高丽。

F1至F3证明了自12世纪末到13世纪初,仍有宋商往来于高丽的事实。尤其如F3所言,隔海相望的两国面对随时发生的外交事务,均要依靠宋商船舶来传递文书以解决问题。这种方式并非初次登场,而是延续了此前惯例,这再次说明至13世纪为止,宋商长期保持着前往高丽从事贸易的活动。

此后蒙古入侵,高丽于1232年迁都江华岛后,便开始了激烈、持久的抗蒙斗争。尽管此时的高丽旧土荒废、百姓疾苦,但宋商往来依旧没有停止,这一点可从下列史料中得以确认。

> G1. 臣窃惟自中兴南渡,声教与西北罕接,惟丽倭二国,介于东南海隅,犹知向慕本朝,至今通商……又有高丽境内船只,忽遇恶风,时亦飘台、温、福建、庆元界分,万里流落,尤为可念。臣两岁之间一再见之,遂从有司每名日给白米二升。其倭人则俟同粽船只之回载与同归;丽人则俟此间商人入丽,优给钱米,使归其国。无非所以广朝廷之仁心,仁闻于远人也。但自本司行之,终恐难继。此来欲望朝廷行下市舶司,立为定例。[52]

---

[51] 宋晞,1979,《宋商在宋丽贸易中的贡献》,《宋史研究论丛》2,(中国文化研究所)华冈出版部,第168页;陈高华、吴泰,1981,《海外贸易与宋元时期中外友好联系及文化交流》,《宋元时期的海外贸易》,天津人民出版社,第226页;近藤一成,2001,《文人官僚蘇軾の対高麗政策》,《史滴》23,第13页;山内晋次,1996,《東アジア、東南アジア海域における海商と国家—10—13世紀を中心之して覚書—》,《歴史学研究》681;2003,《奈良平安期の日本之アジア》,吉川弘文館,第208页。

[52] 《许国公奏议》卷4,《奏给遭风倭商钱米以广朝廷柔远之恩亦于海防密有关系》。

G2.（中统二年六月十日庚子）是日高丽世子植来朝……十一日辛丑，都堂置酒宴，世子植等于西序，其押燕者右丞相史公、左丞相忽鲁不花……史曰："闻汝国亦常与宋人通好，然乎？"曰："但商舶往来耳。"平章王曰："汝国今岁亦收成（否）？"曰："仰赖圣恩，雨旸时若，溥霈丰稔。"又曰："汝国用宋人正朔乎？"曰："第商人私有赍至，本方者实不为用耳。"(53)

G1是宋朝吴潜呈给朝廷的奏议。《许国公奏议》卷4中汇集了吴潜在1231至1258年间的奏书，此文是他于1256至1258年间任沿海制置大使判庆元府时所写。(54) 他说宋室南迁之后，高丽与倭国依旧仰慕宋朝，至今保持通商。且对于高丽漂流民，政府每人每日提供白米两升，待商人赴丽之时，捎载归国。可知高丽和宋持续保持通商，且有商人自宋入丽。虽未明言商人的国籍，但吴潜没有另加标注，应指宋商。换言之，1256至1258年间是有宋商往返于宋丽之间的。

G2出自蒙古人王恽所写的日记，他曾负责接待了1261年六月到访蒙古的高丽世子一行，该日记中记载了蒙古官员与高丽宰相李藏用之间的谈话内容。(55) 蒙古右丞相史天泽质问高丽是否与宋通好，李藏用回答仅有商船往来而已；史丞相又问高丽是否仍奉宋朝为正朔，李藏用答道只是商人私自将历法带来，高丽国内实际并未使用。蒙古史丞相的询问是为了确认高丽和宋是否有外交关系。高丽方面虽给予否认，但承认有宋人商船往返以及商人私自带来宋朝历法等情况存在。

(53)《中堂事记》卷下。

(54) 张东翼，同脚注㊲书，第335—336页。

(55) 张东翼，1997，《高丽王朝全期的相关记录》，《元代丽史资料集录》，首尔大学出版部，第51—52页。

第六章 武臣政权时期的宋商往来

G1 和 G2 亦证明了 13 世纪中叶有宋商往来的事实,尤其 G1 中的"至今通商"说明商贸行为具有长期、持续性的特点。G2 也表明,对高丽而言,顺从于蒙古与维持宋商贸易是并不矛盾的。故高丽虽在政治外交中奉蒙古为大,但同时也允许宋商进出高丽开展贸易活动。

此后随着高丽与蒙古关系逐渐紧密,蒙古甚至要求高丽禁止宋商入境。如此一来,宋商正常进出高丽开始变得困难。在此情况下,发生了蒙古得知宋商入丽后将其上升为丽蒙之间外交问题的事件。且看如下记载。

H1.(元宗十一年十二月)乙卯,世子谌与蒙古断事官不花孟祺等来,王出迎于郊。又诏曰……如前年有人言高丽与南宋、日本交通,尝以问卿,卿惑于小人之言,以无有为对。今年却有南宋商船来,卿私地发遣,迫行省致诘,始言不令行省知会,是为过错……又出排后宋商船来泊,国家密使遣还,行省知之,故有此诏。�56

H2.(元宗十二年春正月)丙子,不花、孟祺等还,王使枢密院事金鍊伴行,仍请婚,表略曰……又奏云:"诏旨所谕发遣南宋船事,顷当承问,对以'尝有宋商舶往返,距今十年,未曾见来'。适于年前,有一舶到于我境,小邦执事虑于睿鉴,将谓从前络绎往来,而敢匿其情,不以实陈,议欲送还,而臣不即禁沮,以至无状。"�57

H3.(元宗十二年六月)乙卯,蒙古遣必闍赤黑狗、李枢等七人来索宫室之材,又以省旨求金漆、青藤、八郎虫、榧木、

�56《高丽史》卷 26,世家,元宗十一年十二月。
�57《高丽史》卷 27,世家,元宗十二年春正月。

奴台木、乌梅、华梨、藤席等物。王报中书省曰：……乌梅、华梨、藤席，元非所产，昔于西宋商舶得之，粗有若干，并此进奉。㊺

H1是1270年十二月高丽世子王谌(后为忠烈王)归国时带回的蒙古皇帝诏书，其中指责高丽欺瞒蒙古。㊻诏书中说前年有人言高丽与南宋、日本通交，高丽予以否认，但今年却有南宋商船前来，而高丽国王秘密将其遣回；直到征东行省发现并究问时，高丽才承认此举。

H2讲的是，1271年正月高丽元宗派枢密院事金鍊赴蒙古为世子请婚，同时辩解此前与日本、南宋通交之事。对于高丽暗中遣回南宋商船一事，金鍊声称早前是有宋商往返，但最近十年未曾见来，直到年前有一商船至时，因担忧蒙古会误以为商船往来仍像之前那样络绎不绝，所以隐匿其情。

H3说的是，1271年六月蒙古派必阇赤黑狗、李枢等七人来高丽索要建造宫室的木材，又通过中书省下旨索取金漆、青藤、八朗虫、榧木、奴台木、乌梅、华梨、藤席等物。高丽国王上书道，乌梅、华梨、藤席等原非高丽所产，之前从宋商处获得过一些，愿以此进奉。史料中的"西宋商舶"即指宋人商船。根据乌梅、华梨、藤席等物品分析，宋商似乎于1271年六月之前不久曾来过高丽。

按H1、H2，除1270年的一次之外，近十年间几乎没有宋商往来于高丽。但依照H3，1271年之前不久有宋商前来进行了乌梅等贸易，二者之间多少有些矛盾。通过C2所载1262年高丽真静国师读到了宋延庆寺送来的《法华随品赞》一事进行推断，十年

㊺《高丽史》卷27，世家，元宗十二年六月。
㊻陈高华，1991，《元朝与高丽的海上交通》，《震檀学报》71、72合辑，第350页。

间没有宋商往来之说当是高丽的托辞,目的是为避免与蒙古的外交摩擦。

值得注意的是,H2中,高丽担心蒙古误以为宋商会像"从前络绎往来",1058年八月高丽内史门下省的奏书中亦使用了"商舶络绎"一词,⑥⁰皆用于形容宋商贸易的活跃。"从前"这一时间点,或许是指高丽文宗时期的繁荣景象,或许是以1270年为准的十年之前;但从H1、H2中高丽用十年前就几乎没有宋商往来进行辩解这一点来看,"从前"并不是很久之前,应是指后一种说法。换言之,13世纪中叶的宋商往来相当频繁,这一点与宋朝延庆寺高僧和高丽真静国师、圆悟国师之间经常联络的情况相一致。

4.《宋商往来表》和对宋商往来的再认识

有学者认为,武臣政权时期宋商往来次数的减少是正常现象,因为彼时宋丽外交中断且南宋国势渐趋衰微。⑥¹ 但也有相反观点指出,《宝庆四明志》所载发生于13世纪中叶的高丽漂流民遣返和利用商船传递文书事件均表明,虽然当时两国都面临着内忧外患,但往来并未完全中断,且一直维持着友好关系。⑥² 尽管后一观点肯定了宋商往来的存在,但也承认其频率相对较低,这是因为其主要依据是《高丽史》和《高丽史节要》中的"宋商来献"

---

⑥⁰《高丽史节要》卷5,文宗十二年八月。
⑥¹ 金庠基,同脚注①(a)文,第54页;全海宗,1974,《对宋外交的性质》,《韩国史》4,国史编纂委员会,第343页;宋晞,同脚注㊼文,第160页;姜吉仲,1990,《关于南宋与高丽的政治外交及贸易关系的考察》,《庆熙史学》16、17合辑,第181—182页。
⑥² 黄宽重,1983,《南宋与高丽关系》,《中韩关系史国际研讨会论文集》(台湾韩国研究学会编),第71页;黄时鉴,1997,《关于宋—高丽—蒙古关系史的考察——以〈收刺丽国送还人〉为例》,《东方学志》95,第16页。

记录。

为了克服这一局限性,笔者制作《宋商往来表》[63],既包含了史书中的来献记录,又囊括了暗示宋商往来信息的史料,还反映了最新的研究成果。表中大量可以间接证明宋商前来的事例使往来次数的统计臻于准确,漂流民和逃脱者的遣返等事例即为代表。如1229年二月宋商纲首金仁美捎带漂流至宋的济州漂流民回到高丽;[64]1259年三月从蒙古军队中逃脱的宋人乘坐宋商范彦华的船舶返宋。[65] 这两起事例证明了宋商在两国人员遣返过程中的关键作用。由此推断1174年八月的张和[66]、1186年五月的李汉[67]等高丽漂流民的遣返记录,皆是能体现宋商活动的间接史料,可用于补充宋商往来次数。

另外,正如欧阳伯虎这样的宋人前来高丽,同样有高丽人活跃于宋朝的事例。因为利用宋商船只的人员交流是一种双向互动,入宋之高丽人或入丽之宋人的事迹也间接证明了宋商往来的

---

[63] 以往研究的重要成果是将高丽时代的宋商往来情况整理制成了《宋商来航表》[金庠基,同脚注①(b)文,第447—453页]。笔者在此基础上加入一些相关的新史料,为作区分,制成了《新宋商往来表》。之前的"来航"一词仅表达"来到高丽"之义,而"往来"一词则蕴含了宋商在两国经济、文化交流中所发挥的桥梁作用。

  补)本文在学术期刊发表之时,所作叙述如上,然而笔者所作表格包含了武臣政权时期在内的高丽全期宋商往来的内容,而且名称上所用的"往来"已与先学所用"来航"形成区别,因此没有必要再添"新"字,在此将名称改为《宋商往来表》。另外关于武臣政权时期的宋商往来史实,请参考第七章结尾《宋商往来表》中1170年之后的内容。

[64]《高丽史》卷22,世家,高宗十六年二月乙丑。

[65]《开庆四明续志》卷8,《收刺丽国送还人》。黄时鉴,同前文,第12页;杨渭生,1997,《宋与高丽:复杂微妙的"三角"政治关系》,《宋关系史研究》,杭州大学出版社,第164—166页;张东翼,1997,《宋代明州地方志所收录高丽关系记事研究》,《历史教育论丛》22,第288—289页;同脚注㊲书。

[66]《高丽史节要》卷12,明宗四年八月。

[67]《高丽史节要》卷13,明宗十六年五月。

存在。如1224年高丽僧智玄、景云在庆元府见到了日僧道元一事,[68]就意味着他们乘坐了宋商船舶去往宋朝;又如1237年即将赴任罗州副史的崔璘让住在开京的宋人杨赫为其算命一事,[69]就暗示了此前有宋商来过高丽。

往来人员中还包含了投化者,如1184年九月随商船至高丽的宋进士王逢辰,后来取得了别赐乙科及第。[70]宋人来投时需乘坐宋商船舶,所以即意味着宋商的到来。[71]同时,考虑到当时的交通和通信手段,想要获取高丽或宋朝实时资讯同样离不开宋商,所以有关两国情报传达的史料也可视作暗指宋商往来的间接证据。

另一方面,13世纪初的庆元府(明州)作为南宋通往高丽最重要的港口,发挥着两国海上交通枢纽的作用,如《宝庆四明志》等明州地方志中便有许多关于高丽的记载,因为这里是宋商赴丽的出发地。张津任知明州事时(1167—1169)所编纂的《乾道四明图经》[72]中载"(庆元府)梅岑山……四面环海,高丽、日本、新罗、渤海诸国皆由此取道,守候风信",[73]暗示了武臣执政前夕有宋商到过高丽。编纂于南宋嘉定年间(1208—1225)的台州地方志《嘉定赤城志》[74]中写道:"县东二百四十里有东镇山,山上望海中突出一石,舟之往高丽者必视以为准焉。"[75]这亦说明了当时有海商从台州前往高丽。

就像这样,将那些虽然表面看起来与宋商往来毫不相关,但实际

---

[68] 张东翼,《年表》,第172页。
[69] 张东翼,《年表》,第183页。
[70]《高丽史节要》卷13,明宗十四年九月。
[71] 参考李镇汉,同脚注㉜文;本书第五章。
[72] 张东翼,同脚注㊲书,第235页。
[73]《建道四明图经》卷7,昌国县,山。
[74] 张东翼,同脚注㊾书,第85页。
[75]《嘉定赤城志》卷20,山水门2,山,黄岩。

却能提供间接证明的事例放入《宋商往来表》中的话,可以将宋商往来的最长空白期缩至15年之内。历史上发生的事实永远会比留下的记录要更丰富,所以这张表也不能说是宋商往来的全部,只能体现出目前已知的宋商往来仍存在局限性。从这一点而言,追究新增次数的多少并无太大意义,重要的是发现了以往不为人所知的事实。

与此同时需要思考的问题是,若史料记载宋商到过一次高丽的话,是否就应当认为其仅来过一次?考察"宋商来献"的记录可知,造访两次以上的宋商也不在少数。⑯ 帮助义天与宋朝僧人转递书信和物品的宋商曾多次往返于两国。⑰ 按常识判断,对于宋商而言,冒着风险乘槎渡海进行贸易,仅至一次是无利可图的,为了多获利必然常来。以下史料即展示了这种情况。

I1. (高宗)十六年初,国家授宋商人布,令买水牛角来。至是,宋商买绨段以来,国家责违约。宋商曰:"我国闻汝国求水牛角造弓,敕禁买卖,是以不得买来。"怡因都纲等妻,取所买绨段剪裁,还与之。后宋商献水牛四头,怡给人参五十斤,布三百匹。怡私造御辇以进,辇饰金银锦绣,覆以五色毡,穷极侈丽。王叹赏不已,赐监造大集成鞍马、衣服、红鞓。王以辇驾水牛,道路争观。⑱

I2. (元宗元年)冬十月甲寅,宋商陈文广等不堪大府寺、内侍院侵夺,道诉金仁俊曰:"不予直,而取绫罗丝绢六千余匹,我等将垂橐而归。"仁俊等不能禁。⑲

---

⑯ 陈高华、吴泰,《宋元时期海外贸易的活动状况》,《宋元时期的海外贸易》,天津人民出版社,1981,第37页;朴玉杰,同前文,第46页。
⑰ 原美和子,1999,《宋代東アジアにおける海商の仲間関係之情報網》,《歴史評論》592,第4—5页;李镇汉,同脚注⑧文,第51—55页;本书第三章。
⑱ 《高丽史》卷129,崔忠献传附崔怡。
⑲ 《高丽史》卷25,世家,元宗元年冬十月甲寅。

第六章 武臣政权时期的宋商往来

I1、I2作为武臣政权时期宋商贸易的证据,在前文中已有所讨论;㉚再次引用是因为它亦能反映出宋商频频往来的特点。按I1,崔怡要求宋商采购的水牛角乃宋朝敕禁买卖之物,宋商不得已献上了水牛。该事件中宋商多次往返:一开始来到高丽接受崔怡的指令,然后返回宋朝购买水牛角;之后带着彩缎回到高丽,受处罚后又回宋朝买了水牛,最终再次返回高丽将水牛献给崔怡。如此一来,宋商至少往返了三次。

按I2,宋商陈文广向武臣执政者金仁俊控诉,称大府寺、内侍院不付钱便侵夺了自己的货物,要求予以解决。对此,有学者认为是当时南宋国力衰微,使宋商地位受到了影响,任人欺负;㉛也有人将其视作是高丽消极应对海外贸易的表现。㉜ 而实际上,比起宋朝国力、高丽消极态度这样的缥缈推论,该史料最重要的信息在于宋商与大府寺、内侍院进行的绫罗丝绢交易数量高达6000余匹,贸易规模相当巨大这一点。宋商未收货款便将如此价值不菲的商品交给了大府寺、内侍院,这表明双方在长期合作交往中相互积攒了良好的信誉。就像宋商按照崔怡的要求去买水牛角一样,陈文广等宋商也应是事前接受大府寺和内侍院的委托,才将绫罗丝绢带来的。他们也许从很早以前开始就常与高丽官方打交道,只是这一次出现了突发状况。就像这样,若宋商接受高丽政府的商品预订再去照单采办,㉝则至少需要往返两次。㉞

㉚ 李镇汉,同脚注⑧文,第72—76页;本书第三章。
㉛ 金庠基,同脚注①(a)文,第54页。
㉜ 高柄翊,1991,《高丽时代东亚的海上贸易》,《震檀学报》71、72合辑,第303—304页。
㉝ 金庠基,同脚注①(b)文,《宋商往来表》,第447—453页;山内晋次,同脚注㊿文,第208—209页;朴玉杰,同前文,第51页;金荣济,2009,《宋、高丽交易与宋商——以宋商的经营形态与其在高丽的居住空间为例》,《史林》32,第203页。
㉞ 1192年八月宋商呈献《太平御览》获得60斤白金一事也是一例(《高丽史》卷20,世家,明宗廿二年八月癸亥),宋商先在高丽收到预订,然后回宋购买,最后再返丽呈给明宗,因而这一过程至少包含两次或以上的宋商往来。

为追求货殖而渡海远航的海商们,在某一特定地域从事专门性的贸易,这对于确保更多的买家数量和提前准备贸易品而言是十分有利的。如果宋商只来做一次性买卖,是不会接受预订,也不会在未收到货款的情况下就交付高额商品的。因此尽管史料上只留下了一次的记录,但实际上宋商更多的是多次往返的情形。

综上所述,武臣政权时期有关宋商的所有信息难以全部被书于史册,且通过找寻更多的新事例,以及将仅有一次记载的事例复原回两次以上,就能推得,即便在宋丽断交、武臣当权、蒙古入侵、国力日衰的时局下,高丽的宋商贸易仍在持续,未受太大影响。只是13世纪60年代蒙古与高丽关系强化以来,宋商贸易受到了蒙古方面的遏制,在此压力下宋商往来急剧减少,至70年代之后便只剩下偶尔的、间断性的往来了。

5. 结语

以往研究以史书中的"宋商来献"记录为准,强调武臣政权时期宋商往来次数有所减少,认为这是由武臣政变引发的政治社会变迁所致。这是太过于依赖《高丽史》和《高丽史节要》的记载,忽略了高丽时代文集与中国文献的内容而得出的片面结论。

笔者为了克服这种局限性,爬梳各种有关宋商往来的直接、间接史料,发现武臣政权时期的《东国李相国后集》中讲到李奎报的诗文传诵至宋朝,还有宋人欧阳伯虎成为两国文人沟通的媒介的事迹;此外又在《湖山录》中找到了宋朝延庆寺高僧与高丽国师在宋商帮助下相互交流的记录。

另外,明州作为宋商的始发港口,其地方志中记载了武臣政权时期仍有商船驶向高丽,而且搭乘商船前来投化的宋人依旧很多。尤其是高丽高宗时期(1213—1259),在国家遭受契丹残余势力和蒙古的入侵之局势下,宋商贸易依然没有中止。随着13世纪60年代高丽和蒙古关系的强化,迫于外交压力,高丽限制了宋商入境,宋商往来遂急剧减少。

武臣政权时期的宋商往来次数要比以往已知的多得多,这一点可通过笔者制作的《宋商往来表》内容得以确认。以往研究只关注宋商的来献及其次数,所以忽略了暗含宋商往来信息的间接史料。本表中除了"宋商来献"史料之外,还增加了宋人的来投、至宋高丽漂流民的遣返、逃向高丽的宋人之归还、人员往来、文物交流等事例。虽不能反映真实历史的全部,但也统计出这一时期的宋商往来次数有36次,比以往学界认为的八九次要多许多。将事例按时间顺序排列,可知两次往来之间最短的时间间隔为十年左右。再考虑到国际贸易的特殊属性,可推测出文献中记载的一次宋商往来,实际往往是两次以上。

武臣政权时期,虽然"宋商来献"减少了,但这并不代表宋商往来也随之减少,这一点也可从1270年高丽担忧蒙古会误以为宋商像"从前络绎往来"一事中得到印证。这一时期,宋丽断交、武臣执政、外敌入侵和国都迁移等一系列变动,在客观上皆给宋商贸易带来了不利因素,但宋商往来依旧持续,并未受太大的影响。

第七章　宋商往来的类型与《宋商往来表》

1. 绪论

如前所述,"宋商进献"记录是确认高丽时代宋商往来的代表性史料,有学者根据这些记录制成了《宋商来航表》,使我们得以一窥宋商频繁进出高丽开展贸易的史实。① 另外,使节的互访、漂流民的遣返以及宋人的投化等记载,实际上都与宋商往来有着密切关联。② 即便文献中未出现"宋商"字眼或相关内容,却也能推断出宋商往来的话,这也可算作间接例证。从各种情况分析来看,那些没有宋商则无法实现的事例,都暗示了宋商的在场。

例如,宋朝遣使之前的告知、两国外交恢复后高丽的遣使、高丽遣使之前的禀告、两国外交文书的传达、两国人员的往来、两国文物的交流等均属于这一范畴。

在作为宋商往来的直接证据——"宋商来献"记录的基础上,

---

① 金庠基(a),1937,《丽宋贸易小考》,《震檀学报》7;1948,《东方文化交流史论考》,乙酉文化社;金庠基(b),1959,《高丽前期的海上活动与文物交流——以礼成港为例》,《国史上的诸问题》4;1974,《东方史论丛》,首尔大学出版部。
② 李镇汉(a),2009,《高麗時代における宋商の往來と麗宋外交》,《年報朝鮮學》12;本书第四章;李镇汉(b),2010,《高麗時代における宋人の來投と宋商の往來》,《年報朝鮮學》13;本书第五章。

增补各类间接例证之后,可以看到更多宋商往来的事实。为此,笔者以《宋商来航表》为基础,新增多种史料,制成《宋商往来表》③置于本章末尾。同时为了帮助理解,本表中新增一列"类型栏",将宋商往来的间接例证按类型区分,并对各种类型与宋商的关系,以及随时期变化所产生的差异等加以说明。④

前文当中笔者已对宋使往来、宋人来投、高丽漂流民遣返等宋商往来类型作了充分探讨,本章对此仅作简述。而关于作为新类型的文书传达、入宋请求、入丽通知等内容,本章不仅会说明其如何能成为宋商往来的类型,还将分析这些事例是否与其他宋商往来时间相互重合——因为一艘宋商船舶可以兼乘漂流民和投化者,也能同时装载外交文书和作为商品的名画等。所以仅从记录上看,漂流民遣返、宋人来投、外交文书传达、文物交流等似乎暗示了多次来往,但其实宋商有可能只到过一次而已。

最后,本文将《往来表》中的史料按时期区分并附以说明,而且还将揭示一则史料中会暗示宋商往来两次以上的事例。《往来表》之所以内容丰富,是由于笔者摒弃了以"宋商来献"为中心来考察问题的方法,重新挖掘能够揭示宋商往来之盖然性的间接例证;同时扩大了史料范围,除《高丽史》《高丽史节要》外,还广泛运

---

③ 为了行文上的便利,本文将《宋商来航表》缩写为《来航表》,《宋商往来表》缩写为《往来表》,下同。
④ 高丽和宋的外交关系大体可分为三个阶段。初期阶段是从两国最初建交的962年开始至因契丹侵略而断交的1031年为止;第二阶段是从两国恢复外交的1071年开始至北宋灭亡的1126年为止;第三阶段是从南宋建立的1127年开始至最后徐德荣往来高丽的1173年为止。全海宗,1977,《高丽与宋的关系》,《东洋学》7;申採湜,1985,《宋代官人的高丽观》,《边太燮华甲纪念史学论丛》,三英社;朴龙云,1995、1996,《高丽与宋的交聘目的及使节考察》,《韩国学报》81、82;2002,《高丽社会的诸历史像》,新书苑。笔者也同意这样的划分,但考虑到两国断交之后宋商仍持续往来,因而认为初期阶段可延长至1070年,第三阶段可延长至南宋灭亡的1279年。

用了韩国国内的文集、墓志铭以及各类中国文献等。总之通过《往来表》能得出如下结论:宋商在自北宋建立至南宋灭亡这段期间,持续、频繁地往来于高丽与宋朝之间。

2. 宋商往来的间接例证和类型

1) 宋丽外交与宋商往来

宋朝与高丽隔海相望,陆路又遭契丹阻绝,两国使节只得通过乘槎渡海来实现通交。海路虽然凶险,但较陆路更为迅捷,且能携带更多物品。在当时,比起为隔几年才派遣一次的使团专门建造船舶并招募船员,利用宋人商船无疑更加经济、安全。如果没有往来的海商,两国的外交便无法实现,这并非言过其实。[⑤] 高丽与宋朝的外交活动形式多样,大体可分为宋使往来、入丽通知、丽使往来、入宋请求、文书传达等类型。[⑥] 以下将逐一分析其与宋商往来的关系。

[⑤] 高丽初期,有本国海商直接跨越黄海入宋经商,使臣赴宋时也曾搭乘高丽海商船舶。如序说中所言,高丽成宗初期限制本国海商入宋,并接受了只有外交使节才能兼行贸易的提议;随着两国外交的中断,高丽的对外贸易活动也迅速走向衰落。这一空白很快就被往来高丽的宋商所填补。在11世纪之后,宋商便掌握了整个黄海贸易的主导权。关于宋商参与政治外交活动的研究,始于20世纪30年代的金庠基,他首次提及了宋商在传达两国外交文书过程中所发挥的作用[金庠基,同脚注①(a)文,第51—52页];宋晞也曾提到,宋商除贸易之外,还参与了传达诏旨、宋金战况及各类情报的活动[宋晞,1979,《宋商在宋丽贸易中的贡献》,《宋史研究论丛》2,(中国文化研究所)华冈出版社]。近来,山内晋次总结了宋商所承担的任务有以下几种:宋朝皇帝诏旨的传达、宋朝政治情报的传递、宋朝军事情报的转达、官方文书的转递、搭载高丽使节并作向导、筹备高丽上层所订货品等(山内晋次,1996,《東アジア、東南アジア海域における海商と国家—10—13世紀を中心として覺書—》,《歷史学研究》681;2003,《奈良平安期の日本之アジア》,吉川弘文館)。

[⑥] 宋使往来、入丽通知、入宋请求、文书传达等名称并非固有的历史用语,而是笔者为将相关事例编入《宋商往来表》中而新造的表述。

(1) 宋使往来

"宋使往来"指宋朝使节往返于宋丽之间。以皇帝任命的册封使、国信使、祭奠使、吊慰使等官方正式使节⑦为代表,他们往返高丽的时候,或直接搭乘宋人商船,或由宋商驾驶使节船舶,可作为宋商往来类型的一种。

如前所述,在当时的情况下,使节只能乘槎渡海才能完成使命。因此,宋使入丽自然要得到熟悉航路的海商之协助。高丽文宗时期,两国恢复通交,宋神宗为遣使高丽而专门建造了两艘"神舟";之前的使节则需乘坐临时租借的宋人商船。⑧ 当时出发前会先将商船进行重新装饰和布置,以彰显皇帝敕使的权威。⑨

1078年宋朝国信使坐神舟出访高丽,神舟的顺利航行得到了长期从事海洋贸易的宋朝都纲、纲首,以及老练船工的帮助。1123年赴高丽的宋朝祭奠使、吊慰使一行也乘坐了两艘神舟,并有六艘客舟随行。客舟的尺寸约为神舟的1/3,每艘上面都配有篙师、60名水手,以及熟知航线、天气及人事的指挥者。⑩ 被宋使节团雇佣的指挥者应是宋商首领——都纲、纲首,神舟与客舟合起来至少需要八位都纲。由于有大量宋商参与其中,我们在研究

---

⑦ 官方正式使节包括册封使、国信使等,是受宋帝任命、乘坐神舟出使高丽的使臣之总称。非正式使节指的是被任命为持牒使、明州教练等职,然后入丽传达消息的宋商,他们搭乘的是临时改造的客舟。虽然后者承担的也是临时性的外交任务,但因其身份并非官员而是商人,故不能列入"宋使往来"类型中,仅算作"文书传达"类型。另外,"使臣"意味着肩负皇帝或国王使命的臣下,而"使节"指使臣一行人,故用"使节"一词以示区别。

⑧《高丽图经》卷34,海道1,客舟。

⑨ 罗末丽初时期两国使节行使外交任务时,多搭乘商船,或直接将传递国书之事委托给商人(日野开三郎,1960,《羅末三国の鼎立と対大陸海上交通貿易(一)》,《朝鮮学報》16;1984,《日野開三郎東洋史學論集—北東アジア國際交流史の研究(上)—》,三一書房,第52頁)。

⑩《高丽图经》卷34,海道1,客舟。

赴丽贸易的宋商商团数量与商船数量时可参考宋使外交史料。

在神舟问世之前,宋丽外交初期阶段的来丽宋使乘坐的是用宋人商船精心改造的客舟。因此,从高丽光宗至显宗时期为止,宋朝册封使皆乘宋商船舶前来高丽。外交活动似乎与宋商擅长的经商无关,但越海时就需要依靠他们娴熟的驾船技术了,故宋商的存在价值自然会得到认可。⑪

如此一来,宋使来丽其本身就意味着宋商来丽,宋使文献间接证明了宋商的往来。就如1123年的宋使节团共乘坐了合计八艘的神舟、客舟一样,之前的册封、国信使等为了彰显皇帝威严,航船至少也应在两艘以上。

将宋使与宋商联系起来看,宋商往来高丽始于北宋建国之初,从两艘神舟与六艘客舟的规模可知宋商数量之多。

(2) 入丽通知

"入丽通知"指宋朝使节赴丽之前,遣人先行通知对方。在宋丽外交第二、三阶段,为使对方有充足的时间做接待准备,⑫宋朝正式使节出发之前,都会于登州或明州用商船向高丽传达报牒。⑬但在两国外交恢复之后,由于宋朝遣使次数较多,大部分

---

⑪ 渡海不仅要有熟练的专业技术,且应具备长期的经验,因此求助于民间海商或经常充当非正式使节的海商来完成外交任务是更为合适的。从这一点来看,严格区分"使舶"和"商舶"相当困难,因为中国民间有相当实力的海商存在,任何时候都能加以利用(日野开三郎,1962,《唐、五代東亞諸国民の海上發展と佛教》,《佐賀龍谷学会紀要》9、10合辑;1984,《日野开三郎東洋史学論集—北東アジア国際交流史の研究(上)—》,三一書房,第206页)。

⑫ 1123年北宋吊慰使、祭奠使一行出使高丽时,伴接使在群山岛迎接(《高丽图经》卷36,《海道》3,群山岛)。站在华夏中心主义立场上,天子使臣前往蛮夷之国,一定会从国境线开始至宫城为止皆受到欢待,这是为了彰显宋朝使节乃至皇帝的权威。实际上,曾于1123年作为使节出使高丽的徐兢在其《高丽图经》中明确说到,宋朝每次遣使时,都会在使节到达高丽之前,先将相关"介绍"送至高丽,而高丽国王会在长龄殿上接受该文书(《高丽图经》卷6,宫殿2,长龄殿)。

⑬ 金庠基,同脚注①(a)文,第69—70页。

情况下研究者只将其视为一种类型,但并未体现出"入丽通知"的具体情形,故需要在此说明。来看下面的记载:

> A1.(肃宗八年二月)已巳,宋明州教练使张宗闵、许从等与纲首杨炤等三十八人来朝。⑭
>
> A2. 拜延宠中书舍人,乞外补。时王欲择人,授全、清、广三州,令迎候宋使。以延宠有辅相材,将大用,欲试临民,遂出知全州牧。⑮
>
> A3.(肃宗八年六月)壬子,宋遣国信使户部侍郎刘逵、给事中吴拭来……⑯

A1 是 1103 年二月北宋明州教练使张宗闵、许从等和纲首杨炤等 38 人来丽的记录。由于明州教练使是宋朝地方官派遣的使节,A1 是可确认宋使和宋商是一起前来的重要史料。按 A2,吴延宠刚被授为中书舍人,便请求外调,而当时高丽肃宗正欲选人去全州、清州、广州任职,以迎候宋使,于是准备重用有辅相之才的吴延宠。为了测试他的治民水平,而任命其为知全州牧。

A3 是 1103 年六月宋朝派遣国信使户部侍郎刘逵与给事中吴拭前来的记录,A2 中提到的宋使正是 A3 中的人物。1104 年三月吴延宠从全州牧使升迁为枢密院左承宣、知御史台事。也就是说,宋朝将要遣使的消息传入高丽后,国王任用吴延宠为全州牧使以迎接宋使;宋使走后,便升他为枢密院左承宣。

能够证明宋使来之前会有"入丽通知"的尚有他例。1078 年

---

⑭《高丽史》卷 12,世家,肃宗八年二月己巳。
⑮《高丽史》卷 96,吴延宠传。
⑯《高丽史》卷 12,世家,肃宗八年六月壬子。

四月北宋明州教练使顾允恭前来传达宋欲遣使的消息之后,⑰同年六月宋朝国信使安焘到达。⑱ 1122年六月持牒使进武校尉姚喜前来⑲告知宋朝欲遣路允迪访问高丽,后来由于高丽睿宗突然驾崩,该使行被取消。翌年正月,持牒使许立入丽告知宋朝将派遣吊慰使、祭奠使,⑳同年六月宋使路允迪一行到来。㉑ 可知高丽文宗时期两国外交重启之后,宋朝重要使臣出访之际一般都会提前告知对方,这已成为一种惯例。所以可以推测,这一时期存在如下情形:尽管有宋使来丽,但不存在"入丽通知"的记载。可见,在这一点上,也存在增加宋商往来次数的可能性。

但是我们无法明确在宋丽外交的初期阶段,是否也存在过"入丽通知"。同时,宋使来丽的航线也不是从明州出发后途径黑山岛并沿着西海岸到达礼成港,㉒而是从宋朝的登州启航至高丽瓮津,在此登陆后经陆路到达开京。㉓ 加之其与利用南线航路时的情况不同,故应该没有像高丽官员在群山岛、马岛等地的客馆里迎接宋使这样的仪式。可是,倘如前去册封高丽国王的册封使出访前未告知对方的话,其船舶进入高丽海域时存在着被误认为是海贼而遭遇攻击的危险;而且使团从瓮津登陆后到开京还需一连数天,若无提前告知,高丽方面对于宋使的接待以及随行物品的搬运等事都来不及准备。由此可见,在两国外交初期阶段,宋

---

⑰《高丽史》卷9,世家,文宗三十二年四月辛未。
⑱《高丽史》卷9,世家,文宗三十二年六月甲寅。
⑲《高丽史》卷14,世家,仁宗即位年六月丁未。
⑳《高丽史》卷15,世家,仁宗元年正月癸卯。
㉑《高丽史》卷15,世家,仁宗元年六月甲午。
㉒ 关于1123年徐兢一行的使行路线,可参考曹东元等,2005,《高丽图经》,金牛座出版社,第401—402页简图。
㉓《宋史》卷487,高丽传。祁庆富,1995,《10—11世纪中韩海上交通之路》,《中韩文化交流与南方海路》(曹永禄编),国学资料院,171—172页。

朝派遣重要使节时应该也都会有事先通知。

因此只要有宋使前来的记录的话，即便缺少相关的"入丽通知"史料，也应看作是宋商来过两次。即是说，官方正式使节所乘坐的宋商船舶到来的数月之前，就已有其他宋商前来相告了。这也暗示了往来宋商船舶之多。

（3）丽使入宋与丽使归国

"丽使入宋"指高丽使节出使宋朝，"丽使归国"指其完成任务后返回高丽。由于宋使入丽和归国的过程都是在宋商的帮助下完成的，因而只定为"宋使往来"这一种类型即可。而与之不同的是，必须有宋商来到高丽，高丽使节才可乘坐其船入宋；同样地，必须有宋商再次入丽，高丽使节才得以归国，此处所反映的是两次不同时间的宋商往来。而且高丽使节的往返各自皆有记录可寻，因此将"丽使往来"分作"丽使入宋"与"丽使归国"这两种类型。

为把"丽使入宋"纳入宋商往来的统计范畴，必须找到他们借用宋商船舶的证据。正如在两国外交的初期阶段，宋使赴丽时乘坐的是宋商船舶一样，丽使赴宋时理应是乘坐了高丽海商的船舶。982年崔承老曾建议废止除使臣兼行贸易之外的一切民间海外商业活动；[24]《宋史·高丽传》记载了993年宋使陈靖等出海时，得到回国途中的高丽使臣白思柔所乘海船及高丽水工的帮助，才顺利到达高丽。[25] 以上似乎都证明了高丽海商的存在。

---

[24]《高丽史》卷93，崔承老传。
[25]《宋史》卷487，高丽传："（淳化四年，993）二月，遣秘书丞直史馆陈靖、秘书丞刘式为使，加治检校太师，仍降诏存问军吏耆老。靖等自东牟趣八角海口，得思柔所乘海船及高丽水工，即登舟自芝冈岛顺风泛大海，再宿抵瓮津口登陆，行百六十里抵高丽之境曰海州，又百里至阎州，又四十里至白州，又四十里至其国。"

171

1020年高丽进奉使崔元信所乘船只在秦王水口遇风倾覆，贡品漂失，在宋朝官方帮助下才到达京师，[26]可想见其船破损之严重，所以返回时不得以乘坐了宋人商船。因此，在宋丽外交初期阶段，除特例以外，应当不存在可视为宋商往来的"丽使往来"事例。

在两国外交的第二、三阶段，高丽使节入宋的方式有所改变。1058年文宗欲造大船与宋通交的事实[27]表明了高丽想利用本国船舶乘载使臣的意图，但从文宗的这一决策并未得以执行来看，高丽使节入宋时应仍是乘坐了宋商船舶的。文宗时期宋丽恢复通交后，有高丽使节随宋商黄慎至泉州入贡，[28]此后类似事例频发，也说明了彼时宋商之活跃。[29] 来看以下史料。

> B1.（文宗三十四年三月）遣户部尚书柳洪、礼部侍郎朴寅亮如宋谢赐药材，仍献方物。[30]
>
> B2.（文宗三十四年）秋七月癸亥，柳洪等还自宋，帝附敕八道。[31]
>
> B3.（文宗）三十四年，与户部尚书柳洪奉使如宋，至浙江，遇飓风，几覆舟。及至宋，计所贡方物，失亡殆半。帝敕王勿问，王乃释洪等。[32]

B1讲的是1080年三月高丽户部尚书柳洪、礼部侍郎朴寅亮

---

[26]《宋史》卷487，高丽传；《续资治通鉴长编》卷94。
[27]《高丽史》卷8，世家，文宗十二年八月。
[28] 近藤一成，2001，《文人官僚蘇軾の対高麗政策》，《史滴》23，第11—12页。山内晋次，同前文，第208页。
[29] 金庠基，同脚注①(a)文，第51—52页。
[30]《高丽史》卷9，世家，文宗三十四年三月。
[31]《高丽史》卷9，世家，文宗三十四年。
[32]《高丽史》卷95，朴寅亮传。

入宋,答谢过去宋朝赐予药材之事,并进献方物。B2是同年七月柳洪等人持宋帝的八道敕书归国的记载。B3摘自《高丽史·朴寅亮传》,说的是1080年户部尚书柳洪奉命使宋时,在浙江遭遇飓风,船只几被掀翻,到宋之后所携贡物大半漂失,宋帝特意下令高丽国王莫向柳洪问罪。这一事件在中国文献中也有相关记录:

> C1.（元丰）二年……徽又使柳洪来谢,海中遇风,失所贡物。洪上章自劾,敕书安慰。㉝
>
> C2.（神宗元丰二年十一月辛卯）明州言高丽贡使乞市坐船,诏以灵飞顺济神舟借之。㉞
>
> C3.（神宗元丰三年春正月乙酉）高丽进奉使柳洪等以海行遇风,漂失贡物,上表自劾。诏降敕书,谕以风波不虞,开释罪戾之意,令据见存之物投进,仍诏明州先借高丽主船兵工劾罪以闻。㉟

按C1,1079年高丽文宗遣柳洪入宋谢恩,却于海中遭遇风浪丢失贡物,柳洪上书检讨了过失,宋帝下敕表示安慰。按C2,1079年十一月,明州上报高丽贡使请求买船之事,宋帝下诏将灵飞、顺济两艘神舟借给高丽。按C3,1080年正月,高丽进奉使柳洪等人入宋时遭遇海风,贡物漂失,遂上表请罪,宋帝下诏对其宽慰。《宋史·高丽传》的相关记载似从C3缩略而来。有趣的是,因为来时船舶已损坏至无法航行,高丽使节乞求购买坐船,结果宋神宗却下旨以神舟相借,可知他们返回时乘坐的不是神舟就是宋商船舶。但无论哪种情况都无疑得到了宋商的帮助,因而亦与

㉝《宋史》卷487,高丽传。
㉞《续资治通鉴长编》卷301。
㉟《续资治通鉴长编》卷302。

宋商往来相关。㊱

此外还有高丽使节乘坐宋商船舶入宋的事例：

> D1.（宣宗七年）秋七月癸未，遣户部尚书李资义、礼部侍郎魏继廷如宋谢恩兼进奉。㊲

> D2.（宣宗八年六月）丙午，李资义等还自宋。㊳

> D3.（元祐五年八月十五日）龙图阁学士左朝奉郎知杭州苏轼状奏……据转运司牒，准明州申报，高丽人使李资义等二百六十九人，相次到州，仍是客人李球于去年六月内……本司看详，显是客人李球因往彼国交搆密熟，为之乡导，以希厚利，正与去年所奏徐戬情理一同。㊴

D1 是 1090 年七月，高丽户部尚书李资义、礼部侍郎魏继廷入宋谢恩，并进奉方物的记录。D2 表明李资义归国的时间是 1091 年六月。D3 是苏轼请求朝廷禁止商人出海的上书，其中提到 1090 年高丽使臣李资义一行在李球等人的引导下到达宋朝。㊵李球频繁往来高丽，与这些使臣关系亲密，并作向导以求丰厚利益。可以推测，李资义一行出使宋朝之前，就向宋商李球

㊱ 1019 年八月，礼宾卿崔元信和李守和以贺正使身份入宋（《高丽史》卷 4，世家，显宗十年八月己丑），九月在秦王水口遭遇大风，船被掀翻，贡物漂失。之后，崔元信入朝觐见宋帝（《宋史》卷 487，高丽传），但在回国后的 1020 年五月，又因有辱使行被高丽官方判刑流配（《高丽史》卷 4，世家，显宗十一年五月）。虽然没有他们回国时间的确切记载，但因船舶受损，应也是搭乘了宋人商船的。返期当在李守和被任命为起居郎的 1020 年正月之前（《高丽史》卷 4，世家，显宗十一年春正月癸亥）。
㊲《高丽史》卷 10，世家，宣宗七年。
㊳《高丽史》卷 10，世家，宣宗八年六月丙午。
㊴《苏轼文集》卷 31，《乞禁商旅过外国状》。
㊵ 近藤一成，同前文，第 6 页。

这位老朋友支付了一定报酬,㊶然后乘其商船入宋,再如是归国。

高丽使节乘坐宋商船舶入宋的事例还有很多。如1085年宋神宗驾崩、哲宗继位之时,高丽户部尚书金上琦、工部尚书林槩被分别任命为吊慰使、贺登极使入宋,㊷彼时所乘船只上的船客、船主、梢工当中,虞际被授予三班借职,盛崇和李元积被委任为大将。㊸李元积是一名海商,其名经常出现在高丽义天与宋僧净源的来往书信中。高丽使节利用宋商船舶完成了使命,㊹宋商也获得了相应回报。㊺

此外,还有关于1093年高丽使节搭坐闽商徐积之船入宋的记载,㊻这应与1093年七月兵部尚书黄宗慤和工部侍郎柳伸以谢恩使身份入宋,㊼并于十一月拜谒宋帝之行㊽是同一次。所以,鉴于他们去时利用了宋商船舶,㊾次年年初返回时自然也当得到了宋商的帮助。

《全宋文》里记有高丽人金稚珪、刘待举等乘船入明州一事,㊿

㊶ 高丽方面雇用宋商船舶,从而成为雇主,相当于租赁了整条船(金荣济,2009,《宋、高丽交易与宋商——以宋商的经营形态与其在高丽的居住空间为例》,《史林》32,第209—210页)。关于梢载高丽使节的费用,会由高丽政府支付给宋商。
㊷ 朴龙云,同前文,第154页,《高丽、宋使节派遣表》。
㊸《续资治通鉴长编》卷365,哲宗元祐元年二月辛巳。
㊹ 近藤一成,同前文,第17—18页。
㊺ 金荣济,同脚注㊷文,第208页。
㊻《苏轼文集》卷34,《论高丽买书利害箚子》。
㊼《高丽史》卷10,宣宗十年秋七月;《高丽史节要》卷10,宣宗十年秋七月。
㊽《续资治通鉴长编》卷478。
㊾ 金庠基,同脚注①(a)文,第71页。原美和子,2006,《宋代海商の活動に関する一試論—日本・高麗および日本・遼(契丹)通交をめぐって—》,《考古学と中世史研究3(中世の対外交流—場・ひと・技術)》,高志書院,第131—132页。
㊿《全宋文》卷3856,《言结高丽人箚子》:"窃闻明州申有高丽人金稚珪、刘待举等附舶到州事,契勘高丽,自神宗而至前朝,许之来贡。"史书中虽出现金稚规、金稚珪两个名字,但可确认为同一人。

使臣金稚珪入宋的时间为1136年九月。(51) 若他们乘坐的是高丽海商的船只，那么中国文献中应当不会出现与船舶有关的字眼——因为丽使搭乘高丽海商的船舶是再自然不过的事。然而事实是，其中特意提及了"附舶"，故有理由推断，丽使乘坐的是宋商船舶。

虽然未见明确指出宋商捎载高丽使节的资料，但有许多间接例证。1100年六月高丽尚书任懿一行因宋哲宗驾崩而入宋吊唁，(52)同年七月高丽尚书王嘏等又去庆贺新皇登基，(53)二者分别于1101年五月(54)和六月(55)返回高丽。吊慰使任懿和贺登极使王嘏很明显是约相隔一个月时间，各自乘坐不同的船舶往返于两国间的。从当时条件来看，高丽专门为赴宋使节准备两艘航船的可能性微乎其微，这间接暗示了高丽使节搭乘了宋商船舶。无怪乎高丽船舶史的研究者亦曾指出，无法找出11至12世纪高丽海商积极参与海上贸易活动的痕迹，而使节派遣之时经常利用的是宋商船舶。(56)

就像这样，高丽使节之所以搭乘宋商船舶，是因为这种方式较之准备高丽海船更为便捷。南宋官员吴潜曾说过，高丽没有可赴远洋的航船。(57) 对于高丽而言，为每几年才出行一次的入宋使

---

(51) 朴龙云，同前文，第159页，《高丽、宋使节派遣表》。

(52)《高丽史》卷11，世家，肃宗五年六月乙丑。

(53)《高丽史》卷11，世家，肃宗五年秋七月丁丑。

(54)《高丽史》卷11，世家，肃宗六年五月壬辰。

(55)《高丽史》卷11，世家，肃宗六年六月丙申。

(56) 金在瑾，1984，《高丽的船舶》，《韩国船舶史研究》，首尔大学出版部，第43页。高丽的平底船在渡海时容易发生危险，所以高丽使节基本是借用宋人商船前往明州的。金荣济，同脚注㊷文，第208页。金荣济，2009，《宋丽交易的航路与船舶》，《历史学报》204，第262页。

(57) 金荣济，同脚注(57)文，第253—254页。

节㊳专造大船、培养船员的代价过高,不如雇用谙熟黄海航路的宋商及其商船,从经济性和安全性等角度考虑皆为上选。而且宋商似乎也乐在其中,经常坐船的除高丽人之外还有各国外交使节,因此宋廷才于1129年十一月颁布"海舶擅载外国入贡者,徒二年,财物没官"这样的法令。㊴ 这些外国人当中,又以高丽的人员最多。㊵

(4) 入宋请求

"入宋请求"指高丽使节入宋之前,遣人先行禀知对方。由于多由宋商承担此任,因而也被归为宋商往来的一种类型。"入宋请求"似于宋丽外交的初期阶段就已登场。且看以下记载。

> E1.(真宗天禧五年六月)乙巳朔,别给登州钱十万,充高丽朝贡使之费。㊶

> E2.(真宗天禧五年九月)甲午,权知高丽国王王询遣告奏使御事礼部侍郎韩祚等百七十人来谢恩。㊷

E1讲的是,1021年六月宋廷向登州拨付十万钱专款,以充作高丽朝贡使的接待费用。E2是高丽显宗派遣告奏使御事礼部侍郎韩祚等170人入宋谢恩的记载。前者发生在使节到达之前,后者则是使节到达之后的内容,前后时间相隔不过三个月,即意味着互有关联——宋廷得知高丽使节入宋的消息,提前让登州方

㊳ 高丽使节的派遣是不定期的,有时每年都会出使,有时30年以上也没有一次出使(朴龙云,同前文,第150—160页,《高丽、宋使节派遣表》)。
㊴《建炎以来系年要录》卷29。
㊵ 宋丽外交的第二、三阶段,因高丽使节的入宋与返航各自算作一次宋商往来,故总共两次。即使只有入宋的记录,考虑到其归国时也应乘坐了宋商船舶,所以可以理解为两次往来。
㊶《续资治通鉴长编》卷97。
㊷《续资治通鉴长编》卷97。

面作好准备。这可证明在宋丽外交初期阶段,高丽使节入宋前也会禀知对方。然而在这一阶段,高丽使节乘坐的是本国海船,所以难以断定当时的"入宋请求"是否借助了宋商的帮助。但如果单纯为了禀告就动用本国海船,倒不如利用宋商归国的船舶来得更加经济实惠,因为彼时正是宋商开始频繁往来高丽之际。当然这仅为推测,亟待日后的深入探讨。

在宋丽外交第二、三阶段,有很多与"入宋请求"直接相关的事例,正如苏轼曾指责当时迎送高丽使节花费过多一样,⑥³高丽使节从入宋至归国,中间会受到极尽欢待,而这是无法在没有事前告知的情况下准备妥当的。因此一般在几个月前,高丽方面就会遣人提出"入宋请求",而能充当此任者除宋商之外别无他人,故高丽使节的派遣便意味着此前就已有宋商传达了"入宋请求"。这点也可通过以下史料加以确认。

> F1. (绍兴二年)十二月,闻高丽遣知枢密院事洪彝叙等六十五人来贡,议以临安府学馆其使。言者谓虽在兵间,不可无学,恐为所窥,诏以法惠寺为同文馆以待之。即而卒不至。⑥⁴

> F2. (绍兴二年十二月辛丑)明州奏:高丽国遣知枢密院事洪彝叙等六十五人来贡。诏起居舍人黄龟年接伴,而吏部侍郎席益馆之。高丽人不至。⑥⁵

> G1. (绍兴三年春正月壬戌)至是,以高丽贡使将至,乃诏许服带如旧。⑥⁶

---

⑥³ 相关内容可参考李范鹤,1992,《苏轼的高丽排斥论及其背景》,《韩国学论丛》15 等。
⑥⁴《宋史》卷 487,高丽传。
⑥⁵《建炎以来系年要录》卷 63。
⑥⑥《建炎以来系年要录》卷 63。

G2.（绍兴三年二月）庚寅,诏以法惠寺为同文馆。初议以临安府学馆高丽使人,言者奏:虽在兵间不可无学,且恐为丽使所窥,乃改除馆以待之。即而丽使言至洪州洋内风败其舟,卒不至。㉗

G3.（仁宗十一年二月）乙巳,遣韩惟忠、李之氐如宋谢恩,行至洪州,海上遇风几覆,贡篚霑湿,不达而还。㉘

F1 出自《宋史·高丽传》,说的是 1132 年十二月,宋廷得知高丽将派遣知枢密院事洪彝叙等 65 人来朝后,一开始议定安排这些使节下榻临安府学;但有言官认为即使在战争期间也不可废学,且怕高丽人窥得情报,从而决定把法惠寺改作客舍——同文馆。但高丽方面最后并未遣使入宋。F2 是编年体史书《建炎以来系年要录》中的记载,内容与 F1 相似,讲宋廷分别委任起居舍人黄龟年和吏部侍郎席益为接伴使和馆伴使来接待高丽使节,然而他们最终未到。以上两条史料都表明,宋廷事先得知了高丽使团将入宋的消息,并提前作了接待准备。㉙

G1 出自《建炎以来系年要录》,讲的是 1133 年春正月,高丽贡使将至,宋廷下诏官员服饰仍按国难之前的样式。G2 记载了宋廷下令将法惠寺改为同文馆,但后来高丽使团在洪州海域遭遇风浪,船只破损而无法入宋一事。

G3 是《高丽史》的内容,说的是高丽派遣韩惟忠和李之氐入

㉗《建炎以来系年要录》卷 63。
㉘《高丽史》卷 16,世家,仁宗十一年二月。《高丽史节要》中的记载也几乎一致（《高丽史节要》卷 10,仁宗十一年二月）。
㉙ 关于"高丽国遣人入贡"（《中兴小纪》卷 13,绍兴二年十二月丁亥）这条记载,张东翼认为指的正是高丽知枢密院使洪彝叙入贡一事,他们因遭遇风浪致使船舶破损,最终未能到达宋朝（张东翼,2000,《高丽与宋的政治外交相关记录》,《宋代丽史资料集录》,首尔大学出版部,第 137 页）。

宋谢恩,但行至洪州海面遭遇大风,险些翻船,贡物被水浸泡,最后只得返回。G2 中的二月庚寅日是四日,G3 中的二月乙巳日是十九日。⑩ 可知中国方面的记录更加提前,这也意味着宋朝方面已提前知晓高丽使节即将前来一事。

综合 F、G 的内容来看,可知 1132 年的高丽使节是洪彝叙,1133 年的是韩惟忠、李之氐。宋廷事先都作了安排,但两次使行均告失败,事后宋朝也知晓了他们途中的遭遇。

1133 年高丽欲遣使入宋和最终遭难的消息,大概皆是由宋商传至宋朝的。而史料中 1133 年前后到过高丽的宋商只有 1131 年四月的卓荣和 1136 年九月的陈舒,⑪因而传递情报的是某位未被载入史册的宋商。从 1132 年的洪彝叙和 1133 年的韩惟忠入宋接连失败的情况中分析,至少有三次以上的宋商往来未被记录下来。而宋廷能够迅速、详细地了解到高丽方面的情况,也可窥见宋商往来之不间断性。

在更早之前也能找到"入宋请求"的事例。1098 年 7 月,明州向朝廷上报高丽欲遣使朝贡,宋廷任命向滓为引伴使,⑫同月尹瓘以谢恩使身份入宋。⑬ 从内容上看,二者之间互有关联,即高丽事先将欲遣使入宋一事向宋廷禀告,宋廷遂开始着手准备。

但是"入宋请求"不只是一种形式上的程序而已。来看以下记载。

> H1. 建炎三年九月丙辰,高丽请入贡,诏不许。给事中兼直学士院王藻草诏,略曰:"坏晋馆以纳车,庶无后悔。闭

---

⑩ 安英淑等,2009,《高丽时代年历表》,韩国学术情报,第 84 页。
⑪ 金庠基,同脚注①(b)文,第 452 页,《宋商来航表》。
⑫ 《续资治通鉴长编》卷 499。
⑬ 《高丽史》卷 11,世家,肃宗三年秋七月己未。

第七章　宋商往来的类型与《宋商往来表》

玉关而谢质,匪用前规。"上大善之,以藻为得体……绍兴二年闰四月癸巳,再入贡。[74]

H2. 绍兴三十有二年闰二月,是月明州言:"高丽国纲首徐德荣至本州言本国欲遣贺使。"诏守臣韩仲通说谕,许从其请。殿中侍御史吴芾言:"高丽与金人接壤,为其所役。如绍兴丙寅尝使金稚珪入贡,已至明州,朝廷惧其为间,亟遣之回。至是二十余载。方两国交兵,德荣之请可疑。今若许之,使其果来,则惧有意外之虞。万一不至,即取笑外国。"上从其请,乃止之。[75]

按 H1,1129 年九月高丽请求入贡,却遭宋帝拒绝,1132 年闰四月高丽则顺利入朝。这期间高丽遣使的情况如下:尹彦颐为解释高丽未能让宋假道之缘由而于 1128 年八月入宋;1132 年崔惟清、沈起等使宋。[76]

H2 讲的是 1162 年闰二月,明州向朝廷上报称,高丽国纲首徐德荣至明州禀告高丽请求遣贺使入宋;宋帝本下诏准许,但因殿中侍御史吴芾的反对,最终改变了主意。

H1、H2 都是高丽事先传达遣使的意愿,却均遭宋朝拒绝的内容。可见就算高丽提出"入宋请求",也不意味着最终都能成行,必须要得到宋朝官方的正式同意;而不管同意与否,宋廷终会将意见转达给高丽。在此过程中,应是往来于两国之间的宋商承担起了传递相关文书的任务。

当然根据情况不同,也存在没有"入宋请求"便直接遣使的事

---

[74]《建炎以来系年要录》卷 28。
[75]《建炎以来系年要录》卷 198。
[76] 朴龙云,同前文,第 158 页,《高丽、宋使节派遣表》。

181

例。1113年九月高丽遣西头供奉官安稷崇入宋,使行目的是辨明此前高丽因太后丧礼而未能入贡之情状。由于只是单纯地汇报消息,似乎没有提前告知宋朝。另外在向宋廷传达紧急情报时,应该也会省略"入宋请求"的环节。

因此,当有高丽"入宋请求"和确定发生的入宋事实时,笔者会在《往来表》的"往来类型栏"与"备注栏"中加以区分;当相关记载不够明确时,则不将其列入表中并说明理由。同时也有一些使行虽未留下"入宋请求"的记载,但根据推断可知确实发生过,笔者亦会对此进行说明。

(5) 文书传达

"文书传达"是指由宋商传递宋丽两国之间的外交文书,更准确的称呼应为"外交文书传达",为填入《往来表》之便,简称为"文书传达"。由于契丹阻碍了陆路交通,高丽与宋朝只能以海路进行联络,在两国外交的初期阶段,除了宋商,也有高丽海商的存在,[77]他们也能参与当时的外交活动。至两国断交的11世纪中叶以降,高丽海商的活动几近停滞,宋商完全承包了此任。

众所周知,特别是高丽文宗时期的宋商黄慎等人,历史上一度相当活跃。他们并不是使节,却出色地完成了转达紧要外交文书的使命。宋廷会选拔官员,以担任册封使、国信使、吊慰使、祭奠使等重要使职。除此以外,若传达如皇帝驾崩或国内政局等相对简单的情报时,一般都由宋商直接代为行之。同时为了提高可信度,宋商在赴丽执行任务时,常会带着皇帝或明州地方所发给的公文。[78] 例如1100年(肃宗五年)五月,北宋明州向高丽通告

---

[77] 日野开三郎,同脚注⑨文,第57页。
[78] 金庠基,同脚注①(a)文,第51—52页;山内晋次,同前文,第207—208页。

哲宗驾崩及徽宗即位之事。⑦ 宋哲宗于 1100 年正月驾崩,约四个月后明州将皇帝驾崩及新皇登基的相关文牒通过宋商转达给了高丽的礼宾省。

就像这样,宋商作为连接两国政府的中间人,履行过不少外交任务,对此,成书于 13 世纪中叶的《宝庆四明志》中如此写道:"本府(庆元府,即明州)与其(高丽)礼宾省以文牒相酬酢,皆贾舶通之。"⑧该句虽然指的是两国断交期间通过宋商来沟通外交事务,但在两国通交之时宋商也承担了同样的职责。⑧

如前所述,无论是 1122 年六月前来高丽的持牒使进武校尉姚喜,⑧还是 1123 年正月的持牒使许立,都是手持文牒履行"入丽通知"任务的所谓"持牒使"。他们并不是官方正式使节,只是顺带着执行了外交任务。⑧ 他们所完成的便是文书转达,与国信使、册封使等官方正式使节的派遣密切相关,所以在《往来表》"类型栏"里记为"文书转达","备注栏"里则标作"入丽通知",以便于理解。

此外,宋朝在遣返高丽漂流民时,明州和高丽礼宾省之间会有文书往来。由于此类事例较多,所以我们将"难民遣返"单独归为一种类型加以区分说明。

(6) 难民(漂流民、逃亡俘虏、流亡者)遣返

"难民遣返"是指将漂流民、逃亡俘虏、流亡者等遣送回本国。⑧

---

⑦《高丽史》卷 11,世家,肃宗五年五月辛巳。
⑧《宝庆四明志》卷 6,市舶。
⑧ 陈高华、吴泰,1981,《海外贸易与宋元时期中外友好联系及文化交流》,《宋元时期的海外贸易》,天津人民出版社,第 226 页。
⑧《高丽史》卷 14,世家,仁宗即位年六月丁未。
⑧ 李镇汉,同脚注②(a)文,第 7—8 页;本书第四章。
⑧ 能包括漂流民、逃亡俘虏、流亡者等在内的称呼语无外乎"难民"。但从难民角度理解宋商往来多少有些难度,因此在《往来表》上分作漂流遣返、俘虏遣返与流亡者遣返。

这些记录可作为宋商往来的间接例证,故可单独成为一个类型。

宋朝遣返高丽漂流民共计有12回、140余人,有7回是从明州遣返的。⑧⑤ 这些漂流民受到宋朝政府一段时间的救济,并等待宋商船舶赴高丽经商之际搭乘归国,因而其中包含了宋商往来的信息。在返还之时,明州方面会将关于记录他们漂流、救济、送还等详细经过的文书,由宋商一同携带转交给高丽有关部门。⑧⑥ 漂流民与俘虏的遣返可视作两国间的一种外交交涉,宋商受两边之托从中传递情报,其性质固然与"文书传达"类似,但其中又蕴含着人员往来之意,故将其另设为一个类型。

若要考虑宋商往来的次数,就必须要考虑到在有的漂流事例中,因船舶本身的损坏必须等待宋商入丽时搭乘其船归国,这种情况下漂流民的遣返便可与宋商往来直接划等号;但如果漂流民被救助后,可乘原船回国的话,这种情况就难与宋商往来直接联系起来了。但是可以推测,原本仅在高丽海岸航行的船只,遇险获救后却又要横跨黄海,这就要求船工必须要有过硬的航海技术。从这一点来看,比起乘坐原船,借助宋商船舶或在宋商帮助下回国的可能性更高。因此后一种情况也可以说与宋商往来不无关联。

另一方面,亦有高丽遣送宋朝难民的情形。最广为人知的是从蒙古人手中逃脱至高丽的宋人俘虏,于1259年四月搭乘宋商

---

⑧⑤ 申採湜,1997,《10—13世纪东亚的文化交流——以宋丽间通过海路的文物交易为例》,《中国与东亚世界》,国学资料院,第81—82页;姚礼群,1997,《宋代明州对高丽漂流民的救援措施》,《宋丽关系史研究》(杨渭生编),杭州大学出版社,第476—478页。

⑧⑥ 从蒙古人手中逃脱至高丽的宋人俘虏,在乘坐宋商船舶回国时,高丽礼宾省会附上相关文书给明州地方政府,而传达该文书的人必然是宋商(陈高华,1991,《元朝与高丽的海上交通》,《震檀学报》71、72合辑,第350页)。

范彦华之船回国一事。⑧⑦另外还有高丽仁宗时期的遣返流亡宋人事件,与前者不同的是,彼时宋朝正受金人入侵而处于危急关头,故需另作具体考察。

I1. (绍兴二年闰四月)是月,定海县言:"民亡入高丽者约八十人,愿奉表还国。"诏候到日,高丽纲首卓荣等量与推恩。⑧⑧

I2. (仁宗十五年)夏四月,金稚规、刘待举回自宋,诏云:"干戈震扰,老稚转移,赖前好之不忘,悯吾民之久寓,假舟楫之利,即获以归;返卢井之安,各得其所。尚虑遗氓之多有,更烦惠泽以哀斯。"⑧⑨

I1讲的是,1132年四月定海县上报称,约有80名逃亡入丽的宋人愿意奉表还国,宋廷下诏表示,待这些逃亡者到达之日,对高丽纲首卓荣等人进行封赠,以示恩典。⑨⑩又按I2,1137年四月,金稚规等携宋帝诏书归来,其内容大致如下:因战乱逃至高丽的诸多宋人中,有的已经乘船回国过上了安定生活,但尚有滞留高丽者,希望高丽朝廷能对他们施以恩惠。从I1、I2可知,北宋在受金人猛攻时有很多宋人逃往高丽,在战事缓和的1132年后他们又乘船返宋。

宋商船舶在这一过程中似乎发挥了作用。1132年四月定海县的报告中提到的卓荣,正是前一年四月带着政治任务往来过高丽的宋商。⑨⑪宋帝之所以会褒奖他,应该是由于其奉命去高丽接

---

⑧⑦ 陈高华,同前文,第350页。
⑧⑧ 《宋史》卷487,高丽传。
⑧⑨ 《高丽史节要》卷10,仁宗十五年。
⑨⑩ 国史编纂委员会,2004,《中国正史朝鲜传译注》(三),新书苑,第109—110页。
⑨⑪ 1131年四月卓荣入丽时是带有政治使命的[金庠基,同脚注①(b)文,第452页]。

回了宋朝流亡者。此外,正如 I2 所载,高丽方面对逃亡宋人的遣返工作一直持续到了 1137 年左右。

那么,是否能将这一时期逃亡宋人的遣返过程纳入宋商往来的统计里呢?从高丽仁宗即位的 1122 年到 1137 年间,史载来过高丽的宋商有 1124 年五月的柳诚、1128 年三月的蔡世章、1131 年四月的卓荣、1136 年九月的商客陈舒等等。㉜ 但 1132 年左右卓荣遣返宋人的具体过程却未留下记录。另外,1137 年四月金稚规带回的诏书中虽提到高丽还留有许多等待遣返的宋人,但这段时间宋商入丽的相关记录,只有 1138 年三月吴迪带来明州文牒以传达宋徽宗和宁德皇后在金殡天的消息而已。㉝ 此后至 1147 年为止,都未见关于宋商往来的记载。但能推测,这些流亡的宋人是分多次搭乘宋商船舶返回的。

同时还要考虑到,宋金战争期间,这些宋人是如何逃至高丽的。1127 年北宋发生靖康之变,徽钦二帝被掳,1128 年三月宋商蔡世章前来高丽传递了高宗即位的诏书;卓荣也是肩负政治使命于 1131 年入丽的,故没有理由携载亡命的宋人。即是说,这些宋人是乘坐未被记载的宋商船舶前来高丽的。可见,众多宋人得以至高丽躲避战乱,正是得益于彼时宋商往来的活跃。在金的进攻下,众多宋人避地高丽,而后又被送回故国,这样的过程暗示了:尽管史籍中未留下明确记载,但实际在宋金战争的特殊时期,宋商依然频繁地往来于高丽。

2) 宋丽民间交流和宋商往来

如上所述,无论是宋丽两国使臣搭乘宋商船舶,还是朝廷借

㉜ 金庠基,同前文,第 452 页。
㉝ 《高丽史》卷 16,世家,仁宗十六年三月。

由宋商传递外交文书,均属于公事交流范畴。其实,宋商在非政治目的的个人往返或民间互动过程中也起到了很大作用,人员往来、宋人来投、文物交流等即属于这一范畴。这其中,宋人来投在搭乘宋商船舶入丽方面与人员往来有类似之处,但他们一旦归化后,除特殊情况外,一般不会回到故国,因此用"往来"一词并不妥当。加之来投事例十分普遍,故单独将其列为一种类型并加以说明。

(1) 人员往来

"人员往来"指高丽人或宋人乘坐宋商船舶前去彼国。罗末丽初时期,许多禅僧入华求法时搭乘了海商船只,这是广为知晓的事实。[94] 到了高丽时代,两国民众亦多借宋商船舶互通,[95]故人员往来是逻辑上能证明宋商活动的证据,因而归作宋商往来的一种类型,往下可再细分为"丽人入宋"和"宋人来丽"两类。代表性事例如下。

> J1. ……遂随师出居灵通寺。煦性聪慧嗜学,始业华严,便通五教,旁涉儒术,莫不精识,号佑世僧统。煦欲入宋求法,王不许。至宣宗时,数请,宰臣谏官极言不可。二年四月,煦潜与弟子二人,随宋商林宁船而去。王命御史魏继廷等分道乘船,追之不及,遣礼宾丞郑仅等问过海安否。[96]

> J2. (献宗元年二月)辛卯,宋商黄冲等三十一人与慈恩宗僧惠珍来,王命近臣文翼备轩盖,迎珍置于普济寺。珍常

---

[94] 日野开三郎,1961,《麗末三国の鼎力と对大陸海上交通貿易(四)》,《朝鮮学報》20;1984,《日野開三郎東洋史学論集—北東アジア国際交流史の研究(上)—》,三一書房,第181页。
[95] 黄宽重,1991,《宋、丽贸易与文物交流》,《震檀学报》71、72合辑,第340—341页。
[96] 《高丽史》卷90,大觉国师煦传。

曰:"为欲见普陁落山圣窟而来,请往观之。"朝议竟不许。⑰

J1 为高丽文宗之子、大觉国师义天传记中的内容。讲的是义天欲入宋求法,但文宗不许;宣宗即位后义天又多次奏请,却因宰臣、谏官的反对,一直未能成行。1085 年四月义天与弟子二人秘密乘坐宋商林宁的船舶入宋,宣宗命御史魏继廷等分道乘船追之不及,最后又派遣礼宾丞郑仅等越海问安,确认义天是否安全到达。

J2 说的是,1094 年二月宋商黄冲等 31 人和慈恩宗僧人惠珍一起来到高丽,国王命近臣文翼准备轩盖迎接,并将惠珍安置于普济寺。惠珍常言自己是为参拜普陁落山圣窟而来,请求瞻观,但最终未得批准。⑱

J1、J2 中义天与惠珍皆随宋商前往彼国,两人出发前应该对宋朝、高丽都相当了解。像这样,两国人员能够接触了解大洋彼岸国家的情况并最终决定跨海前往,这都得益于宋商的存在。另外在下列事例中,虽未出现"宋商"字眼,但实际仍可推断出宋商往来的信息。

> K1. 以之美试礼部尚书同知枢密院事,公仪卫尉卿,诸子弟姻娅,拜官有差。资谦私遣其府注簿苏世清入宋上表、进土物,自称知军国事。⑲

---

⑰《高丽史》卷 10,世家,献宗元年二月。
⑱ 来看 J1、J2 所暗含的宋商往来内容。文宗时期义天入宋之前,就已通过宋商得知净源法师的存在。另外,义天所乘林宁的商船在其他史料中未出现过,应算入宋商往来的次数里。后来高丽礼宾丞郑仅等入宋问安,搭乘的亦当为宋商船舶,因为这是最快的入宋方式。而惠珍入丽请求参拜普陁落山圣窟,这是由于他在宋朝时已听说高丽有这个地方,也应当是通过宋商得知的。义大入宋与惠珍来丽这看似简单的内容,实际上包含了很多宋商往来的信息。
⑲《高丽史》卷 127,李资谦传。

K2.（肃宗九年）二月戊申,宋医官牟介等还。⑩

按K1,高丽仁宗初年,权臣李资谦之子李之美被任命为试礼部尚书、同知枢密院事,李公仪为卫尉卿,其余诸子姻亲全按等级拜官。之后李资谦私遣其府——崇德府注簿苏世清入宋上表进贡方物,并自称知军国事。苏世清入宋时间约为1122年十一月,⑩因属私遣人员,不是官方使臣,故非正式外交事例,只能纳入"人员往来"类型。

那么,苏世清的入宋过程是否与宋商活动重合呢？据载,曾有宋商于1120年六月、1124年五月来过高丽,⑩进武校尉姚喜、许立也分别于1122年六月、1123年正月作为持牒使前来。⑩苏世清入宋的方式约有两种,一是直接备船穿越黄海,一是利用宋商船舶。但考虑到也有高丽官方正式使节乘坐宋船出访的先例,后者的可能性更大。所以可以推断,苏世清搭乘了停泊于高丽港口的宋商船舶前去宋朝,完成使命后又坐宋商船舶返回。即这一期间有过两次宋商往来。

K2是1104年二月宋医官牟介等返宋的内容。牟介受对方邀请于1103年六月随宋国信使户部侍郎刘逵、给事中吴拭一道前来高丽。⑩其往返应乘坐了宋商船舶,或之前入丽的宋使之船;而此期间的宋商往来情形如下:1103年二月、1104年八月,明州教练使张宗闵和宋都纲周颂等分别来过高丽。⑩从时间上看,牟介无法乘坐周颂的船只回国；明州教练使张宗闵是奉命而来,

---

⑩《高丽史》卷12,世家,肃宗九年。
⑩ 张东翼,2009,《高丽时代对外关系史综合年表》,东北亚历史财团,第122页。
⑩ 金庠基,同脚注①(b)文,第451—452页,《宋商来航表》。
⑩ 朴龙云,同前文,第156页,《高丽、宋使节派遣表》。
⑩《高丽史》卷12,世家,肃宗八年六月壬子。
⑩ 金庠基,同脚注①(b)文,第451页,《宋商来航表》。

也不会在高丽停留一年以上。所以牟介返宋时应搭乘了其他宋商船舶,而其并未在史籍中留下记录。

史料 K 中虽未出现"宋商"字眼,但能分析出宋商往来的内容,这样的例子俯拾皆是。先来看"宋人来丽",有 1072 年六月宋朝遣医官王愉和徐先等来丽,⑩⑥1080 年七月医官马世安等人来丽,⑩⑦1118 年来丽的医官两年后回国,⑩⑧1110 年六月明州遣女乐二人来丽⑩⑨等等。虽然皆记载不详,但考虑到当时的交通条件,他们分明是乘坐宋商船舶而来的。⑩

此外,还有两国之间人员往返的事例。1088 年宋朝净源法师圆寂,其弟子入丽告知义天。义天遂遣弟子寿介至北宋慧因寺祭奠净源,1090 年返回高丽。⑪ 寿介等人是持高丽礼宾省文牒,搭乘宋商徐戬之船入宋的。⑫ 由于两年间至少有三次人员来回,即净源弟子入丽、和义天弟子一同返宋、义天弟子归丽,即相当于有三批宋商往来。寿介之所以乘坐了宋商徐戬的船只,应是像义天当年入宋时一样,觉得高丽海船并不可靠。

当然,还有更多"人员往来"的例子被收录于《往来表》中,反映出宋商往来之活跃。正因如此,两国民众欲前往彼国时,未几便能等到越洋船舶。而宋商在经商途中通过搭载乘客,也能获取

---

⑩⑥《高丽史》卷 9,世家,文宗廿六年六月庚戌。
⑩⑦《高丽史》卷 9,世家,文宗三十四年秋七月丁卯。
⑩⑧《高丽图经》卷 16,药局。
⑩⑨《高丽史》卷 13,世家,睿宗五年六月辛未。
⑩ 宋朝派来医官、女乐等,这可理解为是维持两国亲善关系的举措,与政治外交相关[李镇汉,同脚注②(a)文;本书第四章]。但医官、女乐的身份毕竟不是外交官,所以将相关内容列入《往来表》中的"人员往来"类型。
⑪《大觉国师外集》卷 12,《高丽国五冠山大华严灵通寺赠谥大觉国师碑铭并序》。
⑫《苏轼文集》卷 30,《论高丽进奉状》。

一定报酬。⑬

（2）宋人来投

"宋人来投"指宋人入丽归化。因为未涉及高丽人员入宋投化的例子，所以《往来表》中直接标注为"来投"。因宋人来投时必然乘坐宋商船舶，所以本应属于人员往来范畴。⑭ 但《高丽史》《高丽史节要》中的来投记载并不稀见，如墓志铭等其他文献中也有相关史料，因此我们将其与人员往来区分开来，单独作为一种类型。前文对"宋人来投"已作过详细论述，⑮此处仅作简单的补充说明。

高丽时代前来投化后身居高位的宋人不在少数，刘载、胡宗旦、杨震等都是明确乘坐商船而来的，⑯这种情况始于北宋之初，一直持续至南宋末年，即高丽武臣政权时期。与宋商往来相关、被引用最多的是970年宋人蔡仁范乘坐泉州持礼使之船入丽一事。⑰ 泉州持礼使与持牒使类似，是携持泉州地方政府的文书而来的宋商。由此可推测，从很早之前开始，宋商就已往返于两国之间了。比蔡仁范的情况更有力的证据，是1005年温州文士周伫随商舶来投，后被高丽委任为礼宾注簿一事。⑱周伫所乘坐的商舶分明是宋商船舶；也正因此，1012年十月南楚人陆世宁来献方物的记载⑲不能被视作宋商初至高丽的标志。

另外，史籍中还有与"来投"类似的用语——"来奔"，对此亦

---

⑬ 金荣济，同脚注㊶文，第208页。
⑭ 关于宋人投化高丽的研究成果，参考本书第五章脚注⑨。
⑮ 李镇汉，同脚注②(b)文；本书第五章。
⑯ 黄宽重，同脚注㉟文，第340页。朴玉杰，1992，《关于高丽初期的归化汉人》，《国史馆论丛》39，第122页。
⑰ 《蔡仁范墓志铭》，第14页。
⑱ 《高丽史节要》卷2，穆宗八年。
⑲ 《高丽史》卷4，世家，显宗三年冬十月丙午。

有必要进行探讨。据载,1033年正月宋人刘守全等14人来奔,[120] 同年六月又有宋人申流等12人来奔。[121] "来投"无疑是宋人乘船前来投化之意,"来奔"一词的字面意思是奔出故国,来到他国;[122] 而且来投事例中一般只有单独一人,上述两则来奔事例中分别多至14、12人。不过二者之间的相似之处,可参考下例。

> L1. 王彬系高丽宾贡,长乐人,初挈族奔高丽,以外国生宾贡入太学,至是登第,授校书郎,放归。寻归正,省坟墓。知汀州、抚州,终太常少卿。[123]

> L2. 王彬,光州固始人。祖彦英,父仁侃,从其族人潮入闽。潮有闽土,彦英颇用事,潮恶其逼,阴欲图之。彦英觉之,挈家浮海奔新罗。新罗长爱其材,用之,父子相继执国政。彬年十八,以宾贡入太学。淳化三年,进士及第,历雍丘尉。[124]*

L1出自南宋福州地方志《淳熙三山志》,讲的是王彬本为福建长乐人,率其族人来奔高丽,后以宾贡生身份进入北宋太学,考中科举,被授予校书郎一职,返回高丽。最后又入宋恢复宋人身份,作过汀州、抚州知州,官至太常少卿。L2出自《宋史》,对王彬的家世有更为详细的描述,即王彬祖父举家投奔新罗,王彬应是生于高丽;年十八时,高丽国王遣其以宾贡生身份入北宋太学学习,于宋太宗淳化三年(992年)进士及第。

---

[120]《高丽史节要》卷4,德宗二年春正月。
[121]《高丽史节要》卷4,德宗二年六月。
[122] 诸桥辙次,《大漢和辭典》卷1,"来",第746页。
[123]《淳熙三山志》卷26,人物类,科名。
[124]《宋史》卷304,王彬传。
* 译者注:L2为作者李镇汉先生在原韩文书出版后新添加的内容,故原书中并无此段。特此说明。

两条史料中的"奔"字均用来形容全族或全家前来归化的情形,即区别于个人的集团性投化行为,因而亦与宋商活动密切相关。由是观之,1033年刘守全等14人、申流等12人的来奔,亦可视作两次宋商往来。

(3) 文物交流

"文物交流"指两国民众以宋商为媒介进行书信、物品的传递,或通过宋商开展以文化产品为中心的贸易活动。例如义天约从1084年(宣宗元年)开始至圆寂为止,与净源、元炤、道亭、智生、净因、守长等宋僧保持着长期、频繁的书信往来,还总会互相送去对方急需的佛经、佛具等物。[125] 义天委托回国的宋商将书信等物转给宋僧,宋商再来高丽时会带上宋僧的回信;在他们的书信中,常会出现洪保、李元积、陈寿、徐都纲、郭都纲等宋商之名。[126]

义天在1085年入宋求法之前,便与宋朝净源法师有过交流;学成归国后,又与宋朝多位僧人保持着通畅的书信联络。这说明当时宋商不仅数量多,且往来频繁,几乎年年都有其身影。另外,义天和宋僧还会通过宋商交换珍稀的佛典和贵重物品,这都是基于对宋商的信赖。他们相信,宋商的海外贸易已颇具规模,不至于侵吞顾客财物而自毁信誉。

除义天之外,还可找到很多两国僧侣交流的例子。据《五灯会元》载,海商方景仁在明州抄写无示禅师(1080—1148)语录后抵达高丽,高丽坦然国师阅毕开悟,作《四威仪偈》等托方景仁转

---

[125] 金庠基,1959,《关于大觉国师义天》,《国史上的诸问题》3;1974,《东方史论丛》,首尔大学出版部,第212页;崔柄宪,1991,《大觉国师义天的渡宋活动以及高丽与宋的佛教交流》,《震檀学报》71、72合辑,第372页;朴镕辰,2008,《11—12世纪〈圆宗文类〉的流通与东亚佛教交流》,《韩国中世史研究》25,第253页。

[126] 原和美子,1999,《宋代東アジアにおける海商の仲間関係と情報網》,《歴史評論》592,第4—6页;同脚注㊾文,第130页。

呈无示,无示看后回信大赞。[127] 从双方的交流过程中可以窥见宋商在其中的作用,[128] 而且方景仁至少来过高丽两次。

1129 至 1137 年间,明州天童寺宏智正觉禅师向高丽僧人寄去佛教文书一事,[129] 也暗含着这一时期宋商往来的信息。此外,13 世纪 50 年代末至 60 年代初,南宋延庆寺僧人与高丽真静国师之间的佛典、文章传递都是通过宋商来完成的。[130] 就像这样,两国僧侣以海商为媒介,可自由进行佛教文化交流。

还有一些记载虽然简略,但同样与宋商往来有所关联,如《高丽史·世家》中"(1090 年,宣宗七年十二月壬辰)宋赐《文苑英华集》"句。[131] 是年两国的交流情况如下:正月入宋吊唁净源法师的寿介返回高丽,[132] 三月宋商徐成来丽进献方物,[133] 五月李资义出使宋朝等。[134] 而宋赐《文苑英华》的内容是被单独列出的,这意味着此书是由其他未留下记录的宋商传入高丽的。像这样,宋朝和高丽的物品被传至彼国的记载,其本身就暗含了宋商往来的信息。[135]

---

[127]《五灯会元》卷 18。
[128] 张东翼,2000,《宋代丽史资料集录》,首尔大学出版部,第 416 页。高丽佛教史研究者认为坦然和宋朝禅僧的交流是以商船为媒介的。许兴植,1982,《高丽中期禅宗的复兴与看话禅的展开》,《奎章阁》6;1986,《高丽佛教史研究》,一潮阁,第 225—238 页;赵明济,2003,《臨濟宗をめぐる高麗と宋の交流》,《驹泽大学佛教学部论集》34,第 247 页。
[129]《宏智正觉禅师广录》卷 4,上堂,《高丽国持牒侍禁斋僧祝》。张东翼,同前书,第 340 页。
[130]《湖山录》卷 3。许兴植,1995,《真静国师与湖山录》,民族社,198 页。
[131]《高丽史》卷 10,世家,宣宗七年十二月。
[132]《大觉国师外集》12,《高丽国五冠山大华严灵通寺赠谥大觉师碑铭并序》。
[133]《高丽史》卷 10,世家,宣宗七年三月己巳。
[134]《高丽史》卷 10,世家,宣宗七年秋七月申未。
[135] 1095 年日僧委托在日宋商购买高丽刊行的经卷,这些宋商回国后又拜托了往来于高丽的宋商代办,最终于 1097 年将经卷转达给了日僧。像这样,高丽和日本之间存在以宋商为媒介的文物交流(原美和子,同脚注[49]文,第 133 页),这期间经籍由高丽传入宋朝,因此这也可以算入文物交流类型。

前文还提到过,宋商曾将高丽人的画作等艺术品带回宋朝。史料记载如下。

> M1. 京城东天寿寺,去都门一百步,连峰起于后,平川泻于前,野桂数百株夹道成阴,自江南赴皇都者必憩于其下。轮蹄阗咽,鱼歌樵笛之声不绝,而丹楼碧阁,半出于松杉烟霭之间。王孙公子携珠翠引笙歌迎饯,必寄于寺门。昔睿王时,画局李宁尤工山水,为其图附宋商。久之,上求名画于宋商,以其图献焉。上召众使示之,李宁进曰:"此臣所画天寿寺南门图也。"折背观之,题志甚详,然后知其为名笔。⑬

M1 中言及的画局李宁活跃于睿宗、毅宗年间。他最初将作品《天寿寺南门图》赠予宋商,很久之后,高丽国王⑬让宋商寻找名画,宋商即将此画献上。李宁通过画背题字向国王证明是自己所创。⑬ M1 中虽然有"为其图附宋商"等字眼,但宋商显然不会白拿李宁的作品;而之后受高丽国王求画之托的宋商是在宋朝国内购得此画后献上的,故"献上"其实相当于转卖。换言之,两国的画作作为宋商的贸易品而实现了彼此流通,这同样可视为文物交流的一种;而史料中留下的相关记录可能只是冰山一角。依靠宋商往来,两国民间很可能已经实现了日常性的艺术品互通。

再从宋商往来角度来看的话,首先,李宁应当不会面对初次见面的宋商就卖画给对方;其次,受国王之托的宋商至少也需要往来高丽两次以上;最后,前后的宋商应当不是同一人。当然,由

---

⑬《破闲集》卷中,昔睿王时。
⑬ 若仅按该史料,"上"字应指睿宗,但按《高丽史·李宁传》,寻买名画的高丽国王为仁宗(《高丽史》卷122,李宁传)。
⑬ 相关阐释可参考李镇汉等,2011,《校勘译注破闲集(6)》,《韩国史学报》43,第293—295 页。

于确切的往来时间和宋商身份无从知晓,尚不清楚此处的宋商行迹是否与史书所载的内容有重合之处。但更重要的是,M1向我们展示了,至少还存在两名以上的宋商有过三次以上的往来。

3) 其他

宋商往来的信息,不仅存于宋丽两国官方、民间交流资料里,在以下"大食来献""宋商在丽""往来推定""宋商规定"等类型的史料中亦可窥得一二。

(1) 大食来献

"大食来献"指大食国商人于1024年九月、1025年九月、1040年十一月三次前来高丽之事。[139] 新罗与阿拉伯商人有过贸易往来,大食与高丽的使节在976年、977年、984年也都曾入宋朝贡,两国使者抵达的间隔常为五至六个月,因此彼此应了解对方。[140] 尽管大食商人从本国出发之时,不会把交易规模较小的高丽礼成港作为目的地,但应当是在宋朝时从常来高丽的泉州、南楚、广南等地的宋商处打听到了有关情况,才前来贸易的。[141]

从这一点推测,大食商人的入丽行为本身就与宋商有着密切关系。而且他们抵达后还要觐见国王,获得许可后方能同高丽人开展贸易活动,在此过程中还需有人帮助翻译以及引见国王。或许他们行驶在自宋朝南海岸到高丽礼成港这段陌生的航路时,也需有专门引航之人。就像这样,大食商人来高丽开展贸易活动需要克服诸多问题,当时能帮他们的只有宋商。除了上述的三次,之后再也没有大食国商人前来高丽的相关记载,因为在宋朝就能

---

[139] 金庠基,同脚注①(b)文,第456页。
[140] 金澈雄,2006,《高丽与大食的交易和交流》,《文化史学》25,第135—136页。
[141] 金庠基,同脚注①(b)文,第455—456页。

从宋商那里买到高丽物产,⑭没有必要冒险穿越黄海专门前来高丽,况且利益本身并没那么丰厚。⑬ 不知大食商人是乘坐自己的船只前来,还是借由宋商船舶前来,当然后者的可能性很大。但无论如何,显而易见的是,大食商人入丽经商本身就与宋商有密不可分的关系。

(2) 宋商在丽

"宋商在丽"是将宋商滞留高丽的情形归为一种宋商往来的类型,因为这正意味着他们此前从宋朝而来。主要例子有:1102年六月宋商暂住的东西馆起火事件;⑭1116年四月宋都纲杨明在岊岭拜谒高丽睿宗一事,后者彼时刚结束西京行次而返。⑮ 其中,1102年之例,因起火场所为宋商滞留处,自然暗示了宋商的存在;而1116年四月之例,则暗示了在这一时间之前存在宋商入丽的事实。按《高丽史》,与其最接近的记录只有1116年闰正月宋商客舍的起火事件⑯和1115年七月高丽派遣吏部尚书王字之等入宋谢恩进贡一事。⑰ 故1116年四月杨明在丽一事理应追加至宋商往来次数当中。就像这样,宋商在丽暗示了宋商曾前来高丽,将其与前后时期的宋商往来记录进行对比,或可发现新的往来事例。

---

⑫ 金庠基,同脚注①(a)文,第65页。
⑬ 有研究者认为,11世纪之后高丽和大食没有直接开展贸易的原因如下:首先是高丽与宋的贸易相当活跃,使得阿拉伯和东南亚货品得以不断流入高丽,导致高丽没有过多的经济盈余再与大食直接进行贸易;其次是宋朝通过市舶司试图控制贸易;最后是东亚波诡云谲的国际形势(金澈雄,同前文,第139—141页)。
⑭《高丽史》卷53,五行志1,火,肃宗七年六月庚寅。
⑮《高丽史》卷14,世家,睿宗十一年夏四月丁亥。
⑯《高丽史》卷53,五行志1,火,睿宗十一年闰正月辛丑。
⑰《高丽史》卷14,世家,睿宗十年秋七月戊子。

(3)"往来推定"与"宋商规定"

"往来推定"是指难以直接确认某一时期具体的宋商往来的情况,但可推断彼时确有宋商来过的情形。如"本府(庆元府)与其(高丽)礼宾省以文牒相酬酢,皆贾舶通之"[148]这样的记载,即可证明《宝庆四明志》编纂时期(1226—1228)[149]曾有宋商往返于明州和高丽。

另外,1271年正月枢密院使金錬向蒙古解释高丽和日本、南宋通交之事时有言:"尝有宋商舶往返,距今十年,未曾见来。适于年前,有一舶到于我境,小邦执事虑于睿鉴,将谓从前络绎往来,而敢匿其情,不以实陈。"[150]这也充分表明13世纪60年代有宋商往来不绝。而此类史料在佐证宋商的常时性往来这一点上显得尤为重要。

"宋商规定"是指通过宋朝关于海商的相关禁令和规章许可,来间接推测某一特定时期的宋商往来。如1079年正月宋朝规定"入高丽商人财本及五千缗以上者,令明州籍其姓名",[151]限制入丽宋商必须具备一定条件。又如,南宋庆元年间(1197—1200),宁宗皇帝下诏"禁商人博易铜钱入高丽",[152]意味着若商人不带铜钱便可前去高丽,即12世纪末存在着宋商往来。"宋商规定"和"往来推定"一样,都可用于展现宋商往来之频繁,进而证明其活动具有常时性的特点,因而较之由具体事件构成的宋商往来类型更具特殊意义。

---

[148]《宝庆四明志》卷6。
[149] 张东翼,2000,《高丽与五代王朝的相关记录》,《宋代丽史资料集录》,首尔大学出版部,第102页。
[150]《高丽史》卷27,世家,元宗十二年春正月。
[151]《续资治通鉴长编》卷296,神宗元丰二年春正月丙子。
[152]《文献通考》卷325,四裔考2,高句丽。

3. 宋商往来的频度与次数

1）不同阶段的宋商往来频度

笔者在以宋商来献记录为主干的《来航表》中，增加了许多间接证明宋商往来的资料进而制成《往来表》，足以论证其人数、次数比以往学界认为的要多得多。[153] 为了更进一步说明，兹按宋丽外交关系的三个阶段对宋商往来的频度进行分析。

初期阶段是从两国最初建交的 962 年开始至因契丹侵略而断交的 1031 年为止。北宋刚建立两年之后，高丽便遣使入宋朝贡，随即拉开两国外交的序幕。963 年宋朝使臣入高丽册封国王，此后两国多次互遣使者，但 994 年高丽与契丹爆发第一次战争后，高丽朝贡的对象由宋朝转为契丹。虽然高丽依旧向宋遣使努力维持外交关系，但在经历了三次大规模战争之后，终于抵挡不住契丹的压力，于 1031 年与宋完全断绝外交关系。[154]

宋商往来于高丽即始于初期阶段。以往学界一般以 1012 年十月南楚的陆世宁来献作为宋商初来高丽的标志，并赋予其历史意义，但实际上 963 年宋使初入高丽、970 年蔡仁范来投以及 1000 年左右高丽漂流民送还事例皆为宋商往来的间接例证。[155] 所以 1012 年陆世宁入丽只能算作最早的"宋商来献"记录而已。考虑到王朝更迭对海商往来影响不大，可推测宋朝初立的 960 年

---

[153]《往来表》中对没有宋商往来的年份作留白处理，并在区分栏里用×标识，以区别于有宋商往来的年份。
[154] 朴龙云，同前文，第 163—164 页。
[155] 以上内容请参考本章最后所附《往来表》。

便已有宋商前来高丽了。⑯

但是在有正式"宋商来献"记载的1012年以前,有关宋商往来的史料的确非常稀少。甚至在964至969年、977至984年、994至999年、1001至1004年、1006至1011年这些时间段,四年或四年以上都没有宋商往来的消息。相反的是,从1012年之后至武臣政权时期之前,即便偶尔有一两年的空白期,也可以说几乎每年都有往来记录。

第二阶段是从两国恢复外交的1071年开始至北宋灭亡的1127年为止。这一时期两国的使节往来频繁,尽管宋朝政府曾禁止海商入丽,但后来又放宽某些特定条件,表明禁令已经解除。⑰此时段关于宋商往来的直接、间接史料最多,空白年份几乎为零,甚至不乏一年三次以上往来的情况。

尽管1080年没有"宋商来献"记录,但从同年三月高丽户部尚书柳洪等入宋,⑱同年七月遭遇风浪而回,⑲同月王舜封与为高丽文宗治病的宋朝医官一起返宋,⑳宋朝医官马世安等到达高丽㉑等事例来看,可推断这一年至少有四次宋商往来。另外,《往来表》中1088年虽也无"宋商来献"的记载,但以有两次宋朝遣返

---

⑯ 史料中可确认的宋商往来日本事例,自978年之后共有106次。森克己,1956,《日本、高麗來航の宋商人》,《朝鮮学報》9;1975,《続日宋貿易の研究》,国书刊行会,第332页;1964,《日宋貿易に活躍した人々》,日本历史学会编:《歴史と人物》;1975,《続日宋貿易の研究》,国书刊行会,第249—253页。所谓宋商初至高丽的时间是1012年,但初至日本的时间是北宋建立后不久的10世纪70年代末。较之高丽,日本在地理上更远,航路更为艰险,所以宋商去日本更早在常识上令人难以信服。历史叙述是立足于史料的,记载如此,也就只能接受。但现在通过宋商往来的间接例证,宋商初至高丽的时间可大幅提前,这一问题也就迎刃而解了。

⑰ 近藤一成,同前文,第7—8页。

⑱ 《高丽史》卷9,世家,文宗三十四年三月。

⑲ 《高丽史》卷9,世家,文宗三十四年秋七月癸亥。

⑳ 《续资治通鉴长编》卷303,神宗元丰三年秋七月癸亥。

㉑ 《高丽史》卷9,世家,文宗三十四年秋七月丁卯。

高丽漂流民事件观之,也可知至少有相同次数的宋商往来。

第三阶段是从南宋建立至灭亡为止。在高丽仁宗、毅宗时期(1122—1170),两国使节往来频繁,但断交后其次数大幅下降。不仅空白年份较多,而且自1139至1147年的八年间几乎无任何记录。尽管武臣政权时期这一趋势仍在持续,但不能因此而断定宋商往来有所减少。

2) 宋商往来次数与宋船数量

关于往来频度,当一个事例暗含两次以上的宋商往来情况时,笔者会在《往来表》里的"次数栏"中标记出数字。如武臣政权时期崔瑀让宋商买水牛角一事,宋商至少往来过高丽三次以上,因此在"次数栏"中标注为"3"。另据宋朝文献,1087年三月宋商徐戬入高丽献上新注的华严经板,[162]这明显是事先在高丽接受预订,回宋朝制成后再带来的,[163]可认为他至少来过高丽两次。与之相似的是,1192年八月宋商呈献《太平御览》,高丽国王赏赐白金60斤作为酬劳,[164]这同样表明宋商事前接受了购书委托,所以往来次数记为两次。

另外,义天跟宋僧们的书信交流,虽然在《往来表》里仅作为一次事件,但书信内容中具体提及了15次都纲名称,[165]至义天圆寂为止为其传达书信的宋商数量和往来次数应远远大于15这个数字。同样地,宋廷授密州商人平简"三班差使"之职,遣其三次

---

[162]《高丽史》卷10,世家,宣宗四年三月甲戌。
[163] 徐戬在高丽收取订金,去杭州制作夹注华严经板,装船后带入高丽(金庠基,同脚注⑫文,第213页)。
[164]《高丽史》卷20,世家,明宗廿二年八月癸亥。
[165] 原美和子,同脚注⑫文,第4—6页。

入丽传达国书,⁽¹⁶⁶⁾虽只算作一个事例,但往来次数为三次。

宋商一次往来所驾驶的船舶数量达到两艘以上时,表中会标注船舶数量。1078年,宋丽恢复通交之后,初访高丽的北宋国信使、左谏议大夫安焘一行,⁽¹⁶⁷⁾乘坐了专门为本次使行打造的两艘神舟;1123年的国信使出行,动用了两艘神舟与六艘客舟。⁽¹⁶⁸⁾ 在宋丽外交的第二阶段,国信使、吊慰使、祭奠使等宋朝官方正式使节出访时,至少乘坐两艘神舟,并有多艘客舟随行。相反地,在初期阶段由于没有建造神舟,所以只存在客舟。当时宋朝经常派遣的册封使应当乘坐了两艘以上的客舟而来。一次外交使行当中伴随有多艘船舶,这也反映出往来高丽的宋商之多。按照13世纪中叶宋朝官员的说法,宋商往来不受当时外交状况的影响,按规定每次三艘商船到达高丽后,前一批到达的三艘商船返回。⁽¹⁶⁹⁾ 换言之,这一时期每年至少有三艘宋商船舶停泊在礼成港中。

4. 结语

本章为展示宋商往来次数之多,按多种类型制作了《往来表》,最典型的史料是《高丽史》《高丽史节要》中以"宋商某某来献土物(方物)"形式留下的所谓"来献记录"。此外还有宋使利用宋商船舶前来高丽、宋商帮助两国传递外交文书等间接证明宋商往来的史料。虽然其中有的没有出现与宋商相关联的词汇和表达,

---

⁽¹⁶⁶⁾ 陈高华、吴泰,1981,《各贸易港口的发展状况》,《宋元时期的海外贸易》,天津人民出版社,第102—103页。
⁽¹⁶⁷⁾《高丽史》卷9,世家,文宗三十二年六月甲寅。
⁽¹⁶⁸⁾《高丽图经》卷34,海道1,神舟、客舟。
⁽¹⁶⁹⁾《许国公奏议》卷3,《奏晓谕海寇复为良民及海关防海道事宜》。

但经缜密分析可与宋商联系起来。加入这些间接例证之后,宋商往来的类型更加多样化,我们得以以来献记录为基础,将类型大致分为"宋丽外交""民间交流"及"其他"。

"宋丽外交"之下细分为"宋使往来""入丽通知""丽使入宋""丽使归国""入宋请求""文书传达"等;"民间交流"之下细分为"人员往来""宋人来投""文物交流"等;"其他"之下细分为"大食来献""宋商在丽""往来推定""宋商规定"等。

宋朝向高丽派遣使节时,会提前告知对方;从高丽文宗时期开始,高丽使节乘坐宋商船舶访宋,也要事先向宋朝请求。因此,高丽与宋朝使团的出访事例当中,实际都暗含两次以上的宋商往来。宋商往来事例被放入《往来表》中时都会在"类型栏"或"备注栏"中标记其类型、被选入的理由以及是否与其他事例重复。有些单独事例暗含两三次的往来史实,如宋商前来高丽交付预订货品,本身意味着其间有不止一次的来回;还有史籍上虽载仅有一艘船来,但实际上可能共有三艘,这些情况均会在《往来表》中加以说明。

虽然大量间接例证和在宋元文献中发现的新资料,使得《往来表》中的宋商往来内容远多于《来航表》里的来献记录,但将间接例证与宋商往来史实等同,以此论述其活动的频繁程度,也是不恰当的。因为宋商往来之活跃其本身就是历史事实,本表只是将原本看似无关的间接史料追加分类罢了。从这点而言,本书最后还应具体论述宋商往来所达到的频繁程度。

附《宋商往来表》[170]

区分	年度	王朝	月	日	宋商往来相关事件*	年表页数	往来类型	往来次数	史料出处	备注
※	960	光宗	一	四	宋朝建立。	37				
※	〃				吴越王钱(弘)俶遣使往高丽、日本求遗逸教乘论疏。(佛祖统纪卷10、23,宋高僧传7)	37	文物交流		宋	
※	961				高丽国遣沙门谛观持天台论疏至螺溪。(佛祖纪10、23)	37	文物交流		宋	
※	962		冬		广评侍郎李兴祐等入宋献方物。(高丽史2)	36				

---

[170] 本表格在制作过程中参考了张东翼所编《高丽时代对外关系史综合年表》(东北亚历史财团,2009),在此特向作者致以谢忱。由于史料主要转引自该书,因而只简单记录了典籍出处和卷数,并在"年表页数"一栏标注了该书的页码。"王朝"一栏仅在有宋商往来记录时填入王名(庙号)。"史"指《高丽史》,"节要"指《高丽史节要》。"区分"一栏里的符号※强调重要事件;符号×指该年份没有宋商往来相关记载;符号?表示情况不确定。另外,为便于区分本书和以往研究的差异,在"往来类型"一栏里将金庠基所认为的"宋商来献"内容以"金"作标注,朴玉杰所用事例以"朴"作标注。除此之外的新增事例,笔者根据宋商在其中所担当的角色进行了简单概括:"人员往来"指两国人员乘坐宋商船舶往返于彼国,"文物交流"指两国书信、书籍或其他文化产品的互换,"漂流遣返"指将漂流民遣返故国,"信息传达"指两国情报的传达,"宋商规定"指宋朝对于海商的相关禁令和规章许可,"来投"指宋人入丽投化,"往来推定"指依据相关记载可推测出宋商往来史实。"史料出处"一栏注明文献出处,除《高丽史》等韩国文献外,还有大量中国和日本史料。"宋"指参考了以宋代文献为代表的中国文献,"日本"指日本文献。

* 译者注:韩文版书中"宋商往来相关事件"一栏皆使用了现代韩文来概述。为了便于读者进一步利用,译者原则上皆用相关史料原文替之。

续 表

区分	年度	王朝	月	日	宋商往来相关事件	年表页数	往来类型	往来次数	史料出处	备注
	963				是年宋遣册命使时赞来,在海遇风,溺死者九十人。(高丽史2) *宋朝文献记载其九月五日返宋。(宋史487《高丽传》)	36、37	宋使往来	2	宋	入丽通知
×	964—969									
※	968				是年寂然国师英俊利涉大洋,旋登彼岸,行至吴越国,谒永明寺主延寿禅师。(灵岩寺寂然国师慈光塔碑)	37	人员往来			
	970				是年宋蔡仁范随泉州持礼使〔缺〕寖东达扶桑。(蔡仁范墓志铭)	38	来投			
	〃				是年圆空国师智宗自宋归国。(居顿寺圆空国师胜妙塔碑)	38	人员往来			
×	971—975									
※	972				是年寂然国师英俊自吴越来归也。(灵岩寺寂然国师慈光塔碑)	38	人员往来			
	976	景宗			宋遣于延超等使高丽。(续资治通鉴长编17) *宋或事先将欲遣使一事通知高丽。	39	宋使往来	2	宋	入丽通知
×	977—984									

续　表

区分	年度	王朝	月	日	宋商往来相关事件	年表页数	往来类型	往来次数	史料出处	备注
	985	成宗			宋遣王著、吕文仲使高丽。(太宗皇帝实录32) *宋或事先将欲遣使一事通知高丽。	42	宋使往来	2	宋	入丽通知
	986		五		宋将伐契丹,遣监察御史韩国华致诏高丽,期望结成军事同盟,张倚角之势(高丽史3) *或因事急,而未事先通知。	42	宋使往来		宋	
×	987									
	988				宋遣礼部侍郎吕端来册成宗。(高丽史3) *宋或事先将欲遣使一事通知高丽。	42	宋使往来	2	宋	入丽通知
	989		五		宋下诏:自今商旅出海外蕃国贩易者,须于两浙市舶司陈牒,请官给券以行,违者没入其宝货。(宋会要辑稿·职官44)	44	宋商规定	常时	宋	
	990		六		宋遣光禄卿柴成务等来加册成宗。(高丽史3) *宋或事先将欲遣使一事通知高丽。	44	宋使往来	2		入丽通知
×	991—992									
	993		二		宋遣秘书丞直史馆陈靖等加册成宗。(宋史487高丽传) *宋或事先将欲遣使一事通知高丽。	47	宋使往来	2	宋	入丽通知

续　表

区分	年度	王朝	月	日	宋商往来相关事件	年表页数	往来类型	往来次数	史料出处	备注
×	994—999									
?	1000	穆宗			时明州又言高丽国民池达等八人以海风坏船,漂至鄞县。诏付登州给赍粮,俟便遣归其国。(续资治通鉴长编47) * 池达等人若乘坐原先船只返回,则与宋商往来无关。	49	漂流遣返		宋	
	1000—1010				彼时或有宋扬州人刘志诚来投高丽。(刘志诚墓志铭)		来投			
×	1001—1004									
	1005				是岁宋温州文士周伫来投,授礼宾注簿。(高丽史节要2)	50	来投			
×	1006—1011									
	1012	显宗	三	五	宋人王福、钱华、杨太、叶清、王弩、李太、林惜来投。(高丽史4)	54	来投			
	〃		六	十四	宋人叶居腆、林德、王皓来投。(高丽史4)	54	来投			
	〃		十	十二	宋南楚人陆世宁等来献方物。(高丽史4)	54	金			

续表

区分	年度	王朝	月	日	宋商往来相关事件	年表页数	往来类型	往来次数	史料出处	备注
	1013		正	十八	宋闽人戴翼来投,授儒林郎守宫令。(高丽史4)	54	来投			
×	1014									
	1015		闰六	廿六	宋泉州人欧阳徽来投。(高丽史4)		来投			
	1016		二	廿九	诏明州自今有新罗舟飘至岸者,据口给粮,倍加存抚,俟风顺遣还。(续资治通鉴长编86)	57	漂流规定	数次		
	〃				是岁,复行宋年号。(高丽史节要3)	56	文书转达			
	1017		七	五	宋泉州人林仁福等四十人来献方物。(高丽史)	56	金			
	1018		闰四	十一	宋江南人王肃子等二十四人来献方物。(高丽史4)	58	金			
	1019		五	廿八	高丽人未斤达五月廿九日到着筑前国志摩郡,申云:去年三月十六日从彼国康州随身米千石……被放逆风,去月(年?)八日(月?)到大宋国明州,今年五月廿四日罢归本国之间,遭逆风来者……(小右记6.21条)	59	漂流遣返		日本	
	1020		二	廿七	宋泉州人怀贽等来献方物。(高丽史4)	60	金			

续 表

区分	年度	王朝	月	日	宋商往来相关事件	年表页数	往来类型	往来次数	史料出处	备注
〃			四?		入朝使崔元信回，奉传诏书一道，赐高丽《天禧四年乾元具注历》一卷。(东文选33上大宋皇帝谢赐历日表) 此前高丽进奉使礼宾卿崔元信至秦王水口，遭风覆舟，漂失贡物，人多溺死诏遣中使存抚之，又令登州，凡使人物色，官给脚乘，津遣赴京。(宋史487高丽传，续资治通鉴长编94)	60	丽使归国		宋	使臣所乘船舶失事
×	1021									
	1022		八	十七	宋福州人陈象中等来献方物。(高丽史4)	62	金			
	〃		八	廿四	宋广南人陈文遂等来献乡药。(高丽史4)	62	金			
	1023		十一	六	宋泉州人陈亿来投。(高丽史5)	63	来投			
	1024		九		大食国悦罗慈等一百人来献方物。(高丽史5)	65	大食往来			
	1025		九	二	大食蛮夏、诜罗慈等百人来献方物。(高丽史5)	65	大食往来			
	1026		八	九	宋广南人李文通来献方物。(高丽史5)	65	金			
	1027		八	二十	宋江南人李文通等来献书册，凡五百九十七卷。(高丽史5)	65	金			

209

续 表

区分	年度	王朝	月	日	宋商往来相关事件	年表页数	往来类型	往来次数	史料出处	备注
	1028		九	五	宋泉州人李顗等三十余人来献方物。（高丽史5）	65	金			
	1029		八	十三	宋广南人庄文宝等八十人来献土物。（高丽史5）	64	金			
	1030		七	十八	宋泉州人卢遵等来献方物。（高丽史5）	66	金			
	1031	德宗	六	十九	宋台州客商陈惟志等六十四人来。（高丽史15）	66	金			
×	1032									
	1033		正月		宋刘守全等十四人来奔。（高丽史节要4）		来投			
	〃		六		宋申流等十二人来奔。（高丽史节要4）		来投			
	〃		八	一	宋泉州商都纲林蔼等五十五人来献土物。（高丽史5）	69	金			
	1034	定宗	十一	四	设八关会,宋商客、东西蕃、耽罗国亦献方物,赐坐观礼,后以为常。（高丽史5）	68	金	每年		
×	1035									
	1036		七	五	宋商陈谅等六十七人来献土物。（高丽史5）	68	金			
	〃		十一	十五	设八关会,宋商及东女眞、耽罗各献方物。（高丽史6）	70	金			

210

第七章 宋商往来的类型与《宋商往来表》

续　表

区分	年度	王朝	月	日	宋商往来相关事件	年表页数	往来类型	往来次数	史料出处	备注
	1037		八	十六	宋商朱如玉等二十人来。（高丽史6）	70	金			
	〃		八	十八	宋商林赟等来献方物。（高丽史6）	70	金			
	1038		八	廿四	宋明州商陈亮、台州商陈维绩等一百四十七人来献土物。（高丽史6）	71	金			船舶2艘
	1039		八	一	宋商（陈）惟禛等五十人来献方物。（高丽史6）	71	金			
	1040		十一	十五	大食国客商保那盍等来献水银、龙齿、占城香、没药、大苏木等物。（高丽史6）	73	大食往来			
	1041		十一	十四	宋商王诺等来献方物。（高丽史6）	72	金			
×	1042—1044									
	1045		五	十一	宋泉州商林禧等来献土物。（高丽史6）	74	金			
	1046	文宗	九	廿四	枢密院言："新罗国近年不来进贡，欲遣德州军事推官高师说诣登州，与知州刘涣密切商议，如有彼国商客因回本道，可以致达言意，却通贡奉，切在慎密，不得漏泄。"从之。（宋会要辑稿·历代朝贡 蕃夷7之26至27）	75	文书传达		宋	

211

续 表

区分	年度	王朝	月	日	宋商往来相关事件	年表页数	往来类型	往来次数	史料出处	备注
	1047		九	六	宋商林机等来献土物。（高丽史7）	75	金			
×	1048									
	1049		八	九	宋台州商徐赞等七十一人来献方物。（高丽史7）	77	金			
	〃		八	廿一	宋泉州商王易从等六十二人来献方物。（高丽史7）	77	金			
×	1050—1051									
	1052		六	五	宋进士张廷来，授秘书校书郎。（高丽史7）	77	来投			
	〃		八	十三	宋商林兴等三十五人来献方物。（高丽史7）	77	金			
	〃		九	一	宋商赵受等二十六人来献土物。（高丽史7）	77	金			
	〃		九	十	宋商萧宗明等四十人来献土物。（高丽史7）	77	金			
×	1053									
	1054		七	九	宋商赵受等六十九人来献犀角等。（高丽史7）	78	金			
	〃		九	十	宋商黄助等四十八人来。（高丽史7）	78	金			

212

续　表

区分	年度	王朝	月	日	宋商往来相关事件	年表页数	往来类型	往来次数	史料出处	备注
	1055		二	二十	飨宋商叶德宠等八十七人于娱宾馆，黄拯等一百五人于迎宾馆，黄助等四十八人于清河馆，耽罗国首领高汉等一百五十八人于朝宗馆。（高丽史7）	78	金			宋商在丽
	〃		九	十	礼宾省奏："宋都纲黄忻状称，'臣携儿蒲安、世安来投，而有母年八十二在本国，悲恋不已。'请遣还长男蒲安供养。"王曰："越鸟巢南枝，况于人乎！"许之。（高丽史7）	79	金			来投
	1056		十一	三	宋商黄拯等二十九人来献土物。（高丽史7）	79	金			
	1057		七	十八	命有司试宋投化人张琬所业遁甲三奇法、六壬占，授太史监候。（高丽史8）	79	投化			
	1057		八	三	宋商叶德宠等二十五人来献土物。（高丽史8）	79	金			
	〃		八	廿三	宋商郭满等三十三人来献土物。（高丽史8）	79	金			
	1058		八	七	宋商黄文景等来献土物。（高丽史8）	80	金			
	〃		四	十二	（文宗）亲祫于太庙，宋商萧宗明等乞就街路瞻望法驾，许之。（高丽史6）	80	金			宋商在丽

213

续表

区分	年度	王朝	月	日	宋商往来相关事件	年表页数	往来类型	往来次数	史料出处	备注
	〃		八		王欲于耽罗及灵岩伐材造大船,将通于宋,内史门下省上言:"…况我国文物礼乐,兴行已久,商舶络绎,珍宝日至,其于中国,实无所资。如非永绝契丹,不宜通使宋朝。"从之。(高丽史节要5)	80	往来推定	常时		
	1059		八	廿三	宋商傅男等来献方物。(高丽史8)	81	金			
	1060		七	十九	宋商黄助等三十六人来献土物。(高丽史8)	80	金			
	〃		八	七	宋商徐意等三十九人来献土物。(高丽史8)	80	金			
	〃		八	十九	宋商黄元载等四十九人来献土物。(高丽史8)	80	金			
	〃		九	十七	以宋进士卢寅有文才,授秘书省校书郎。(高丽史8)	80	来投			
	1061		六	六	以宋进士陈渭为秘书校书郎,萧鼎、萧迁为阁门承旨,叶盛为殿前丞旨,渭有文艺,鼎等三人晓音律。(高丽史8)	80	来投			
	〃		八	廿六	宋商郭满等来献土物。(高丽史8)	81	金			
×	1062									

第七章 宋商往来的类型与《宋商往来表》

续　表

区分	年度	王朝	月	日	宋商往来相关事件	年表页数	往来类型	往来次数	史料出处	备注
	1063		九	四	宋商郭满等来献土物。(高丽史8)	81	金			
	〃		十	三	宋商林宁、黄文景等来献土物。(高丽史8)	80	金			
	1056〜1063				嘉祐中,宋苏州昆山县近洋,有高丽毛罗岛人三十余名漂到,获县令韩正彦等救恤。(吴郡志46)	81	漂流遣返		宋	
	1064		七	廿三	宋商陈巩来献土物。(高丽史8)	83	金			
	〃		八	一	宋商林宁等来献珍宝。(高丽史8)	83	金			
	1065		九	廿六	宋商郭满、黄宗等来献土物。(高丽史8)	83	金			
×	1066〜1067									
	1068		七	十一	宋人黄慎来见,王(文宗)悦,馆待优厚。(高丽史8)	82	金			文书传达
	〃		七	十一	宋商林宁等来献土物。(高丽史8)	82	金			
	〃		八	十七	命太子召宋进士慎修、陈潜古、储元宾等试诗赋于玉烛亭。(高丽史8)	83	来投			
	1069		六	七	宋商杨从胜等来献土物。(高丽史8)	82	金			
	〃		七	十三	宋商王宁来献土物。(高丽史8)	82	金			

215

续 表

区分	年度	王朝	月	日	宋商往来相关事件	年表页数	往来类型	往来次数	史料出处	备注
〃					其国（高丽）礼宾省移牒福建转运使罗拯云："本朝商人黄真（慎）、洪万来，称运使奉密旨，令招接通好。奉国王旨意，形于部述……"（罗）拯以闻，朝廷议者亦谓可结之以谋契丹，神宗许焉，命拯谕以供拟腆厚之意。（宋史487高丽传）	83	文书传达	2	宋	
	1070		八	廿二	宋湖南荆湖两浙发运使罗拯复遣黄慎来。（高丽史8）	82				文书传达
	1071		三	五	遣民官侍郎金悌奉表礼物如宋。（高丽史8）* 高丽或事先将欲遣使之事禀知宋朝。	84	丽使入宋	2		入宋请求
	〃		八	廿五	宋商郭满等三十三人来献土物。（高丽史8）	84	金			
	〃		九	四	宋商李元积等三十六人来献土物。（高丽史8）	84	金			
	〃		九	十六	宋商王华等三十人来献土物。（高丽史8）	84	金			
	〃		十	四	宋商许满等六十一人来献土物。（高丽史8）	84	金			
	1072		六	二	宋遣医官王愉、徐先来。（高丽史9）	84	人员往来			
	〃		六	廿六	金悌还自宋，帝附勅五道。（高丽史9）		丽使归国			

216

续 表

区分	年度	王朝	月	日	宋商往来相关事件	年表页数	往来类型	往来次数	史料出处	备注
	1073		八	十六	遣太仆卿金良鉴、中书舍人卢旦如宋谢恩,兼献方物。(高丽史9)		丽使入宋			
	1073		十	廿三	明州言高丽入贡,上批:"本州遣谙识海道人接引,转运司委官用新式迎劳。"(续资治通鉴长编248) * 尽管时间与《高丽史》所载略异,但应该与上述八月金良鉴等的入宋相关。	86	入宋请求		宋	
	〃		十一	十二	设八关会,御神凤楼观乐。翼日大会,大宋、黑水、耽罗、日本等诸国人各献礼物名马。(高丽史9)	85	金			
	1074		六	六	宋扬州医助教马世安等八人来。(高丽史9)		人员往来			
	1075		三	十四	江淮发运司罗拯言:泉州商人傅旋持高丽礼宾省帖,乞借乐艺等人。(续资治通鉴长编261)	87	文书传达		宋	
	〃		六	廿六	宋商林宁等来献方物。(高丽史9)	86	金			
	1076		八	四	遣工部侍郎崔思谅如宋谢恩,兼献方物。(高丽史9) * 高丽或事先向宋朝禀告此次使行,之后丽使归国也与宋商往来相关。	86	丽使入宋、归国	3		入宋请求

续表

区分	年度	王朝	月	日	宋商往来相关事件	年表页数	往来类型	往来次数	史料出处	备注
	〃		九	二	高丽金堤郡水军幸忠等二十人乘船遇风漂流至华亭县,宋廷下诏:如参验实非奸细,即居以官舍,给食,候有本国使人,入朝取旨。其后高丽使至,因赐帛遣归。(续资治通鉴长编277)	87	漂流遣返		宋	
	1077		七	一	宋商林庆等二十八人来献土物。(高丽史9)	88	金			
	〃		九	四	宋商杨从胜等四十九人来献土物。(高丽史9)	88	金			
	1078		四	廿八	宋明州教练使顾允恭赍牒来报帝遣使通信之意。(高丽史9)	88	文书传达			入丽通知
	1078		六	十二	宋国信使左谏议大夫安焘、起居舍人陈睦等到礼成江。(高丽史9)	88	宋使往来			神舟2艘等
	1079		正	六	丙子,诏立高丽交易法。(宋史15)	90	宋商规定	常时	宋	
	〃		十一	十九	应高丽之请,宋遣王舜封、邢恺、朱道能、沈绅、邵化及等八十八人赍良药一百品入丽,以治文宗之风痹。(高丽史9)	90	人员往来			
	1079		六	十八	乙卯,上批:高丽恐今岁九月间遣使入贡,可预选引伴官二员,令于明州少待其至。(续资治通鉴长编298) ＊此处所言高丽遣使入贡与次年柳洪等入宋有关,但时间与《高丽史》所载略有差异。	91	入宋请求		宋	

218

续　表

区分	年度	王朝	月	日	宋商往来相关事件	年表页数	往来类型	往来次数	史料出处	备注
	1080		三	九	遣户部尚书柳洪、礼部侍郎朴寅亮如宋谢赐药材,仍献方物。(高丽史9)＊高丽事先已将此次使行禀告宋朝。	90	丽使入宋	2		入宋请求
	〃		七	二	柳洪等还自宋,帝附勅八道。初洪等放洋,飓风忽起,几覆舟,及至宋,计所贡方物,失亡殆半。王依勅释柳洪等罪。(高丽史9)	90	丽使归国			
	〃		七	二	秋七月癸亥,内殿承制王舜封管押医药使高丽回,以为阁门通事舍人,勾当御前忠佐军头引见司、医官等,转资,锡金、服有差。(续资治通鉴长编306)	91	人员往来		宋	
	〃		七	六	宋遣医官马世安来。(高丽史9)	90	人员往来			
	〃		八	廿三	中书劄子节文:诸非广州市舶司辄发过南蕃纲舶船,非明州司而发过日本、高丽者,以违制论,不以赦降去官原减。其发高丽船,仍依别条。(苏轼文集31)	92	宋商规定	常时	宋	
	〃				臣(曾巩)昨任明州日,有高丽国界诧罗国人崔举等,因风失船,飘流至泉州界,得捕鱼船援	92	漂流		宋	

219

续 表

区分	年度	王朝	月	日	宋商往来相关事件	年表页数	往来类型	往来次数	史料出处	备注
					救全度……后于泉州自陈,愿来明州,候有便船,却归本国…臣寻为置酒食犒设,送在僧寺安泊,逐日给与食物,仍五日一次,别设酒食,具状奏闻。(元丰类稿32)					
	1081		二	廿六	宋商林庆等三十人来献土物。(高丽史9)	92	金			
	1081		四	廿三	遣礼部尚书崔思齐、吏部侍郎李子威如宋献方物,兼谢赐医药。(高丽史9) *高丽事先已禀告宋朝该事,之后又乘坐宋商船舶归国。	92	丽使入宋归国	3		入宋请求
	〃		四	廿五	礼宾省奏:"宋人杨震随商船而来,自称举子,屡试不中,请依所告,遣还本国。"从之。(高丽史9)	92	来投、人员往来	2?		
	〃		八	十四	宋商李元绩等六十八人来献土物。(高丽史9)	92	金			
	1082		八	廿六	宋商陈仪等来献珍宝。(高丽史9)	94	金			
×	1083									
	1084	宣宗	二	十七	诏:"高丽王子僧统从其徒三十人来游学,非入贡也。其令礼部别定傧劳之仪。"(续资治通鉴长编343)	95	入宋请求		宋	

220

第七章 宋商往来的类型与《宋商往来表》

续　表

区分	年度	王朝	月	日	宋商往来相关事件	年表页数	往来类型	往来次数	史料出处	备注
〃			五	十一	诏："高丽人赍王子僧统书及金银遗秀州僧净源，源有答书，即明州移牒报之。"(续资治通鉴长编345)	95	文物交流	2	宋	
〃					时义天与宋僧净源、元炤、道亭、智生、慧清、净因、守长等，多有书信传递，且互赠佛经佛具，以充彼需，此等往来直至义天圆寂，不曾间断。另，洪保、李元积、陈寿、徐都纲、郭都纲等宋商之名，亦见于其书信之中。		文物交流	15↑		
〃			七	廿四	起居郎杨景略、左司郎中钱勰奉使高丽。七月二十四日，同自密州发洋。杨起居至大洋，遇东风，飘回登州。八月初二再发洋。十三日方至高丽境上。钱左司郎八月四日已达彼国。(文昌杂录5)	96	宋使往来		宋	船舶2艘↑
〃			十	十七	密州商人平简为三班差使，以三往高丽通国信也。(续资治通鉴长编349)	96	文书传达	3	宋	
〃			十二	廿二	礼部言："钱勰等昨在高丽国闻女真四十余人在彼，尝密谕泉州商人郭敌往招诱首领，令入贡及	97	宋商在丽		宋	

221

续表

区分	年度	王朝	月	日	宋商往来相关事件	年表页数	往来类型	往来次数	史料出处	备注
					与中国贸易。仍谕敌:如得女真语言,即至明州知州马琬处传达。乞下琬候招诱到女真言语,即具以闻。"诏从之。(续资治通鉴长编350)					
	1085		四	七	煦(义天)潜与弟子二人,随宋商林宁船而去。(高丽史10)(宣宗)遣其弟僧统来朝,求问佛法并献经像。(宋史487)	96	人员往来			
	〃		四		王(宣宗)命御史魏继廷等分道乘船,追之不及,遣礼宾丞郑仅等问过海安否。(高丽史10)	96	人员往来			
	〃		八	十	遣户部尚书金上琦、礼部侍郎崔思文如宋吊慰,工部尚书林槩、兵部侍郎李资仁贺登极。(高丽史10)＊高丽或事先将欲遣使一事禀告宋朝。	96	丽使入宋			入宋请求
※	1086		二		诏:祭奠吊慰高丽国王所管勾舟船客人,船主梢工虞际,与三班借职,盛崇、李元积,与大将。(续资治通鉴长编365)		丽使入宋			
	〃		六		释煦(义天)还自宋。(高丽史节要6)夏五月二十日,随本国朝贺回使(金上琦一行)放洋。(大觉国师外集12)		丽使归国			

222

续 表

区分	年度	王朝	月	日	宋商往来相关事件	年表页数	往来类型	往来次数	史料出处	备注
	1087		三	廿二	宋商徐戬等二十人来献新注华严经板。(高丽史10)	98	金	2		预定经版
	〃		四	五	宋商傅高等二十人来献土物。(高丽史10)	98	金			
	〃				是年义天以金书晋译《华严》50卷、唐则天时译80卷、德宗朝译40卷,共3部,附海舟捡入(惠因)院。(咸淳临安志78)	99	文物交流		宋	
	1088		五	六	宋明州归我罗州飘风人杨福等男女二十三人。(高丽史10)	98	漂流遣返			
	〃		七		宋明州归我耽罗飘风人用叶等十人。(高丽史10)	98	漂流遣返			
	1088		十一		宋慧因院净源示寂。(佛祖统纪29)其徒窃其画像,附舶客往告。(续资治通鉴长编435)	99	人员往来		宋	
	〃				宋规定:擅乘船由海人界河及往高丽、新罗、登莱州境者,罪以徒,往北界者加等。(宋史186)	99	宋商规定	常时	宋	
	1089		八	十三	宋明州归我飘风人李勤甫等二十四人。(高丽史10)	99	漂流遣返			
	〃		十	三	宋商杨注等四十人来献土物。(高丽史10)	100	金			

223

续 表

区分	年度	王朝	月	日	宋商往来相关事件	年表页数	往来类型	往来次数	史料出处	备注
	〃		十	十三	宋商徐成等五十九人来献土物。（高丽史10）	100	金			
	〃		十	廿二	宋商李珠（球？）、杨甫、杨俊等一百二十七人来献土物。（高丽史10）	100	金			
	〃		十一	廿八	（净）源死，其徒窃其画像，附舶客往告，义天亦使其徒寿介等附舶来祭。（续资治通鉴长编435）	101	人员往来		宋	
	〃				宋泉州温陵人刘载随商舶来试，以诗赋授监门卫军事（千牛卫录事、参军）。（刘载墓志铭、高丽史97）	100	来投			
	1090		正		寿介以金塔请（净源）法师舍利以归。（玉岑山慧因高丽华严教寺志8）		人员往来			
	〃		三	四	宋商徐成等一百五十人来献土物。（高丽史10）	100	金			
	〃		七	二十	遣户部尚书李资义、礼部侍郎魏继廷如宋谢恩兼进奉。（高丽史10）*高丽事先向宋禀告该事；丽使一行乘坐宋商李球船舶入宋。	100	丽使入宋	2		
	〃				宋赐《文苑英华集》。（高丽史10）	100	文物交流			

224

续表

区分	年度	王朝	月	日	宋商往来相关事件	年表页数	往来类型	往来次数	史料出处	备注
	1091		六	十八	李资义等还自宋，奏云："帝闻我国书籍多好本，命馆伴书所求书目录，授之乃曰'虽有卷第不足者，亦须传写附来'。"（高丽史10） * 其乘坐宋商船舶入宋，之后亦乘坐宋商船舶归国。	100	丽使归国			
×	1092									
	1093		二	七	宋明州报信使黄仲来。（高丽史10）	102	文书传达			
	〃		七	十七	遣兵部尚书黄宗悫、工部侍郎柳伸如宋谢恩。（高丽史10） * 高丽事先禀告宋朝。宋朝史籍则载：元祐七年（1092）（九月二日）寻改差刘忱馆伴高丽使人，以刑部侍郎丰稷代之。（十一月）甲申，高丽国进奉使、通议大夫、兵部尚书黄宗悫，副使、中大夫、尚书工部侍郎柳伸入见。（续资治通鉴长编476、478）	102 103	丽使入宋、归国	3	宋	入宋请求
	〃		十		宋明州持牒使王廓来报太皇太后崩。（高丽史节要6）	102	文书传达			
	1094		闰四	廿五	三省、枢密院言："商贾于海道兴贩，并具人船、物货、名数、所诣处，经州投	103	宋商规定	常时		

225

续　表

区分	年度	王朝	月	日	宋商往来相关事件	年表页数	往来类型	往来次数	史料出处	备注
					状往高丽者,财本必及三千万贯,船不许过两只,仍限次年回。召本土有物力户三人委保,物货内毋得夹带兵。"从之。(宋会要辑稿·食货38互市)					
〃		献宗	六	十六	宋都纲徐祐等六十九人、毛罗高的等一百九十四人来贺即位,献土物。(高丽史10)	102	金			
〃			七	廿八	宋都纲徐义等来献土物。(高丽史10)	102	金			
〃			八	五	宋都纲欧保、刘及、杨保等六十四人来。(高丽史10)	102	金			
	1095	肃宗	二	廿五	宋商黄冲等三十一人,与慈恩宗僧惠珍来。(高丽史10)	102	金			人员往来
〃			八	十一	宋商陈义、黄宜等六十二人来献土物。(高丽史10)	102	金			
	1096		十	廿二	宋商洪辅等三十人来献土物。(高丽史11)	105	金			
	1097		六	六	宋商慎夬等三十六人来。(高丽史11)	104	金			
〃			六	十二	宋归我漂风人子信等三人。初,耽罗民二十人乘舟漂入猓国,皆被杀,唯此三人得脱,投于宋,至是乃还。(高丽史11)	104	漂流遣返			

续　表

区分	年度	王朝	月	日	宋商往来相关事件	年表页数	往来类型	往来次数	史料出处	备注
	1098		六	十七	明州言高丽国今年七月遣吏朝贡。诏供备库副使兼阁门通事舍人、带御器械向渖为引伴使，内殿承制、阁门祗候贾裕副之。（续资治通鉴长编499）	105	入宋请求			
	〃		七	十三	遣尹瓘、赵珪如宋告嗣位，进方物。（高丽史11）	104	丽使入宋			
	1098		十一	六	宋商洪保等二十人来。（高丽史11）	104	金			
	1099		六	十二	尹瓘等还自宋。（高丽史11）	104	丽使归国			
	〃		七	二十	宋归我毛罗失船人赵遏等六人。（高丽史11）	104	漂流遣返			
	〃				元祐二年义天以金书晋译《华严》等三部，附海舟捨入惠因院。元符二年又施金建华严大阁以崇奉之。（咸淳临安志78）	105	文物交流		宋	
	1100		五	十五	宋明州牒报哲宗皇帝崩，皇弟端王佶立。（高丽史11）	106	文书传达			
	〃		六	三十	遣尚书任懿、侍郎白可臣如宋吊慰。（高丽史11）*距离之前得到哲宗驾崩消息的时间较近，或未事先向宋禀告将欲遣使之事。	106	丽使入宋			

227

续表

区分	年度	王朝	月	日	宋商往来相关事件	年表页数	往来类型	往来次数	史料出处	备注
	〃		七	十二	遣尚书王嘏、侍郎吴延宠如宋贺登极。（高丽史11）*高丽或未事先向宋禀告将欲遣使之事；吊慰使和登极使分别乘船入宋，间接证明其乘坐的应该是宋商之船舶。	106	丽使入宋			
	〃		九	廿五	宋都纲李琦等三十人来。（高丽史11）	106	金			
	〃		十一	十六	设八关会，宋商、毛罗、女真等来献土物。（高丽史11）	107	金			宋商在丽
	1101		正	十九	宋人邵珪、陆廷俊、刘伋来投，王召试于文德殿，并授八品官，赐廷俊名廷杰。（高丽史11）	106	来投			
	〃		五	廿四	任懿、白可臣等还自宋，帝赐《神医补救方》，王受诏于宣政殿。（高丽史11）	106	丽使归国			
	〃		六	七	王嘏、吴延宠还自宋，帝赐王《太平御览》一千卷。（高丽史11）	106	丽使归国			
	〃		十一	十四	设八关会，宋商、毛罗、女真等来献土物。（高丽史11）	107	金			宋商在丽
	1102		四	十三	召试投化宋进士章忱，赐别头及第。（高丽史11）	1102	来投			
	〃		六	六	宋商客所接东西馆火。（高丽史53五行1）	106	其他			宋商在丽

228

续 表

区分	年度	王朝	月	日	宋商往来相关事件	年表页数	往来类型	往来次数	史料出处	备注
	〃		六	十四	宋商黄朱等五十二人来。(高丽史11)	106	金			
	〃		闰六	一	宋商徐脩等三人来。(高丽史11)	106	金			
	〃		闰六	廿三	宋商朱保等四十余人来。(高丽史11)	106	金			
	〃		九	廿一	宋商林白徇等二十人来。(高丽史11)	107	金			
	1103		二	二十	宋明州教练使张宗闵、许从等与纲首杨炤等三十八人来朝。(高丽史12)	108	金			入丽通知
	〃		六	五	宋遣国信使户部侍郎刘逵、给事中吴拭来赐王衣带、匹段、金玉器、弓矢、鞍马等物。(高丽史12)	108	宋使往来			
	1104		二	四	宋医官牟介等还。(高丽史12)	108	人员往来			
	〃		二	二十	遣枢密院使崔弘嗣、秘书监郑文如宋谢恩,进方物。(高丽史12) *高丽或事先将欲遣使之事禀告宋朝,崔弘嗣一行归国亦当与宋商有关。	109	丽使入宋	3		入宋请求、归国
	〃		八	十六	宋都纲周颂等来献土物。(高丽史12)	109	金			
×	1105									
	1106	睿宗	七	廿四	御重光殿西楼,召投化宋人郎将陈养,译语陈高、俞坦,试阅兵手,各赐物。(高丽史12)	111	来投			

续　表

区分	年度	王朝	月	日	宋商往来相关事件	年表页数	往来类型	往来次数	史料出处	备注
	1107									
	1108		七	廿七	遣刑部尚书金商祐、礼部侍郎韩皦如等如宋献方物。(高丽史12) * 高丽或事先将欲遣使之事禀告宋朝。	112	丽使入宋			入宋请求
	1109		六	五	金商祐、韩皦如、慎安之等赍诏回自宋。(高丽史13)	113	丽使归国			
	〃		十二	九	宋教练使明州都知兵马使任郭等来。(高丽史13)	115	文书传达			入丽通知
	1110		六	四	御乾德殿召见宋明州所归女乐二人。(高丽史13)	114	人员往来			
	〃		六	七	宋商李荣等三十八人来。(高丽史13)	114	金			
	〃		六	十四	宋遣王襄、张邦昌来;秋七月戊戌朔,王襄等还。(高丽史13)	114	宋使归国			神舟等2艘↑
	〃		七	二	宋商池贵等四十二人来。(高丽史13)	115	金			
	1105—1110				(李仲若)后航海入宋,从法师黄大忠、周与龄。亲传道要,玄关秘钥,罔不洞释。及还本国,上疏置玄馆,以为国家斋醮之福地,今福源宫是也。(东文选26逸斋记)		人员往来			

230

续 表

区分	年度	王朝	月	日	宋商往来相关事件	年表页数	往来类型	往来次数	史料出处	备注
	1111		七	廿一	遣枢密院副使金缘、少府监林有文如宋。(高丽史13)＊高丽或事先将欲遣使之事禀告宋朝。	114	丽使入宋			入宋请求
	〃		八		以左右卫录事胡宗旦权知直翰林院。宗旦宋福州人,尝入大学,为上舍生。聪敏,博学能文,兼通杂艺。游两浙,仍寄商船而来,王宠顾优厚,骤登清要。(高丽史节要6)	114	来投			
	1112		六		金缘自宋还。(高丽史节要7)	114	丽使归国			
	〃				西宋漳州人林光(完)随商舶到京求仕。(林光墓志铭)	115	来投			
	1113		二	八	置花园二于宫南西。时宦寺竞以奢侈媚王,起台榭,峻垣墙,括民家花草移栽其中,以为不足,又购于宋商,费内帑金币不赀。(高丽史13)	116	朴	2		宋商在丽
	〃		五	九	宋都纲陈守献白鹇。(高丽史13)	116	金			
	〃		六	一	珍岛县民汉白等八人因卖买往毛罗岛,被风漂到宋明州。奉圣旨各赐绢二十匹米二石,发还。(高丽史13)＊其亦有可能乘坐自己的船只归国。	116	漂流遣返			

231

续 表

区分	年度	王朝	月	日	宋商往来相关事件	年表页数	往来类型	往来次数	史料出处	备注
〃			九	七	遣西头供奉官安稷崇如宋,牒宋明州云:"去年入朝金缘等回称,'在阙下时,蒙馆伴张内翰等谕,来岁又当禋祀,申覆国王遣使入朝,以观大礼。'闻此,已令有司方始备办,忽母氏薨逝,迫以难忧,今年未遑遣使入朝,以达情礼,请焰会施行。"(高丽史13) * 从安稷崇的任务来看,高丽应该没有事先禀告宋朝。	116	丽使入宋			文书传达
	1114		六	一	安稷崇还自宋,帝赐王乐器。(高丽史13)	116	丽使归国			
〃	1115		七	廿一	遣吏部尚书王字之、户部侍郎文公美如宋谢恩兼进奉。(高丽史14) * 高丽或事先将欲遣之事禀告宋朝。	116	入宋请求	2		
	1116		闰正	六	宋商客馆火。(高丽史53 五行1)	118	宋商在丽			
	1116		四	廿四	(睿宗)驾至岊岭驿,宋都纲杨明等谒于道。(高丽史14)	118	宋商在丽			
〃			六	三	迎入佛骨于禁中。初王字之使还,宋帝以金函盛佛牙头骨以赐,置外帝释院。(高丽史14) * 《三国遗事》记载由郑克永、李之美等入贡使自宋迎回。(三国遗事3)	118	丽使归国			

续 表

区分	年度	王朝	月	日	宋商往来相关事件	年表页数	往来类型	往来次数	史料出处	备注
	〃		七	十八	遣李资谅、李永如宋谢赐大晟乐。（高丽史14） *王字之、文公美于同年六月三日（乙丑）赍诏还自宋，带回宋所赐大晟乐，与李资谅使行时间较近，故此行或未事先禀告宋朝。	119	丽使入宋			
	1117		五	三十	李资谅还自宋，进士权适、赵奭、金端等偕资谅还。（高丽史14）	118	丽使归国			
	〃		六	十一	汉人三来投。（高丽史14）	118	来投			
	1118		七	一	宋遣閤门祗候曹谊、医官杨宗立等七人来。甲申迎诏于乾德殿门，诏曰："省知明州楼异奏，高丽国王世子王子王某书乞借差大方、脉、疮瘇科等，共三四许人，使存心医疗，式广教习事……"（高丽史14）	120	宋使往来	2		
	〃		八	八	遣郑克永、李之美如宋谢赐权适等制科还国。（高丽史14） *高丽或事先将欲遣使之事禀告宋朝。	120	丽使入宋	2		入宋请求
※	1119		二	二十	宋曹谊等还，王出乾德殿，附表以谢。（高丽史14）	120	宋使往来			
※	〃				大宋宣和元年己亥睿庙十五年入贡使郑克永、李之美等所将佛牙今内殿置奉者是也。（三国遗事3）。	120	丽使归国			

233

续表

区分	年度	王朝	月	日	宋商往来相关事件	年表页数	往来类型	往来次数	史料出处	备注
	1120		六	廿二	宋商林清等献花木。（高丽史14）	120	金			
	〃		七	廿四	宋遣承信郎许立、进武校尉林大容等来。（高丽史14）	120	宋使往来			入丽通知？
	〃				宣和戊戌岁人使至，上章乞降医职，以为训导，上可其奏，遂令蓝茁等往其国，越二年乃还。（高丽图经16药局）		人员往来		宋	
	1121		三	十	宋遣姚喜来。（高丽史14）	120	文书传达			入丽通知
	1105－1122				（坦然）尝写所作《四威仪颂》，并上堂语句，附商舶寄大宋四明阿育王山广利寺禅师介谌印可，谌乃复书，极加叹美。（断俗寺大鉴国师塔碑）		文物交流	2↑		
	1105－1146	睿宗－仁宗			昔睿王时，画局李宁尤工山水，为其图附宋商。久之，上求名画于宋商，以其图献焉。（破闲集 卷中）		文物交流	3		
	1122		六	二十	宋持牒使、进武校尉姚喜等六十九人来。（高丽史14） ·宣和四年（1122）壬寅春三月，诏遣给事中路允迪、中书舍人傅墨卿充国信使副，往高丽。秋九月，以国王俁薨，被旨，兼祭奠吊慰而行，遵元丰故事也。（高丽图经34）	122	文书传达			入丽通知

续　表

区分	年度	王朝	月	日	宋商往来相关事件	年表页数	往来类型	往来次数	史料出处	备注
	〃	仁宗			宣和四年俣卒……来告哀,诏给事中路允迪、中书舍人傅墨卿奠慰。(宋史487高丽传)同年,高丽奉表使如宋,知鄞县李文渊接伴丽使一行。(南涧甲乙稿19) *由于是如宋告哀,或未事先禀告。	123	丽使入宋、归国	2	宋	
	1123		一	十	宋持牒使许立来。(高丽史15)	122	文书传达			入丽通知
	〃		六	十三	先是,得旨以二神舟、六客舟兼行。(五月)十三日乙丑,奉礼物入八舟。二十四日丙子,八舟鸣金鼓,张旗帜,以次解发。(高丽图经卷34)六月十三日甲午宋国信使,礼部侍郎路允迪,中书舍人傅墨卿来。(高丽史15)	122	宋使往来			船舶8艘
	1124		五	廿四	宋商柳诚等四十九人来。(高丽史15)	124	金			
	〃		七	十三	遣枢密院副使李资德、御史中丞金富辙如宋谢恩,献方物。(高丽史15) *高丽或事先将欲遣使一事禀告宋朝。	124	丽使入宋、归国	2		入宋请求
×	1125									
	1126		七	三	宋遣阁门祗候侯章、归中孚等六十余人来告钦宗登极,并请高丽兴师伐金。(高丽史15) *特殊时期,宋朝事先或未通知高丽将欲遣使。	124	宋使往来			

235

续表

区分	年度	王朝	月	日	宋商往来相关事件	年表页数	往来类型	往来次数	史料出处	备注
	〃		九	二	遣枢密院副使金富轼、刑部侍郎李周衍如宋贺登极。(高丽史15)同年十月,高丽入贡,令明州递表以进,遣其使还。(宋史23)*高丽事先或已将欲遣使之事禀告宋朝?	125	丽使入宋		宋	入宋请求?
	1127		五	十四	金富轼等至宋明州,会金兵入汴,道梗不得入,癸卯乃还。(高丽史15)	126	丽使归国			
	〃		七	廿八	宋教练使明州副使张诜来。(高丽史15)	126	宋使往来			
	〃				彼时有柳悦、黄师舜等,常往来于高丽,浙西路安抚使叶梦得遂求请宋廷,委彼入丽,探金人动向以报。(历代名臣奏议348)	127	往来推定	常时	宋	
	1128		三	三	宋纲首蔡世章赍高宗即位诏来。(高丽史15)	126	金			
	〃		六	十六	宋国信使刑部尚书杨应诚、齐州防御使韩衍等来。(高丽史15)	126	宋使往来			船舶2艘↑
	〃		八	十六	诏访闻高丽国遣使入贡,所过许用乐送迎。其守臣谨设,以二帝未还,勿用乐。(建炎以来系年要录17)*宋朝应该是先收到了高丽欲遣尹彦颐入宋的请求。	128	入宋请求		宋	
	〃		八	廿二	遣礼部侍郎尹彦颐如宋,解释假道无从之由。(高丽史15)	127	丽使入宋			

续　表

区分	年度	王朝	月	日	宋商往来相关事件	年表页数	往来类型	往来次数	史料出处	备注
〃			十二	四	尹彦颐还自宋。(高丽史15)	127	丽使归国			
	1129		九	六	高丽国王楷欲遣使入贡。丙辰，诏止之，略曰："比年多故，强敌称兵。如行使之果来，恐有司之不戒。俟休边境，当问聘期。"(中兴小纪7)	129	入宋请求		宋	
〃			十一	廿一	敕海舶擅载外国入贡者徒二年，财物没官。(建炎以来系年要录29)	129	宋商规定		宋	
	1130		四	三	宋遣进武校尉王政忠来告知高丽停止遣使进贡。(高丽史16)	128	文书传达			
	1131		四	廿三	宋都纲卓荣来奏告宋改建炎五年为绍兴元年。(高丽史16)	128	金			文书传达
	1131		十		高丽将入贡，礼部侍郎柳约言："四明残破之余，荒芜单弱，恐起戎心，宜屯重兵以俟其至。"(宋史487高丽传)	130	入宋请求		宋	
	1132		二	十九	遣礼部员外郎崔惟清、閤门祇候沉起如宋上表，欲伸归向之勤。(高丽史16) * 从内容来看，与上述1131年宋朝获知"高丽将入贡"一事相关。	130	丽使入宋		宋	
〃			闰四		定海县言："民亡入高丽者约八十人，愿奉表还国。"诏候到日，高丽纲首卓荣等量与推恩。(宋史487高丽传)	130	人员往来	2↑	宋	

续 表

区分	年度	王朝	月	日	宋商往来相关事件	年表页数	往来类型	往来次数	史料出处	备注
〃			十二	十五	明州奏高丽国遣知枢密院事洪彝叙等六十五人来贡。诏起居舍人黄龟年接伴,而吏部侍郎席益馆之。高丽人不至。(建炎以来系年要录61)	131	入宋请求		宋	
	1133		二	十四	诏以法惠寺为同文馆。初议以临安府学馆高丽使人,言者奏:虽在兵间不可无学,且恐为丽使所窥,乃改除馆以待之。即而丽使言至洪州洋内风败其舟,卒不至。(建炎以来系年要录63)*实际上丽廷二月十九日遣韩惟忠、尹彦颐如宋谢恩,行至洪州海上遇风几覆,贡篚霑湿,不达而还。(高丽史16)	131	入宋请求		宋	
?	1134		闰四		高丽贡金器。(玉海154)*其他文献没有相关记载,属实与否无法确定。	130	丽使往来		宋	
〃			七	廿四	(是年四月三日从毛罗岛出发的)高丽罗州岛人光金,与其徒十余人泛海,诣泉州,风折其樯,泊泰楚州境上。诏付沿海制置使郭仲荀养赡,伺便舟还之。(建炎以来系年要录78)	131	漂流遣返		宋	
	1135		六	十七	宋遣迪功郎吴敦礼来曰:"近闻西京作乱,倘或难擒,欲发十万兵相助。"(高丽史16)	132				文书传达

238

第七章 宋商往来的类型与《宋商往来表》

续　表

区分	年度	王朝	月	日	宋商往来相关事件	年表页数	往来类型	往来次数	史料出处	备注
	1135		九	廿三	遣文承美、虑显庸等赍牒如宋。（高丽史16）* 从使臣的任务来看,高丽或未事先禀告宋朝。	132	丽使入宋			
	1136		九	十	遣金稚规、刘待举如宋明州牒云："伏审近商客陈舒赍到公凭'今来夏国差到使人,欲同使臣前去高丽议事,差遣陈舒往高丽,于本国掌管事务官处密谕此意,仍取回报前来'。"（高丽史16）	132	金	2		丽使入宋、文书传达
×	1137									
	1138		三	十五	宋商吴迪等六十三人持宋明州牒来报徽宗皇帝及宁德皇后郑氏崩于金。（高丽史16）	132	金			文书传达
×	1139—1146									
	1147	毅宗	五	八	宋都纲黄鹏、陈诚等八十四人来。（高丽史17）	136	金			
	1148		八		宋都纲郭英、庄华、黄世英、陈诚、林大有等三百三十人来。（高丽史17）	136	金			船舶2艘↑
	〃		十	十三	李深、智之用与宋人张喆同谋,深变名称东方昕,通书宋太师秦桧,"以为若以伐金为名,假道高丽,我为内应,则高丽可图也"。	136	朴			宋商在丽

239

续表

区分	年度	王朝	月	日	宋商往来相关事件	年表页数	往来类型	往来次数	史料出处	备注
					之用以其书及柳公植家藏高丽地图附宋商彭寅,以献桧。至是,宋都纲林大有得书及图,来告,囚喆、深、之用于狱,鞫之,皆伏。(高丽史17)					
	〃		十二	二	宋商谭全、陈宝等十四人来。(高丽史17)	137	金			
	1149		七	廿七	宋都纲丘迪、徐德荣等百五人来。(高丽史17)	136	金			
	〃		八	一	宋都纲寥悌等六十四人来。(高丽史17)	136	金			
	〃		八	八	林大有、黄辜等七十一人来。(高丽史17)	136	金			
	〃		八	十一	宋都纲黄鹏、陈诚等八十四人来。(高丽史17)	136	金			
×	1150									
	1151		七	八	宋都纲丘通等四十一人来。(高丽史17)	138	金			
	〃		七	廿七	宋都纲丘迪等三十五人、徐德英(荣)等六十七人来。(高丽史17)	138	金			
	〃		八	五	宋都纲陈诚等九十七人来。(高丽史17)	138	金			
	1151		八	六	宋都纲林大有等九十九人来。(高丽史17)	138	金			

续 表

区分	年度	王朝	月	日	宋商往来相关事件	年表页数	往来类型	往来次数	史料出处	备注
	1152		七	廿一	宋都纲许序等四十九人来。(高丽史17)	138	金			
	〃		七	廿三	宋都纲黄鹏等九十一人来。(高丽史17)	138	金			
	〃		八	七	宋都纲寥悌等七十七人来。(高丽史17)	138	金			
×	1153—1154									
	1155		六	十六	诏申严沿海地分铜钱入蕃之禁。(建炎以来系年要录168)	138	宋商规定	常时		
	〃		八	一	宋明州归我漂风人知里先等五人。(高丽史18)	138	漂流遣返			
	1156		五	廿四	御史中丞汤鹏举乞申严福建、广东沿海铜钱出界之禁。犯者尽数充赏,检税官除名,守卒巡尉抵罪。从之。(建炎以来系年要录172)	140	宋商规定	常时		
	1157		七	廿五	宋商献鹦鹉、孔雀、异花。(高丽史18)	140	金			
	1159		八	七	宋两浙市舶司言:高丽贾人贩到铜器,乞收税出卖,诏付铸钱司。(建炎以来系年要录183)	140	宋商规定	常时		
×	1160—1161									

续 表

区分	年度	王朝	月	日	宋商往来相关事件	年表页数	往来类型	往来次数	史料出处	备注
	1162		三	廿二	宋都纲侯林等四十三人来,明州牒报云:"宋朝与金举兵相战,至于今年春,大捷,获金帝完颜亮,图形叙罪,布告中外。御制书图上曰……"盖宋人欲示威我朝,未必尽如其言。(高丽史18)	142	金			文书传达
	〃		三		高丽纲首徐德荣诣明州言:"本国欲遣贺使。"守臣韩仲通以闻,殿中侍御史吴芾奏曰:"高丽与金人接壤……今两国交兵,德荣之请,得无可疑?使其果来,犹恐不测,万一不至,贻笑远方。"诏止之。(宋史487高丽传) * 辛酉,诏止高丽国入贡。(皇宋十朝纲要25)	143	文书传达		宋	拒绝丽使入宋
	〃		六	六	宋都纲邓成等四十七人来。(高丽史18)	142	金			
	〃		六	廿五	宋都纲徐德荣等八十九人,吴世全等一百四十二人来。(高丽史18)	142	金			船舶2艘?
	〃		七	廿五	宋都纲河富等四十三人来。(高丽史18)	142	金			
	1163		七	十六	宋都纲徐德荣等来献孔雀及珍玩之物,德荣又以宋帝(孝宗)密旨,献金银合二副,盛以沉香。(高丽史18) * 五月徐德荣被旨差载国信往高丽国。(宋会要辑稿·历代朝贡 蕃夷7之45)	142	金		宋	文书传达

242

续 表

区分	年度	王朝	月	日	宋商往来相关事件	年表页数	往来类型	往来次数	史料出处	备注
	1164		四	十四	明州奏：进武副尉徐德荣船自高丽入定海县港，称去年五月被旨差载国信往高丽国，今回复。有彼人使内殿崇班赵冬曦，左侍禁孙子高，客军朴光通、黄硕，亲随赵凤、黄义永、从得儒、朴珪八人及国信在船听旨。诏令赵子浦差官，且于定海县管接，问问差发因依，有无表章、国信，速先申尚书省。（宋会要辑稿·历代朝贡 蕃夷7之45）*丽使一行归国应该也是利用了宋商船舶。		丽使入宋		宋	
×	1165—1166									
	1167		四	三	姜詵言："明州市舶务每岁夏汛，高丽、日本外国舶船到来，依例提举市舶官于四月初亲去检察，抽解金、珠等起发。上件今来拨隶转运司提督，欲选差本司属官一员前去。"从之。（宋会要辑稿·职官44之29）	144	宋商规定	常时	宋	
×	1168									
	1169		正	三十	幸奉香里离宫，宴群臣，仍赐宋商及日本国所进玩物。（高丽史19）	144	往来推定			

243

续表

区分	年度	王朝	月	日	宋商往来相关事件	年表页数	往来类型	往来次数	史料出处	备注
	1167—1169	毅宗			(庆元府)梅岑山……四面环海,高丽、日本、新罗、渤海诸国皆由此取道,守候风信。(乾道四明图经7)		往来推定			
※	1170		八		武臣政变爆发。(高丽史18)					
×	1170—1172									
	1173	明宗	六	廿三	宋遣徐德荣来。(高丽史19)	146	金			
	1174		五	廿九	明州进士沈忞上《海东三国史记》五十卷,赐银币百,付秘阁。(玉海19)	147	文物交流		宋	
	〃		八	三	宋归我漂风人张和等五人。(高丽史19)	146	漂流遣返			
	1175		八	一	宋都纲张鹏举、谢敦礼、吴秉直、吴克忠等来。(高丽史19)	147	金			
×	1176—1183									
	1184		九	廿五	宋进士王逢辰随商舶而至,乞赴试,别赐乙科。(高丽史节要5)	152	来投			
×	1185									
	1186		五	十四	宋归我漂风人李汉等六人。(高丽史20)	〃	漂流遣返			
×	1187—1189									

244

续 表

区分	年度	王朝	月	日	宋商往来相关事件	年表页数	往来类型	往来次数	史料出处	备注
	1190				大人(李奎报)初登第时,尝与四五同年将游通济院,联鞍唱和。公诗一句云:寒驴影里碧山晚,断鸿声中红树秋。四韵失三句闻此诗流入于宋,大为其宰相所赏。(东国李相国后集序)	154	文物交流			
×	1191									
	1192		八	廿三	宋商来献《太平御览》,赐白金六十斤,仍命崔诜校雠讹谬。(高丽史20)	156	金	2		
×	1193—1198									
	1199		七	廿四	禁止高丽、日本商人博易铜钱。(宋史37)	159	宋商规定	常时	宋	
	1200				(知讷禅师)居智异,得《大慧普觉禅师语录》云……由是慧解增高,众所宗师。(东文选117)		文物交流			
×	1201—1204									
	1205		八		宋商船将发礼成江,监检御史安琬行视阑出之物,得犯禁宋商数人,笞之太甚。忠献闻之,罢琬,又论不择遣御史,罢侍御朴得文。(高丽史21)	160	金			宋商在丽

245

续 表

区分	年度	王朝	月	日	宋商往来相关事件	年表页数	往来类型	往来次数	史料出处	备注
×	1206—1207									
	1208—1225				县东二百四十里有东镇山,山上望海中突出一石,舟之往高丽者必视以为准焉。(嘉定赤城志卷20,山水门2山 黄岩)		往来推定			
×	1209—1220									
	1221	高宗	十	四	宋商郑文举等一百十五人来。(高丽史22)	170	金			
	〃				是年丽僧智玄、景云于宋庆元府会日僧道元。(正法眼藏12)	172	人员往来		日本	
×	1222—1223									
	1224				高丽乃弃金正朔,以甲子纪年,历法与中国等。(宝庆四明志6)	172	文物交流		宋	
	1225		十二		崔瑀奏:本朝文物礼乐一遵华制,其自宋国来者,许于台省政曹清要之职,随材擢用。(高丽史节要15)	173	来投规定	随时		

246

续　表

区分	年度	王朝	月	日	宋商往来相关事件	年表页数	往来类型	往来次数	史料出处	备注
	1226				契勘舶务旧法,应商舶贩到物货内,细色五分抽一分,粗色物货七分半抽一分。后因舶商不来,申明户部乞行优润。续准户部行下,不分粗细,优润抽解。高丽、日本船,纲首杂事十九分抽一分,余船客十五分抽一分,起发上供,每年遇舶船至,舶务必一申明。(宝庆四明志6)	172	宋商规定	常时	宋	
	1225—1227				本府(庆元府)与其礼宾省,以文牒相酬酢,皆贾舶通之。(宝庆四明志6)		往来推定	常时		
×	1128									
	1229		二	廿六	宋商都纲金仁美等二人偕济州飘风民梁用才等二十八人来。(高丽史22)	174			金	漂流遣返
×	1230									
	1231				国家授宋商人布,令买水牛角来。至是,宋商买绘段以来,国家责违约。宋商曰:"我国闻汝国求水牛角造弓,敕禁买卖,是以不得买来。"怡囚都纲等妻,取所买绘段剪裁,还与之。(高丽史129 崔忠献传 怡)	175	朴	3↑		

247

续 表

区分	年度	王朝	月	日	宋商往来相关事件	年表页数	往来类型	往来次数	史料出处	备注
	1232—1235									
	1236				是年李奎报于江都听闻蒙古军入侵江南,作《闻达旦入江南》。(东国李相国集18)	181	宋商往来			
	1237				少卿崔璘将赴官罗州使,宋人杨赫推命曰:宜精设大会,供养大乘,则必当远到。(法华灵验传下)	183	人员往来			
	1238				欧阳修十一代孙欧阳伯虎东来,与李奎报交游,并唱和诗文。(东国李相国后集序,卷3,附录) * 李奎报实际担任宰臣的时间是 1233 至 1237 年。	183	人员往来	数次		
×	1239—1246									
	1247				羽州玉泉寺了然法明禅师,一号弘章,高丽国人,幼岁出俗,长游宋地,参侍径山无准。尝闻人称此方为佛地,有观光之志,遂于淳祐七年附商船而至,周旋京师东关。(日本洞上联等录1)	185	人员往来		日本	
×	1248—1255									

248

第七章　宋商往来的类型与《宋商往来表》

续　表

区分	年度	王朝	月	日	宋商往来相关事件	年表页数	往来类型	往来次数	史料出处	备注
	1256				宋吴潜奏："此间舶船，常有贩高丽者。大率甲番三只到丽国，必乙番三只回归，丙丁亦如之。今庆元人见有在彼国仕宦者，却缘此等船只皆属朝廷分司，制司不可得而察其往来之迹。"（许国公奏议3）	192	往来推定、来投	常时	宋	
×	1257									
	1258		八	上旬	高丽法云卓然将此前宋延庆寺僧人法言所寄《佛舌铭》等向真静国师天頙、圆悟国师天英等高丽僧人传示，后来天英作赞以应之，附商驰寄于法言。（湖山录3、曹溪山五世赠谥慈真圆悟国师碑铭并序）	193	文物交流	2↑		
	〃		十一		高丽宰相李藏用家奴张小斤三等人漂至宋明州，宋廷救恤，后发遣回国。（开庆四明续志8）	195	漂流遣返		宋	
	1259		三		宋纲首范彦华至自高丽，赍其国礼宾省牒，发遣被（蒙古）掳人升甫、马儿、智就三名回国。（开庆四明续志8）	194	难民遣返		宋	俘虏遣返
	1260	元宗	十	二十	宋商陈文广等不堪大府寺、内侍院侵夺，道诉金仁俊曰："不予直而取绫罗丝绢六千余匹，我等将垂橐而归。"仁俊等不能禁。（高丽史25）	197	金			

249

续 表

区分	年度	王朝	月	日	宋商往来相关事件	年表页数	往来类型	往来次数	史料出处	备注
	1261		六	十一	(元)都堂置酒宴,(高丽)世子植等于西序,其押燕者右丞相史公、左丞相忽鲁不花……史曰:"闻汝国亦常与宋人通好,然乎?"曰:"但商舶往来耳。"(中堂事记下)	199	往来推定	数次	宋	
	1262		五	六	(真静国师天颐)伏承法云然禅老所传示大宋延庆寺诸尊宿《法华随品赞》一轴。(湖山录3)	198	文物交流			
	1262以后(1264?)				昨见大宋延庆寺《随品赞》,不香暗短,聊赓赞咏,近讬商船先已寄呈诸尊宿座下。(湖山录3)	198	文物交流			
×	1263—1269									
	1270		十二		诏曰:"今年却有南宋商船来,卿私地发遣,迨行省致诘,始言不令行省知会是为过错。"(高丽史26)		宋商往来			
	1271		六	廿三	蒙古遣必闍赤黑狗、李枢等七人来索宫室之材,又以省旨求金漆、青藤、八郎虫、榧木、奴台木、乌梅、华梨、藤席等物。王报中书省曰:……又云:……乌梅、华梨、藤席,元非所产,昔于西宋商舶得之,粗有若干,并此进奉。(高丽史27)		宋商往来	数次		

续 表

区分	年度	王朝	月	日	宋商往来相关事件	年表页数	往来类型	往来次数	史料出处	备注
×	1272—1277									
	1278	忠烈王	十	七	宋商马晔来献方物。(高丽史28)	231	金			
※	1279		二		南宋灭亡。	235				
※	1301		八	廿二	江南商客亨王于寿康官。(高丽史32)	273	朴			

第八章 结论：宋商的常时性来往

1. 绪论

　　如前所述,高丽时代宋商往来之频繁程度可从《高丽史》《高丽史节要》中的"宋商来献"记录①得以确认,②而且还能在高丽时代文集、金石文及中国文献里找到更多相关史料,像宋使往来、宋人来投、高丽漂流民的遣返等内容中没有包含具体的"宋商"字眼,实际上却隐含了宋商往来的信息。若将以上事例全部算入,③宋商往来次数的统计数据将大幅增加。

　　就算只是爬梳史籍、钩沉索隐,只要能进一步找到有关宋商往来的间接例证,就能以增加事例的方式展现宋商往来之频繁。但是这样还是无法证明时刻都有宋商留居高丽这一点;且与以往

---

① 《高丽史》《高丽史节要》记载了许多与宋商相关的内容,"宋商某某来献方物"格式的"宋商进献"记录是典型。以下为论述便利,仅标以《高丽史》来代称《高丽史》《高丽史节要》二书,需作区分时会另行标出后者。
② 金庠基,1937,《丽宋贸易小考》,《震檀学报》7;1948,《东方文化交流史论丛》,乙酉文化社。此后从韩国学界开始,包括中国、日本学界的许多学者都以"宋商进献"记录为中心来论证高丽时代宋商贸易的盛况。
③ 笔者以宋商频繁往来高丽为论点的研究成果如下:李镇汉,2007,《再论高丽时代宋商贸易》,《历史教育》104;2009,《高麗時代における宋商の往來と麗宋外交》,《年報朝鮮學》12;2010,《高麗時代における宋人の來投と宋商の往來》,《年報朝鮮學》13。

研究相比,这仅是量变而非质变,不足以作为一种新见解。过多的史料反而会成为证明宋商常驻高丽这一观点的障碍。

克服"用史料来说话"这种历史学方法论限制的"钥匙",同样要在史料中找寻。因此,本章将考察《高丽史》中的"宋商来献"记录在何种程度上反映了宋商往来的实际情况。如宋商"初次"来献记载出现于显宗初期,且前后仅此一条,与后来的大量"宋商来献"史料不成比例,此明显差异即表明:有很多史实在史书中被遗漏了。

笔者还将对《高丽史》及宋代文献中可暗示宋商经常往来于高丽的史料,作进一步分析。如高丽每年举行的八关会上都安排了宋商向高丽国王献礼的仪式;宋人来投高丽的现象自北宋建立后就几乎没有间断;记载显示,自11世纪中叶至13世纪后半叶为止,都有宋商接踵而来;中国文献中也展现了,至少某一时期每年都有三艘商船前来高丽礼成港,与上一年滞留的三艘交接。

增加宋商往来事例虽无法完全填满史书中的"空白期",但《高丽史》和中国文献里均留下了暗示宋商往来具有常时性特点的史料。利用它们,我们可以超越仅以次数统计为中心的研究方法,从而证明高丽的礼成港时刻都有宋商船舶停泊这一论断。

2. 关于对"宋商进献"记录的再考察

由于无法囊括高丽史上的所有事件,《高丽史》《高丽史节要》的编纂需要遵循一定的史料收录原则,正如《高丽史节要》的"凡例"所言,"上国之使往来虽频必书,尊中夏也"。[④] 尽管纪传体的《高丽史》与编年体的《高丽史节要》在体例上有所不同,但在史料剪裁方面是

---

④《高丽史节要》凡例。

一致的。高丽遣使入宋是头等大事,理应全都记载于本国史中;然而实际上并非如此,高丽仁宗时期的一次入宋使行就被遗漏了。

  A1. 绍兴八年春正月乙卯,高丽国王楷遣卫尉少卿李仲衍奉表贺正。⑤

  A2. 高丽贺正表曰……使朝散大夫、卫尉少卿、轻车都尉、赐紫金鱼袋李仲衍奉表称贺以闻。⑥

A1出自《建炎以来系年要录》,讲的是1138年正月高丽仁宗派遣卫尉少卿李仲衍奉表入宋贺正一事。A2出自《三朝北盟会编》⑦,详细记录了高丽使臣李仲衍的官职为朝散大夫、卫尉少卿、轻车都尉、赐紫金鱼袋。A1、A2是宋代史料中的高丽遣使内容,使臣的官职、姓名巨细无遗,当为事实。

据《高丽史》载,1131年十一月时任尚衣奉御的李仲衍曾入金贺正。⑧ 按《刘邦仪墓志铭》称,刘邦仪科举及第之后与考功郎中李仲衍之女成亲,育有一男三女。⑨ 可知李仲衍确有其人,入宋朝贺正也确有其事,说明《高丽史》中存在重要史实失载的情况。⑩

---

⑤《建炎以来系年要录》卷118。
⑥《三朝北盟会编》卷166,炎兴夏节。
⑦ 该书体例为编年体,记载了从宋徽宗政和七年(1117年)至宋高宗绍兴三十二年(1162年)40多年间的历史,保存了大量有关宋金和战的多方面史料(李瑾明等编,2010,《宋元时代的高丽史史料》1,新书苑,第234页)。
⑧《高丽史》卷16,世家,仁宗九年十一月庚戌。
⑨《刘邦仪墓志铭》,第106页。
⑩ 目前为止,朴龙云关于宋高丽之间外交使节的研究最为翔实,但也漏掉了1138年李仲衍使宋一事(朴龙云,1995、1996,《高丽与宋的交聘目的及使节考察》,《韩国学报》81、82;2002,《高丽社会的诸历史像》,新书苑,第158页,《高丽、宋使节派遣表》)。李仲衍使宋与宋商往来密切相关,两国恢复通交后,高丽使节往返时都乘坐了宋人商船(金庠基,同脚注①文,第51—52页;金荣济,2009,《宋、高丽交易与宋商——以宋商的经营形态与其在高丽的居住空间为例》,《史林》32,第209—210页)。如前所述,高丽使节在入宋前,还会通过宋商先行禀知,所以从高丽使节的一次出使,便可推出宋商两次以上的往来。

第八章 结论:宋商的常时性来往

由此联系到关于宋商的记录。宋商来献可提升国王的形象,高丽方面视其为外交使节,势必会在史书中对其大书特书,但《高丽史》流传至今的内容并不代表宋商往来的全部。例如帮助高丽坦然国师将著述转交明州介谌禅师的宋商方景仁,⑪宋高宗时期(1127—1162)每年都来高丽进献一二回的泉州大商柳悦、黄师舜等,⑫我们都无法在《高丽史》中找到他们的踪影。

因此,我们有必要考察《高丽史》中的宋商进献记录到底反映出何种程度的历史实情。且先看所谓"宋商最初来献"⑬的相关史料。

B1.(显宗三年)冬十月,宋楚人陆世宁等来献土物。⑭

B2.(显宗八年秋七月)宋泉州人林仁福等四十人来献土物。⑮

B3.(显宗九年闰四月)宋江南人王肃子等二十四人来献土物。⑯

B4.(显宗十年秋七月)宋泉州陈文轨等一百人来献土物。⑰

---

⑪《五灯会元》卷8,高丽国坦然国师。
⑫ 森克己,1956,《日本、高丽来航の宋商人》,《朝鲜学报》9;1975,《统日宋贸易の研究》,国书刊行会,第336—337页。
⑬ 之所以称"所谓"并加引号,是因为其并非真正的最初。以往的宋商往来研究所依据的主要史料均是宋商进献记录,所以才会认为1012年的陆世宁是最早来到高丽的宋商。其实北宋建立后不久就有使节船前往高丽,970年就有宋人前来投化,1000年左右宋朝也遣返高丽漂流民。综合宋使往来、宋人来投、漂流民遣返等间接例证来看,宋商应在北宋建立之初就来过高丽了。
⑭《高丽史节要》卷3,显宗三年。
⑮《高丽史节要》卷3,显宗八年秋七月。
⑯《高丽史节要》卷3,显宗九年闰四月。
⑰《高丽史节要》卷3,显宗十年秋七月。

255

B5.（显宗十年秋七月）宋福州虞瑄等百余人来献香药。⑱

按 B1 至 B4，1012 年十月的陆世宁等、1017 年七月的林仁福等、1018 年闰四月的王肃子等、1019 年七月的陈文轨等，皆入高丽进献土物；按 B5，1019 年七月虞瑄等来进献香药。以上是最早的五次宋商进献记录，每次的宋商姓名皆不相同。如果忠于史料，由于陆世宁等名字只出现了一次，只能认为他们只来过高丽一次；而且据研究宋商往来次数的先学称，有两次以上造访经历的仅有 27 名，大部分只到过一次。⑲

从海外贸易的特殊性角度来看，冒着巨大危险渡海前来，却只做一次性的交易，这难以令人信服；⑳宋商反复前来高丽似乎更为正常。来看下列 12 世纪中叶的宋商进献史料。

C1.（毅宗二年八月）是月，宋都纲郭英、庄华、黄世英、陈诚、林大有等三百三十人来。㉑

D1.（毅宗三年秋七月）宋都纲丘迪、徐德荣等百五人来。㉒

D2.（毅宗三年）八月庚戌，宋都纲寥悌等六十四人来。㉓

---

⑱《高丽史节要》卷 3，显宗十年秋七月。
⑲ 全海宗，1989，《高丽与宋的交流》，《国史馆论丛》8，第 18 页；朴玉杰，1997，《来航高丽的宋代商人及丽宋的贸易政策》，《大东文化研究》32，第 46 页。
⑳ 森克己，同前文，第 341 页。《高丽史·刘载传》里有暗示宋商多次往返的内容。刘载为北宋泉州人，高丽宣宗时期乘坐商船来投，并走上仕途，1118 年去世时的官职为守司空、尚书右仆射。文献载其"虽偕商人来，自立朝，不复相亲"的做法受到当时人们的赞许（《高丽史》卷 97，刘载传）。当初挬载刘载来到高丽的宋商未留其名，刘载做官后就再未与他打过交道。从此事可知该宋商经常前来高丽。
㉑《高丽史》卷 17，世家，毅宗二年八月。
㉒《高丽史》卷 17，世家，毅宗三年秋七月。
㉓《高丽史》卷 17，世家，毅宗三年八月。

第八章　结论：宋商的常时性来往

D3. （毅宗三年八月）丁巳，林大有、黄辜等七十一人来。㉔

D4. （毅宗三年八月）庚申，宋都纲陈诚等八十七人来。㉕

E1. （毅宗五年秋七月）丙午，宋都纲丘通等四十一人来。㉖

E2. （毅宗五年秋七月）宋都纲丘迪等三十五人、徐德英等六十七人来。㉗

E3. （毅宗五年）八月壬申，宋都纲陈诚等九十七人来。㉘

E4. （毅宗五年八月）癸酉，林大有等九十九人来。㉙

按 C1，1148 年八月有 320 人组成的多个商团前来高丽，留下郭英、庄华、黄世英、陈诚、林大有等五位都纲的名字，即意味着存在五个商团。由于史书中没有留下日子的干支，所以难以判断他们是搭乘同一艘商船而来，还是在一个月里分多次陆续到达。但是近年在韩国泰安马岛Ⅱ区域打捞的沉船中，发现了底部写有"杨纲""林纲""张纲""郑纲"等墨书的瓷器。当时这么做是为了区分货物的主人，从而可知一艘船上搭载了数名宋朝都纲。㉚

㉔《高丽史》卷 17，世家，毅宗三年八月。
㉕《高丽史》卷 17，世家，毅宗三年八月。
㉖《高丽史》卷 17，世家，毅宗五年秋七月。
㉗《高丽史》卷 17，世家，毅宗五年秋七月。
㉘《高丽史》卷 17，世家，毅宗五年八月。
㉙《高丽史》卷 17，世家，毅宗五年八月。
㉚ 有考古报告书写到，瓷器底部的墨书是商团之间为区分航海中所用食物器皿而作的标识（国立海洋文化财研究所，2010，《800 年前的时间胶囊》，第 28—35 页）。这些瓷器有可能是商团自己用的，也有可能是贸易货物。但无论哪种情况，墨书的用途都是为了区别所属，这说明一艘船上搭载了多个商团。

257

D1至D4是1149年的宋商进献记录。七月有都纲丘迪、徐德荣等105人；八月有三批，分别是都纲寥悌等64人，林大有、黄辜等71人，都纲陈诚等87人。1149年仅一年之内就有四批，都纲多达六名，可知这一年高丽宋商贸易的盛况。㉛

　　E1至E4是两年之后1151年的记载，说明之前来过的宋商相隔未几又再次造访。按E1、E2，1151年七月到达的都纲是丘通、丘迪、徐德英；按E3、E4，1151年八月到达的都纲是陈诚、林大有。徐德英（荣）和丘迪在此前1149年七月来过，陈诚、林大有于1148年八月、1149年八月都曾来过。林大有和陈诚仅隔一年又再次前来，暗示了宋商往来之频繁；㉜林大有、陈诚、徐德英、丘迪四人短时间内反复前来，则反映出宋商贸易并非一次性的。特别是徐德英在《高丽史》中有五次往来的记录，㉝武臣政权时期的1173年六月也来过高丽，㉞从1149年开始的24年间都在从事着海外贸易。另外，《宋会要》中还记载1163年徐德英以进武副尉的身份至高丽，1164年四月捎载高丽使臣一行返宋。㉟由此可见《高丽史》中的"徐德英来献"记录是不完整的。而且对于专门从事海外贸易的商人而言，一年之内往返一次高丽都是有可能的，

㉛ 据文献载，南宋时期江阴军的赵善待秉公处理市舶事务，使高丽入宋贸易商船的数量有所增加。《絜斋集》卷17，《朝请大夫赠宣奉大夫赵公墓志铭》："未尝私买一物，人亦不敢干以私。高丽之至者，初止一艘，明年六七焉。"金荣济，2009，《宋丽交易的航路与船舶》，《历史学报》204，第259页。

㉜ 宣宗时期的宋商徐成在1089年十月（《高丽史》卷10，世家，宣宗六年冬十月己酉）和1090年三月连续前来进献方物（《高丽史》卷10，世家，宣宗七年三月己巳），间隔仅有短短的140天（全海宗，同前文，第17页）。

㉝ 全海宗，同前文，第18页。

㉞《高丽史》卷19，世家，明宗三年六月甲申。

㉟《宋会要辑稿》，历代朝贡，蕃夷七之四九，孝宗兴隆二年。

第八章 结论：宋商的常时性来往

24年间只有五次也不尽合理。㊱ 1149年仅一年之内就有四批海商到来,这暗示了在此前后也是有如此的频繁程度的。

宋商反复往来于高丽的事实亦可在义天与宋僧的书信里得到确认。

> F1. 今春二月内,都纲洪保来,得书三通,遐剖教宗,历叙师友,玩味其辞,若对面语……近著《花严疏钞音义释文》,并诸文、首序。而讲下诸生,尝编净稿,随此附达,惟冀捡至。外有《清凉国师石本杂文》,俟后次驰上洪保理行。㊲

> F2. 辩真启……李纲首回,承惠及海东李公頫所□《夹注金刚经》一册、《断疑金刚经》一册、《金刚经集解》一册并《教藏总录》二册、《唯识论单科》三册,灌手焚香,捧授之次……今因李纲首二十郎去次,谨奉启布闻,伏希尊悉。㊳

F1是北宋净源法师写给高丽义天书信的一部分,收录于《大觉国师外集》后,题目已经缺落。信中说,净源于今年春二月收到都纲洪保捎来的书信三封,内容既有教宗义理之析,也有师友情谊之叙。他又托洪保给义天带去自己最近写的《花严疏钞音义释文》和一些文章、作序,还有一本《清凉国师石本杂文》。

F2是北宋辩真法师写给义天书信的一部分,辩真在信中说自己已经收到李纲首带来的海东李頫所作《夹注金刚经》《断疑金刚经》《金刚经集解》《教藏总录》《唯识论单科》等书,现在李纲首二十郎又要去高丽,故托此信以相告。

㊱ 就像这样,史书中的宋商记录是不够完整的,不能仅凭没有记录就断定这是往来"空白期"。
㊲《大觉国师外集》卷2,书,□□□□□第4。
㊳《大觉国师外集》卷5,书,□□□□□第2。

F1中义天托都纲洪保给净源带去了书信,净源也请洪保将自己的新著捎给义天。F2中辩真收到了义天托李纲首带来的佛典,辩真也让李纲首给义天捎去了书信。由F1、F2可知,义天与宋僧们通过宋商洪保和李纲首维持交往,宋商们返宋后不久便又再次前来高丽。这一时期两国僧人的书信和物品交换远非仅此,这间接表明了宋商往来的持续性。

另外,买主还会先向宋商预订货物并支付订金,等宋商再次返回时收货。宋商徐戬进献新注华严经板便属此例。

> G1.(宣宗四年三月)甲戌,宋商徐戬等二十人来献新注华严经板。[39]

> G2.哲宗元祐四年十一月三日,龙图阁学士朝奉郎知杭州苏轼状奏……一、福建狡商,专擅交通高丽,引惹牟利,如徐戬者甚众。访闻徐戬,先受高丽钱物,于杭州雕造夹注《华严经》,费用浩汗,印板既成,公然于海舶载去交纳,却受本国厚赏。[40]

按G1,1087年三月宋商徐戬等20人入丽进献新注华严经板。G2讲的是,1089年十一月苏轼上奏称,徐戬先收取了高丽人的钱款,在杭州雕刻了华严经板,然后公然用海船运至高丽,在那里获得丰厚赏金。G1仅言徐戬献上了经板,而G2则详述徐戬其实早先于高丽接受了订货。

类似例子不一而足。如前所述,高丽仁宗(?)让宋商寻找名

---

[39]《高丽史》卷10,宣宗四年三月。
[40]《苏轼文集》卷30,《论高丽进奉状》。

画,宋商遂献上先前高丽画局李宁所画《天寿寺南门图》,[41]其画作传入宋朝后又通过宋商再次回到高丽;武臣政权时期崔瑀索要的水牛角,[42]也是事先向宋商预订过的。就像这样,如果没有宋商的频繁往来,订货并支付订金的情况是不可能出现的。

另一方面,宋商在高丽娶妻的事例也数番见于史籍,有时在恶劣天气导致他们两三年都无法返回的情况下,也只得如此。这也可作为宋商在高丽滞留时间较长且反复往返的证据。[43]

通过对以上《高丽史》中宋商进献记录的重新考察可知,虽然有的宋商仅有一次来献记录,但也不可轻易断定其只来过一次。两国僧人的交往、高丽人向宋商的订货等事实都暗示了宋商往来的不间断性。因此根据史书统计的某宋商具体至高丽的次数,也

---

[41]《破闲集》卷中,"京城东天寿寺":"昔睿王时,画局李宁尤工山水,为其图附宋商。久之,上求名画于宋商,以其图献焉。上召众史示之,李宁进曰:'此臣所画《天寿寺南门图》也。'折背观之,题志甚详,然后知其为名笔。"《高丽史》卷122,李宁传:"内殿崇班李俊异,俊异妒后进,有能画者,少推许。仁宗召俊异,示宁所画山水,俊异愕然曰:'此画如在异国,臣必以千金购之。'又宋商献图画,仁宗以为中华奇品,悦之,召宁示。宁曰:'是臣笔也。'仁宗不信,宁取图拆粧背,果有姓名,王益爱幸。"《高丽史·李宁传》与《破闲集》在相关内容上有些许差异。在《破闲集》里,睿宗时期画师李宁所绘的《天寿寺南门图》通过宋商传入宋朝,又因睿宗求取名画而得返高丽,李宁看后确定是自己的作品。但在《高丽史·李宁传》中省略了该画流入宋后再返国的过程,只说仁宗展示宋商所献的画作,李宁认出是自己作品。两书都应参考了类似底本,但故事中的国王有所不同,《破闲集》里是睿宗,《高丽史》里则是仁宗(李镇汉等,2011,《校勘译著破闲集(6)》,《韩国史学报》43,第293—295页)。由于《破闲集》中的描述十分具体,其可信度也较高;加之《李宁传》中还提及连续两起仁宗参与的事件,且李宁至毅宗时期为止相当活跃,故彼时看到画作的应是仁宗。所以更合理的说法是,李宁的《天寿寺南门图》作于睿宗时期,被宋商带入宋朝后,又于仁宗时期被宋商献回给仁宗。虽无法完全肯定彼时的高丽国王是睿宗还是仁宗,但可明确的是宋丽之间存在着绘画贸易,且宋商在这种文化交流中起到了举足轻重的作用。

[42]《高丽史》卷129,崔忠献传附怡;《高丽史节要》卷16,高宗十八年秋七月。

[43] 李镇汉,2007,《再论高丽时代宋商贸易》,《历史教育》104,第61—62页;本书第三章。

只是依据留传下来的记录而已,与实际情况仍可能有所差异。㊹

3. 宋商往来的常时性

虽然从前述中可以看出,若算上间接例证,高丽时代的宋商贸易是"非常"活跃的。但从记录上看,没有宋商到来的年份还有很多,就算今后能找出更多的史料,估计也难以完全填满这些"空白期"。学界已整理出《宋商来航表》并成功说明了宋商往来的频繁程度,但却没有试图进一步证明高丽无时不刻都有宋商居留这一点。点到即止的叙述同时也留下了遗憾,为了克服这一问题,仍需将目光重新投回到相关史料上。以下史料便揭示了宋商每年都会前来高丽这一点。

H1. (靖宗即位年十一月)庚子,设八关会,御神凤楼,赐百官酺,夕幸法王寺。翼日大会,又赐酺观乐,东西二京、东北两路兵马使、四都护、八牧各上表陈贺。宋商客、东西蕃、耽罗国亦献方物,赐坐观礼,后以为常。㊺

H2. 大会日坐殿。王初御宣仁殿,承制以下近侍官及后殿官起居讫,出御大观殿,侍臣起居。及御仪凤楼上,行香酌献后,近侍官以下升阶,太子以下公、侯、伯、宰臣、枢密、侍臣、文武群官序立。王坐殿后,闻辞、献寿、传宣、赐坐,并如小会仪。唯奏闻辞,不称朝贺,而称起居。班首奏圣再拜后,

---

㊹ 如《高丽史》《高丽史节要》中所载,显宗初期五次前来高丽的宋商姓名均不相同,其原因一方面是相关史料没有流传下来,另一方面也可能是后来重复往返的史料价值低于首次的,故未被记录下来。

㊺ 《高丽史》卷6,世家,靖宗即位年十一月。《高丽史》卷69,礼志,嘉礼杂仪,"仲冬八关会仪"的德宗三年十一月条中也有几乎相同的内容,前面为"设八关会,御神凤楼,赐百官酺,翌日大会",后半段相同。

无进步,拜舞拜,持表员随群官进退为异。次曲直华盖,分东西上阶,舆辇符宝等并还列仪凤门内。讫,阁门引宋纲首等就闻辞位,立定。阁门奏闻,辞云:"大宋都纲某等祗候朝贺。"讫,引就拜位,跪进物状。阁门接上,俛伏兴。舍人喝,再拜。行头奏圣躬万福,奏山呼再拜。行头进步,退复位,奏山呼再拜。次传宣,赐坐看乐,兼赐所司酒食。讫,奏山呼再拜。卷班西出,就幕次。次引东西蕃子,次引耽罗人朝贺。及传宣礼,并与宋纲首同。次引四方贡物与诸蕃贡物,入自东仁德门,骏奔过庭,出自西义昌门。讫。㊻

按 H1,1034 年十一月高丽举行八关会,宋商客、东西蕃、耽罗国等也都进献了方物,之后将此定为"常例"。虽说之前宋商也有过类似的进献方式,但 1034 年将其设为八关会的常例,则预示着其从此成为年年都会定期开展的正规仪礼。换言之,直到肃宗时期为止,每年的八关会都将按照《高丽史·礼志》所记载的程序,有宋纲首、东西蕃子、耽罗人等外国人士共同参与。㊼

H2 摘自《高丽史·礼志》,详细记录了八关会仪礼的具体程序。在典礼当天,太子以下的公、侯、伯、宰臣、枢密、侍臣、文武群官行礼后,宋都纲向高丽国王朝贺并进献方物,接着东西蕃和耽罗人完成相同流程。《高丽史·礼志》的史源是毅宗时期(1146—1170)崔允仪等人所编的《详定古今礼》。㊽

㊻《高丽史》卷 69,礼志,嘉礼杂仪,"仲冬八关会仪"。
㊼ 奥村周司,1979,《高麗朝における八関会の秩序と国際環境》,《朝鲜史研究会论文集》16,第 74—75 页。
㊽ 奥村周司,同前文,第 74 页;郑求福,2002,《〈高丽史〉礼志的性质与史料价值》,《高丽时代研究》V,第 37—38 页。近来有研究通过《详定古今礼》中的事例,考证出该书编纂于 1161 年(毅宗五年)(金澈雄,2007,《高丽时代的吉礼》,《韩国中世的吉礼与杂祀》,景仁文化社,第 28—29 页)。

由 H1、H2 可见，1034 年设定的常例，至百年后的毅宗时期仍旧得以保留。而其前提是，宋商常驻于高丽，随时都能参加该项仪礼。㊾ 即宋商不是专为八关会而来的高丽，而是因为任何时候都有宋商留在高丽，所以才将“宋商进献”定为每年八关会的一个环节，直至毅宗时期也未改变。这亦暗示了宋商往来具有常时性的特征。

以下的宋人投化现象也与宋商的常时性往来密切相关。

> I1. 时光宗厚待投化汉人，择取臣僚第宅及女与之。一日弼奏曰：“臣居第稍宽，愿以献焉。”光宗问其故，对曰：“今投化人择官而仕，择屋而处，世臣故家反多失所。臣愚诚，为子孙计，宰相居第非其有也……”㊿
>
> I2. 宣宗二年六月制：异国投化官吏父母在本国身死，自闻丧日，依制给暇。(51)
>
> I3. （高宗十二年）十二月，崔瑀奏：“请本朝文物礼乐一遵华制，其自宋国来者，许于台省、政曹清要之职，随材擢用。”(52)

I1 出自《高丽史·徐弼传》，徐弼指出了投化汉人择官而仕、择屋而处的现象，埋怨了光宗优待投化汉人的政策。(53) 在之后的

㊾ 有研究指出，1034 年“宋商客……献方物”的记载中，向高丽国王进献方物的不是刚来的宋商，而是留居在高丽的宋商。因此，参加八关会的宋商应在很久前就来到了高丽，而其来航记录并未留下来（全海宗，同前文，第 16 页）。

㊿《高丽史》卷 93，徐弼传。《高丽史节要》卷 2，光宗十六年秋七月条也有几乎相同的记载。

(51)《高丽史》卷 64，礼志，凶礼，五服制度。

(52)《高丽史节要》卷 21，高宗十二年。

(53) 有研究指出，来到高丽的宋投化者可得到配偶、房屋、土地、官职等。白南云，1937，《投化田》，《朝鲜封建社会经济史（上）》，改造社，第 88 页；朴玉杰，1996，《高丽时代的归化人政策》，《高丽时代归化人研究》，国学资料院，第 194—200 页。

成宗初期,崔承老评价光宗时期的政事时道:"双冀见用以来,南北庸人竞愿依投,不论其有智有才,皆接以殊恩殊礼。"[54]徐弼与光宗的对话发生在双冀被任用的958年至徐弼去世的965年间,彼时的投化者数量应该是很多的。

按 I2,1085年六月高丽宣宗颁布规定,从异国投化高丽的官吏若父母在本国去世,自闻丧日起,依制给假奔丧。"异国"指当时高丽周边的宋朝、契丹、日本、女真等,但基本上高丽时代来投入仕的大部分为宋人,所以说"异国"特指宋朝也不为过。高丽宣宗专为投化官吏制定丧假条例,其前提在于当下适用于该条例的人数有很多,且之后也不会减少。

按 I3,1224年十二月崔瑀奏请高丽的文化制度一律遵循中国,对于来投宋人,根据其才能授予台省、政曹等要职。该建议存在的前提是,当时宋朝人员和宋朝文明持续不断地流入高丽。

I1 至 I3 均表明,当时投化高丽的宋人数量众多,而且都应是搭乘了海商船舶而来的。[55]徐弼所说的"投化人"不仅指建立于960年的北宋人,还包括前朝后周的遗民和当时尚未归宋的南方十国之人。北宋建立之初有一股投化高丽的热潮,而到了120余年后的1085年,和260余年后的1224年,宋人来投的脚步依然没有停止。因此说宋人投化高丽的现象,贯穿了从建国至灭亡的整个两宋时期也不为过。宋人随时都能来投的先决条件也是时刻都有宋商往来高丽这一点。

---

[54]《高丽史》卷93,崔承老传。
[55] 关于宋人来投时乘坐了宋商船舶这一点,可参考以下研究:黄宽重,1991,《宋、丽贸易与文物交流》,《震檀学报》71、72合辑,第340页;朴玉杰,1992,《关于高丽初期的归化汉人》,《国史馆论丛》39,第122页;崔永好,2007,《高丽时期与宋朝的海上交流——以宋朝出身的专门人才之入境与活动为例》,《历史与界限》63,第207页。

每年八关会都有宋商参与和宋人持续入丽投化等现象，尽管能在一定程度上说明宋商长期、频繁地往来于高丽，但仅此依旧难以说明每年都有宋商的到来。当然，也有史料明确指出，11 世纪中叶与 13 世纪中叶宋商船舶的往返是持续不断的。

J1.（文宗十二年八月）王欲于耽罗及灵岩伐材造大船，将通于宋，内史门下省上言："国家结好北朝，边无警急，民乐其生，以此保邦，上策也。昔庚戌之岁，契丹问罪书云：'东结构于女真，西往来于宋国，是欲何谋？'又尚书柳参奉使之日，东京留守问南朝通使之事，似有嫌猜。若泄此事，必生衅隙。且耽罗地瘠民贫，惟以海产、乘木道经纪谋生。往年秋伐材过海，新创佛寺，劳弊已多，今又重困，恐生他变。况我国文物礼乐兴行已久，商舶络绎，珍宝日至，其于中国，实无所资。如非永绝契丹，不宜通使宋朝。"从之。(56)

J2.（元宗十二年春正月）丙子，不花、孟祺等还，王使枢密院事金鍊伴行，仍请婚，表略曰……又奏云："诏旨所谕发遣南宋船事，顷当承问，对以'尝有宋商舶往返，距今十年，未曾见来'。适于年前，有一舶到于我境，小邦执事虑于睿鉴，将谓从前络绎往来，而敢匿其情，不以实陈，议欲送还，而臣不即禁沮，以至无状。"(57)

J1 说的是，1058 年八月高丽文宗打算重启对宋的通交，从而输入中国的先进文化、制度和物产，但内史门下省反对说："商舶络绎，珍宝日至，其于中国实无所资。"在此期间，不仅每年都有宋

(56)《高丽史》卷 8，世家，文宗十二年八月。
(57)《高丽史》卷 27，世家，元宗十二年春正月。

商进献记录,而且一年内来献两次以上的情况也不在少数,[58]因此内史门下省所说的不再依靠中国之语并不夸张。

J2在前文已有详析,高丽担心蒙古误认为宋商会像"从前络绎往来",所以隐匿了1270年曾有宋商入丽的事实。这暗示了在此10年以前宋人商船依然往来不绝。[59]

J1、J2都用"络绎"来形容宋商船舶的往来情景。前者是宋商进献记录较多的文宗时期;后者是被认为宋商往来几近断绝的武臣政权时期,尤其彼时正值高丽抗蒙战争。从论证宋商往来的常时性这一点而言,后者的史料价值更大。

"络绎往来"的情景在宋代文献中亦有体现:

> K1. 神宗元丰二年春正月丙子,诏:"旧明州括索自来入高丽商人财本及五千缗以上者,令明州籍其姓名,召保识。岁许出引发船二只,往交易非违禁物,仍次年即回;其发无引船者,依盗贩法。"先是禁私贩高丽者,然不能绝;至是复与中国通,故立是法。[60]

> K2. 梦得为两浙西路安抚使,《乞差人至高丽探报金人事宜状》奏曰……若北自登莱,东假高丽,扬帆而来,或出于二浙,皆远不过二十日,近五七日可至。臣自到任,常有私忧于此。本州舶船旧许与高丽为市,间有得与其国人贸易者,往往能道其山川形势、道里远近。因令舶主张绶招致大商柳悦、黄师舜问之。二人皆泉州人,世从本州,给凭贾贩高丽,

---

[58] 金庠基,1959,《高丽前期的海上活动与文物交流——以礼成港为例》,《国史上的诸问题》4;1974,《东方史论丛》,首尔大学出版部,第448—449页,《宋商来航表》。
[59] 笔者在此前研究中对这条史料作过详细考察。参考李镇汉,2010,《高丽武臣政权时期宋商的往来》,《民族文化》36,第181—182页;本书第六章。
[60] 《续资治通鉴长编》卷296,元丰二年春正月丙子。

岁一再至。留高丽者,率尝经岁。因为臣图海道,大略言:敌境旧与契丹……窃以郑弦高之事观之,柳悦等虽商贾冗贱,然在高丽久,所听探皆得其国人之言,初本无意……辄肆管见,欲委此二人,许以名目,阴令如常岁之高丽贾贩,应得敌中动息,皆亟使来告。俟参验得实,有补于事,即厚赏旌之。责以军令,无得张皇漏泄……⑥¹

K3. 今高丽虽臣属于鞑,然每有疑畏鞑贼之心,迁都海岛,防其侵犯,决不至为鞑向徒。纵使有窥中国之意,然无松杉木可以造船。其国虽有船只,止是杂木,亦无钉铁,只可在其国近境往来卖买,岂能远涉鲸海……此间舶船,常有贩高丽者。大率甲番三只到丽国,必乙番三只回归,丙丁亦如之。今庆元人见有在彼国仕宦者,却缘此等船只皆属朝廷分司,制司不可得而察其往来之迹。此间之舟一只,可以载二三百人,万一彼有异志,并吾甲乙两番之舟,并行拘夺,以渡鞑贼,则亦意外之过虑也。⑥²

K1讲的是,宋神宗下诏允许具备一定条件且遵守法规的海商入丽从事贸易,同时限定每年两艘商船发往高丽,次年必须及时返回。这是两国重新恢复国交后,宋朝所制定的海外贸易规程。若严格执行的话,每年至少会有两艘商船从明州前来高丽。

K2是在1127年宋金两国处于战争状态下,浙西路安抚使叶梦得请求朝廷派人入丽打探金人动向的呈状。⑥³ 其中讲道,过去允许两浙海船与高丽贸易,这些海商往往知晓高丽的山川形势和

---

⑥¹《历代名臣奏议》卷346,《乞差人至高丽探报金人事宜状》。
⑥²《许国公奏议》卷3,《奏晓谕海寇复为良民及海关防海道事宜》。
⑥³ 张东翼,2000,《高丽与宋的政治外交的相关记录》,《宋代丽史资料集录》,首尔大学出版部,第341页。

路程远近。舶主张授就是领有官府所给公凭,专门为人承运客货的船户,柳悦、黄师舜则是由泉州来浙僦雇海船到海外长期从事贸易的商人。此二人每年去高丽一两次,有时也会在高丽停留至次年才返回。将探报之事委托此二人,名义上像往常一样去高丽经商,实则去彼国探听敌情。如获情报辄立马派人来告,若情报为实、有补于事,则予厚赏,并立下军令状命其保密。

该史料中的柳悦、黄师舜受雇于舶主张绶,成为纲首往来于高丽。㉔ 他们每年都会前来,有时停留至次年才回。因此即便没有其他宋商前来,此二人的经历也可作为证明宋商往来具有常时性特征的依据。更何况 1127 年正是北宋灭亡之时,金的进攻早在几年前就已开始,可见在此国家危亡之际,宋商每年也依旧能够造访高丽一两次。

K3 是 1256 年宋沿海制置大使判庆元府吴潜呈给宋廷的奏议,㉕前文已有论述。他指出,高丽造船技术低下,船只无法远航;此期间赴高丽开展贸易的商船,通常后一拨的三艘到达高丽时,前一拨滞留的三艘必须返回,如此反复进行。㉖ 可知每年都有宋人商船前来,若恰好在交替之时,就会有六艘同时泊于礼成港,平时至少也有三艘。

K1 至 K3 分别是关于 1079 年、1127 年和 1256—1258 年间宋商往来高丽的史料。按 K1,具备一定条件的海商领有官府所给公凭便可入丽经商;K2 提到每年入丽贸易的宋商是柳悦和黄师舜;按 K3,每年有三艘商船前来交替,所以无论何时,至少有两三艘以上的宋商船舶留于高丽。综合三则史料来看,从 1079

㉔ 森克己,同前文,342 页。
㉕ 张东翼,同前书,第 335—336 页。
㉖ 张东翼,同前书,第 336 页。

年到1256年的187年间,尽管具体情况有所差异,但几乎可以说每年都有宋商前来高丽,且至少有两个以上的商团。

另一方面,宋朝虽多次明令禁止海船赴丽,但宋商依然持续往来。⑰ 朝廷虽先后颁布《庆历编敕》(1041—1048)和《嘉祐编敕》(1056—1063)等相关禁令,但史书中还是有宋商进献的记录。⑱ 而且,禁令的长期存在也从侧面反映出宋商往来频繁的事实,因此根据编敕内容来论证该时期没有宋商往来,这是不妥的。

以上笔者对国内外有关宋商往来的史料作了重新探讨。1034年"宋商进献"被定为八关会常例,至毅宗时期(1146—1170)重置仪礼规程时仍被原样保留;1085年、1224年高丽朝廷分别订立关于投化官吏的丧假和擢用制度;而且1058年与13世纪中叶都有宋商络绎不绝的记载,这些都指向了宋商往来的常时性特征。此外,中国文献还记载了每年都会有两个以上的宋商商团入丽经商的具体情形。虽然仅凭宋商进献记录无法说明每年

---

⑰ 徐炳国,1973,《高丽、宋、辽的三角贸易考》,《白山学报》15,第83—93页。
⑱ 有观点认为,《庆历编敕》和《嘉祐编敕》虽都禁止宋商入丽,但在两国外交恢复之后的1080年,只要取得明州市舶司的公凭便可入丽经商。1093年,高丽从禁止名单中被删除,入丽禁令得以完全解除(近藤一成,2001,《文人官僚蘇轼的对高麗政策》,《史滴》23,第7页)。但也有研究指出,在《庆历编敕》(1041—1048)颁布时有3条、《嘉祐编敕》(1056—1063)颁布时有12条、《熙宁编敕》(1068—1077)颁布时有14条、《元祐编敕》(1086—1090)颁布时有7条宋商往来记录,而在实施《庆历编敕》和《嘉祐编敕》的1091至1093年之间,宋商来航被迫中断(朴玉杰,同脚注⑲文,第55页)。上述二者均认为,虽有禁往高丽的法令,宋商依旧是前往高丽贸易的;然而二者论述时都将1091至1093年这段时期排除在外。实际上在处于禁期的1093年,泉州海商徐积仍然捎载高丽使节自丽返宋。苏轼对此批评道,禁令已实施数年,而徐积"犹执前条公凭,影庇私商,往来海外,虽有条贯,实与无同",所以建议"出榜福建、两浙,缘海州县,与限半年内令缴纳条前所发公凭"。于是宋朝政府颁布了更加强而有力的禁令以限制海商活动,而海商们亦在探索各种应对之道(原美和子,2006,《宋代海商的活动に関する一试论—日本·高麗および日本·遼[(契丹)通交をめぐって—》,《考古学と中世史研究3(中世の对外交流—場·ひと·技術)》,高志書院,第137—138页]。

都有宋商前来这一观点,我们却在《高丽史》和中国文献里找到了许多支撑史料,皆暗示了自北宋建立之初至南宋灭亡之际,宋商的入丽贸易似乎未有间断。特别是高丽仁宗时期,宋朝处在皇帝被俘、都城南迁的国难之中,高丽也处于遭受蒙古侵略的危机时刻,宋商依旧"我行我素"。⑲ 高丽统治阶层也因此得以随时通过宋商获取奇珍异宝,享受奢靡的生活。⑳

4. 结语

《高丽史》中有诸多宋商进献和宋朝遣返漂流民的记载,可说明当时宋商往来之频繁。然而即便在各类文献中找出再多的相关事例,有些年份在记录上仍是空白,因此说每年都有宋商到来依旧有些困难,因为这种论证方式过于依赖事例统计。为克服这种局限性,笔者专注于探讨史籍所载事例在何种程度上反映了当时历史实情这一点,并找到了更多的相应史料。

---

⑲ 白南云在研究中指出:"至南宋灭亡的300余年间,宋商船舶几乎从无间断地前来高丽开京的门户——礼成港。虽然宋丽贸易受到辽金的政治牵制,但高丽对宋商总有着特殊待遇,因为他们带来的货物满足了高丽上层社会的享乐需求。"白南云,1937,《商业及商业资本》,《朝鲜封建社会经济史》,改造社,第768—769页。
⑳ 抗蒙战争时期的文人崔滋在咏颂开京、西京、江都三京的《三都赋》中写道:"叟曰……衣轻服緻,争相耀侈,虽雍洛靡丽之盛,莫我敢齿。大夫曰噫,旧都之流离盖以此。"(《东文选》卷2,《三都赋》)1231年迁都江华岛之前,崔滋所目睹开京人的奢华都与宋商的常时性往来密切相关。开京人生活的奢靡在于所用物品皆为"珍宝",根据语言习惯,冠以"珍"字意味着并非高丽所产("内史门下省言:'东池白鹤、鹅鸭、山羊之类,日饲稻粱,为费多矣。前典云:犬马非其土性不畜,珍禽奇兽不育于国。又云:鸟兽昆虫各遂其性。盖不以玩好伤物性也,乞放海岛。'从之。"《高丽史》卷6,世家,靖宗四年十二月癸未)。带来"珍宝"的正是1058年八月内史门下省所言"商舶络绎,珍宝日至"中的宋商。崔承老主张禁止高丽海商随意入宋贸易,只有使节使行之时方可兼行贸易。另外,他提倡简朴也是为了限制贸易,禁止中国物产的流入(《高丽史》卷93,崔承老传)。高丽时代开京和江都统治阶层的奢侈生活与从未间断的宋商贸易有着不可分割的关系。

271

"宋商进献"可视为一种提升高丽国王权威的外交行为,因此相关史料容易流传下来。然而我们不能凭名字仅出现过一次,就轻易断言此宋商仅来过高丽一次,这不符合海外贸易的特殊性。从这一点而言,暗示宋商多次往返或明确宋商预先接受订货,再回国筹置、返回交货的事例,才更接近历史真相。所以说《高丽史》中的宋商史料是不完整的,只是流传至今的一部分而已。

接下来,笔者通过考察与宋商往返频度相关的记载,来证明其具有常时性的特征。1034年"宋商进献"被定为八关会常例后,其仪礼至12世纪中叶仍得以原样保留;从北宋建立之初就开始的宋人来投现象也一直持续至高丽武臣政权时期;另外1058年与13世纪中叶都有宋商"络绎不绝"的记载。这些内容与宋代文献所提到的每年至少有两三艘宋人商船前来高丽的史实互为照应。

因为宋商往来是常时性的,所以即便在高丽抗蒙战争时期,也有宋商船舶停泊在礼成港,高丽人可与留居在开京或江都客馆里的数百名宋商开展贸易活动。高丽人亦不必担心漂流至宋而无法返回,若想去宋朝留学也可随时出发;而向往出仕的宋人亦可随时至高丽参加科考。通过宋商,两国人员不用见面便能交换书信、物品,实现"实时"的文化交流。虽然高丽和宋朝之间隔着大海,但正因为有了宋商,茫茫大海不再是阻断两国交流的重重屏障,而是你来我往的通衢大道。

参考文献

1. 史料

（1）韩国
　　《高丽史》
　　《高丽史节要》
　　《大觉国师文集》
　　《大觉国师外集》
　　《东国李相国集》
　　《东国李相国后集》
　　《东文选》
　　《补闲集》
　　《破闲集》
　　《湖山录》
　　《三国遗事》
　　《新增东国舆地胜览》
　　《曹溪山松广寺史库》
　　《中京志》
　　《增补文献备考》

（2）外国
　　《宋大诏令集》
　　《鸡林志》
　　《高丽图经》

《资治通鉴》
《续资治通鉴长编》
《建炎以来系年要录》
《旧五代史》
《宋史》
《辽史》
《金史》
《五代会要》
《册府元龟》
《契丹国志》
《文献通考》
《玉海》
《两朝纲目备要》
《日本纪略》
《嘉定赤城志》
《宝庆四明志》
《开庆四明续志》
《建道四明图经》
《郡斋读书志》
《东观余论》
《洞天清录》
《本草衍义》
《负暄野录》
《砚史》
《清异录》
《图书见闻志》
《纬略》
《帅记》
《贞信公记抄》
《诚斋集》
《苏轼文集》
《松隐集》
《曾巩集》
《许国公奏议》
《絜斋集》

《中堂事记》
《五灯会元》
《佛祖统纪》
《佛祖历代通载》
《玉岑山慧因高丽华严教寺志》
《参天台五台山记》

2. 资料集

(1) 韩国

民世安在鸿选集刊行委员会编:1983,《民世安在鸿选集》1,知识产业社。
许兴植:1984,《韩国金石全文》,亚细亚文化社。
张东翼:1997,《元代丽史资料集录》,首尔大学出版部。
张东翼:2000,《宋代丽史资料集录》,首尔大学出版部。
张东翼:2004,《日本古中世高丽资料研究》,首尔大学出版部。
金龙善编:2005,《高丽墓志铭集成(第四版)》,翰林大学亚细亚文化研究所。
金龙善:2001,《译注高丽墓志铭集成》,翰林大学亚细亚文化研究所。
李瑾明等编:2010,《宋元时代的高丽史史料》,新书苑。

(2) 外国

谭其骧主编:1991,《简明中国历史地图集》,中国地图出版社。
杨渭生等编著:2002,《十至十四世纪中韩关系史料汇编》,学苑出版社。

3. 著作

(1) 韩国

李能和:1918,《朝鲜佛教通史》下,新文馆。
白南云:1937,《朝鲜封建社会经济史(上)》,改造社。
金庠基:1948,《东方文化交流史论考》,乙酉文化社。
金庠基:1961,《高丽时代史》,东国文化社;1985,首尔大学出版部。
李丙焘:1961,《韩国史》(中世编),震檀学会,乙酉文化社。

全海宗:1970,《中韩关系史研究》,一潮阁。
金庠基:1974,《东方史论丛》,首尔大学出版部。
李基白:1976,《韩国史新论(改订版)》,一潮阁。
姜晋哲:1980,《高丽土地制度史研究》,高丽大学出版部。
金渭显:1985,《辽金史研究》,裕丰出版社。
朴龙云:1985,《高丽时代史(上)》,一志社。
边太燮:1988,《韩国史通论(改订版)》,三英社。
朴龙云:1990,《高丽时代荫叙制与科举制研究(高麗時代 蔭敍制와 科擧制 研究)》,一志社。
朴汉男:1993,《高丽的对金外交政策研究(高麗의 對金外交政策 研究)》,成均馆大学博士学位论文。
李基白等:1993,《崔承老上书文研究》,一潮阁。
许兴植:1995,《真静国师与湖山录(眞靜國師와 湖山錄)》,民族社。
罗钟宇:1996,《韩国中世对日交涉史研究》,圆光大学出版局。
朴玉杰:1996,《高丽时代归化人研究(高麗時代의 歸化人 研究)》,国学资料院。
金在满:1999,《契丹·高丽关系史研究》,国学资料院。
金翰奎:1999,《中韩关系史(한중관계사)Ⅰ》,Acanet(아카넷)。
教育人力资源部(교육인적자원부)编:2002,《高中国史(고등학교 국사)》。
教育人力资源部(교육인적자원부)编:2002,《初中国史(중학교 국사)》。
南权熙:2002,《高丽时代记录文化研究》,清州古印刷博物馆。
卢明镐等编:2000,《韩国古代中世古文书研究(上)》,首尔大学出版部。
朴龙云:2002,《高丽社会的诸历史像(高麗 社會의 여러 歷史像)》,新书苑。
李贞信:2004,《高丽时代的政治变动与对外政策(고려시대의 정치변동과 대외정책)》,景仁文化社。
赵明济:2004,《高丽后期看话禅研究》,慧眼。
崔光植等编:2004,《韩国贸易的历史(한국무역의 역사)》,清雅。
朴胤珍:2006,《高丽时代王师、国师研究》,景仁文化社。
崔德寿等:2006,《张保皋与韩国海洋网络的历史(장보고와 한국 해양 네트워크의 역사)》,财团法人海上王张保皋纪念事业会。
李康汉:2007,《13—14世纪高丽与元朝贸易的展开及其特点(13~14세기 고려-원 교역의 전개와 성격)》,首尔大学国史学科博士学位论文。
韩政洙:2007,《韩国中世儒教政治思想与农业(한국 중세 유교정

치사상과 농업)》,慧眼。

张东翼:2009,《高丽时代对外关系史综合年表》,东北亚历史财团。

李正浩:2009,《高丽时代的农业生产与劝农政策(고려시대의 농업생산과 권농정책)》,景仁文化社。

国立海洋文化财研究所编:2010,《800年前的时间胶囊(800년 전의 타임캡슐)》,国立海洋文化财研究所。

(2) 外国

中村荣孝:1965,《日鮮関係の研究(上)》,吉川弘文館。

森克己:1975,《日宋の貿易研究》,国書刊行会。

森克己:1975,《続日宋貿易の研究》,国書刊行会。

陈高华、吴泰:1981,《宋元时期的海外贸易》,天津人民出版社。

陶晋生:1983,《宋辽关系史研究》,联经出版事业公司。

洪喜裕:1989,《朝鲜商业史(조선상업사)》(古代、中世),(朝鲜)科学百科词典出版社。

黄有福、陈景富:1993,《中朝佛教文化交流史》,中国社会科学出版社。

日野开三郎:1984,《日野開三郎東洋史学論集—北東アジア国際交流史の研究(上)—》,三一書房。

崔尚准(音)等:1994,《朝鲜技术发展史(조선기술발전사)》,(朝鲜)科学百科词典综合出版社。

杨渭生:1997,《宋丽关系史》,杭州大学出版社。

Peter Yun, 1998, "Rethinking the Tribute System: Korean States and Northeast Asian Interstate Relations, 600~1600", Ph. D. diss., UCLA.

蒋非非、王小甫等著:1998,《中韩关系史(古代卷)》,社会科学文献出版社。

池田温:2002,《東アジアの文化交流史》,吉川弘文館。

山内晋次:2003,《奈良平安期の日本とアジア》,吉川弘文館。

魏志江:2006,《中韩关系史研究》,中山大学出版社。

4. 论文

(1) 韩国

金庠基:1934、1935,《古代的贸易形态与罗末的海上发展(古代의 貿易形態 와 羅末의 海上發展에 對하여)》,《震檀学报》1、2;1948,《东方文化交流史论考》,乙酉文化社。

金庠基：1937，《丽宋贸易小考》，《震檀学报》7；1948，《东方文化交流史论考》，乙酉文化社。

姜大良：1948，《高丽初期的对契丹关系（高麗初期의 對契丹關係）》，《史海》1。

李龙范：1955，《丽丹贸易考》，《东国史学》3。

金庠基：1959，《高丽光宗的治世（고려 광종의 치세）》，《国史上的诸问题（국사상의제문제）》2。

金庠基：1959，《高丽与金、宋之间的关系（高麗와 金·宋과의 關係）》，《国史上的诸问题》5；1974，《东方史论丛》，首尔大学出版部。

金庠基：1959，《关于大觉国师义天（大覺國師義天에 대하여）》，《国史上的诸问题》3；1974，《东方史论丛》，首尔大学出版部。

金庠基：1960，《新罗末期地方群雄的对中国交通——特以王逢规为例（羅末地方群雄의 對中交通—特히 王逢規를中心으로—）》，《黄义敦先生古稀纪念论丛》；1974，《东方史论丛》，首尔大学出版部。

李基白：1960，《高丽初期和五代的关系（高麗 初期에 있어서의 五代와의 關係）》，《韩国文化研究院论丛》1；1981，《高丽光宗研究》，一潮阁。

金在满：1964，《契丹丝考——东西方的间接交易与直接交易的形态（下）（契丹絲考－東西 間接交易과 直接交易의 形態[下]）》，《历史教育》8。

金庠基：1965，《高丽本在宋代的流通（宋代에 있어서의 高麗本의 流通에 대하여）》，《李相殷博士华甲纪念论丛》；1974，《东方史论丛》，首尔大学出版部。

李惠求：1967，《高丽大晟乐的变迁（高麗大晟樂의 變遷）》，《韩国音乐序说》，首尔大学出版部。

李铉淙：1968，《关于南洋诸国人的来往贸易（南洋諸國人의 來往貿易에 對 하여）》，《史学研究》18。

徐炳国：1973，《高丽、宋、辽的三角贸易考》，《白山学报》15。

朴贤绪：1974，《与北方民族的抗争》，《韩国史》4，国史编纂委员会。

李龙范：1974，《10—12世纪国际情势》，《韩国史》4，国史编纂委员会。

全海宗：1974，《对宋外交的性质》，《韩国史》4，国史编纂委员会。

姜万吉：1975，《商业与对外贸易》，《韩国史》5，国史编纂委员会。

高翊晋：1975，《法华经戒环解的盛行来历考》，《佛教学报》12。

金定慰：1977，《中世中东文献所反映的韩国像》，《韩国史研究》16。

李龙范：1977，《高丽与契丹的关系（高麗와 契丹과의 關係）》，《东洋学》7。

李龙范：1977，《胡僧襪羅的高丽往复》，《历史学报》75、76合辑；1989，

《韩满交流史研究》,同和出版公社。

李铉淙:1977,《高丽与日本的关系(高麗와 日本과의 關係)》,《东洋学》7。

全海宗:1977,《高丽与宋的关系(高麗와 宋과의 關係)》,《东洋学》7。

全海宗:1977,《中世中韩贸易形态小考——特以公认贸易与密贸易为例(中世 韓中貿易形態小考-特히 公認貿易과 密貿易에 대하여-)》,《大丘史学》12、13合辑;1979,《韩国与中国—东洋史论集—》,知识产业社。

高翊晋:1978,《圆妙了世的白莲结社与其思想动机(圓妙了世의 白蓮結社와 그 思想의 動機)》,《佛教学报》15。

金渭显:1978,《丽宋关系及其航路考》,《关大论文集》6;1985,《辽金史研究》,裕丰出版社。

权兑远:1981,《关于归化人对高丽初期社会影响的考察(高麗初期社會에 미친 歸化人의 影響에 관한 考察)》,《忠南大人文科学论文集》8-2。

金成俊:1981,《高丽七代实录编撰与史官》,《民族文化论丛》1;1985,《韩国中世政治法制史研究》,一潮阁。

金渭显:1982,《高丽对宋辽金人投归者的收容政策(918—1146)[高麗의 宋遼金人 投歸者에 대한 收容策(918-1146)]》,《史学志》16;1985,《辽金史研究》,裕丰出版社。

金渭显:1982,《女真的马贸易考——以10至11世纪为中心(女眞의 馬貿易考-10 세기~11 세기를 중심으로-)》,《淑大论文集》13;1985,《辽金史研究》,裕丰出版社。

李东润:1982,《宋代海上贸易的诸问题》,《东洋史学研究》17。

金在满:1983,《五代与后三国、高丽初期的关系史(五代와 後三國・高麗初期의 關係史)》,《大东文化研究》17。

申採湜:1985,《宋代官人的高丽观》,《边太燮华甲纪念史学论丛》,三英社。

南仁国:1986,《高丽前期的投化人和其同化政策(高麗前期의 投化人과 그 同化政策)》,《历史教育论集》8。

黄宽重:1986,《高丽与金、宋的关系》,《亚细亚文化》创刊号,翰林大学。

金相永:1988,《高丽睿宗时期禅宗的复兴与佛教界的变化(高麗 睿宗代 禪宗의 復興과 佛教界의 變化)》,《清溪史学》5。

赵明济:1988,《高丽后期戒环解〈楞严经〉的盛行与思想史的意义——关于丽末性理学的接受基础(高麗後期 戒環解 楞嚴經의 盛行과 思想史的 意義-麗末 性理學의 수용 기반과 관련하여-)》,《釜大史学》12。

蔡雄锡:1988,《高丽前期货币流通的基础》,《韩国文化》9。

朴汉卨:1989,《罗末丽初西海岸交涉史研究》,《国史馆论丛》7。

全海宗:1989,《高丽与宋的交流(高麗와 宋과의 交流)》,《国史馆论丛》8。

池田温:1989,《新罗、高丽时代东亚地域纸张的国际流通(新羅·高麗時代 東亞地域 紙張의 國際流通에 관하여)》,《大东文化研究》23。

姜吉仲:1990,《关于南宋与高丽的政治外交及贸易关系的考察(南宋과 高麗의 政治外交와 貿易關係에 대한 考察)》,《庆熙史学》16、17合辑。

Michael C Rogers. 1991,"Notes on Koryo's relations with Sung and Liao",《震檀学报》71、72合辑。

高柄翊:1991,《高丽时代东亚的海上交通》,《震檀学报》71、72合辑。

罗钟宇:1991,《高丽前期的对外关系史研究》,《国史馆论丛》29。

郑清柱:1991,《新罗末高丽初的罗州豪族》,《全北史学》14;1996,《新罗末高丽初豪族研究》,一潮阁。

崔柄宪:1991,《大觉国师义天的渡宋活动以及高丽与宋的佛教交流(大覺國師 義天의 渡宋活動과 高麗.宋의 佛教交流)》,《震檀学报》71、72合辑。

陈高华:1991,《元朝与高丽的海上交通》,《震檀学报》71、72合辑。

黄宽重:1991,《宋、丽贸易与文物交流》,《震檀学报》71、72合辑。

具山祐:1992,《高丽成宗时期对外关系的展开及其政治性质(高麗 成宗代 對外關係의 展開와 그 政治的 性格)》,《韩国史研究》78。

具山祐:1992,《罗末丽初的蔚山地区及朴允雄(羅末麗初의 蔚山地域과 朴允雄)》,《韩国文化研究》5。

朴玉杰:1992,《关于高丽初期的归化汉人》,《国史馆论丛》39。

李范鹤:1992,《苏轼的高丽排斥论及其背景(蘇軾의 高麗排斥論과 그 背景)》,《韩国学论丛》15。

金东哲:1993,《商业与货币(상업과 화폐)》,《韩国史》15,国史编纂委员会。

朴宗基:1993,《关于高丽中期对外政策的变化——以宣宗时期为中心(高麗中期 對外政策의 變化에 대하여-宣宗代를 中心으로-)》,《韩国学论丛》16。

崔完基:1993,《漕运与漕仓》,《韩国史》14,国史编纂委员会。

朴宗基:1994,《高丽时代的对外关系(고려시대의 대외 관계)》,《韩国史》6,大路社(한길사)。

李贞信:1994,《高丽时代的商业——以商人的存在形式为例(고려시대의

상업-상인의 존재형태를 중심으로-)》,《国史馆论丛》59。

李正浩:1994,《高丽前期劝农政策考察》,《史学研究》46;2009,《高丽时代农业生产与劝农政策研究(고려시대 농업생산과 권농정책 연구)》,景仁文化社。

郑修芽:1994,《慧照国师昙真与"净因随"——以北宋禅风的受容与高丽中期禅宗的复兴为中心(慧照國師曇眞과'淨因髓'—北宋 禪風의 수용과 高麗中期 禪宗의 부흥을 중심으로-)》,《李基白先生古稀纪念韩国史学论丛(上)》,一潮阁。

罗钟宇:1995,《与五代、宋的关系(5대 및 송과의 관계)》,《韩国史》15,国史编纂委员会。

罗钟宇:1995,《与日本、阿拉伯的关系(일본 및 아라비아와의 관계)》,《韩国史》15,国史编纂委员会。

朴龙云:1995、1996,《高丽与宋的交聘目的及使节考察(高麗·宋 交聘의 목적과 使節에 대한 考察)》,《韩国学报》81、82;2002,《高丽社会的诸历史像(高麗 社會의 여러 歷史像)》,新书苑。

朴汉男:1995,《10—12世纪东亚政势(10～12세기 동아시아 정세)》,《韩国史》15,国史编纂委员会。

朴汉男:1995,《与契丹、金的通交(거란 및 금과의 통교)》,《韩国史》15,国史编纂委员会。

朴汉男:1995,《高丽的北进政策(고려의 북진정책)》,《韩国史》15,国史编纂委员会。

郑修芽:1995,《高丽中期对宋外交的重新展开及其意义——以北宋改革政治之接受为例(高麗中期 對宋外交의 再開와 그 意義—北宋 改革政治의 수용을 중심으로-)》,《国史馆论丛》61。

赵孝淑:1995,《高丽时代织造手工业与织物生产的实态(高麗時代 織造手工業과 織物生産의 實態)》,《国史馆论丛》55。

崔圭成:1995,《与北方民族的关系(북방민족과의 관계)》,《韩国史》15,国史编纂委员会。

祁庆富:1995,《10—11世纪中韩海上交通之路(10～11세기 한중 해상교통로)》,《中韩文化交流与南方海路(한중문화교류와 남방해로)》(曹永禄编),国学资料院。

毛昭晰:1995,《先秦时代中国江南地区与朝鲜半岛的海上交通(선진시대 중국 강남지역과 한반도의 해상교통)》,《中韩文化交流与南方海路》(曹永禄编),国学资料院。

鲍志成:1995,《苏东坡与高丽》,《中韩文化交流与南方海路》(曹永禄编),国学资料院。

吉熙星:1996,《知讷的思想(지눌의 사상)》,《韩国史》21,国史编纂委员会。

金正基:1996,《建筑》,《韩国史》21,国史编纂委员会。

罗钟宇:1996,《高丽前期的日韩关系》,《韩国中世对日交涉史研究》,圆光大学出版局。

朴荣济:1996,《修禅社的成立和开展(수선사의 성립과 전개)》,《韩国史》21,国史编纂委员会。

朴汉男:1996,《十二世纪金丽贸易考察(12세기 麗金貿易에 대한 검토)》,《大东文化研究》31。

李杜铉:1996,《舞蹈与戏剧(무용과 연극)》,《韩国史》21,国史编纂委员会。

秦星圭:1996,《武臣政权时期佛教界的变化与曹溪宗的兴起(무신정권기 불교계의 변화와 조계종의 대두)》,《韩国史》21,国史编纂委员会。

蔡尚植:1996,《白莲寺的成立与展开(백련사의 성립과 전개)》,《韩国史》21,国史编纂委员会。

洪善杓:1996,《书画》,《韩国史》21,国史编纂委员会。

金基德:1997,《高丽的诸般王制及皇帝国体制(高麗의 諸王制와 皇帝國體制)》,《国史馆论丛》78。

卢明镐:1997,《东明王篇与李奎报的多元天下观(東明王篇과 李奎報의 多元的 天下觀)》,《震檀学报》83。

朴玉杰:1997,《来航高丽的宋代商人及丽宋的贸易政策(高麗來航 宋商人과 麗宋의 貿易政策)》,《大东文化研究》32。

申採湜:1997,《10—13世纪东亚的文化交流——以丽宋间通过海路的文物交易为例(10~13세기 東아시아의 文化交流—海路를 통한 麗·宋의 文物交易을 中心으로—)》,《中国与东亚世界(中國과 東아시아世界)》,国学资料院。

李基东:1997,《罗末丽初与中国南方诸国的交涉(羅末麗初 남중국 여러 나라와의 交涉)》,《历史学报》155。

李贞熙:1997,《高丽前期的对辽贸易(고려전기대요무역)》,《地区与历史(지역과 역사)》4;2000,《高丽时代税制研究(고려시대 세제의 연구)》,国学资料院。

李泰镇:1997,《前近代中、韩交易史的虚与实(前近代 韓·中 交易史의 虛와 實)》,《震檀学报》78。

张东翼:1997,《宋代明州地方志所收录高丽关系记事研究

(宋代의 明州 地方志에 수록된 高麗關係記事 研究)》,《历史教育论丛》22；2000,《宋代丽史资料集录》,首尔大学出版部。

全善姬：1997,《明州旧地方志所反映的宋、丽交流史札记(明州 옛 '地方志'에 보이는 麗.宋 交流史 札記)》,《中国的江南社会与对中交涉(中國의 江南社會와 對中交涉)》(曹永禄等著),集文堂。

郑炳模：1997,《宁波佛画与高丽佛画的比较研究(寧波佛畵와 高麗佛畵의 比較研究)》,《讲座美术史》9。

黄时鉴：1997,《宋—高丽—蒙古的关系史考察——以〈收刺丽国送还人〉为例(宋-高麗-蒙古關係史에 관한 일고찰 -《收刺麗國送還人》에 대하여-)》,《东方学志》97。

金昌贤：1998,《高丽的对耽罗政策以及耽罗的动向(高麗의 耽羅에 대한 정책과 탐라의 동향)》,《韩国史学报》5。

朴宗基：1998,《11世纪高丽的对外关系与政局运作论的变化(11세기 고려의 대외관계와 정국운영론의 추이)》,《历史与现实(역사와 현실)》30。

卢明鎬：1999,《高丽时代的多元天下观与海东天子》,《韩国史研究》105。

闵贤九：1999,《高丽前期的对外关系与国防政策：以文宗时期为中心(高麗前期의 對外關係와 國防政策 文宗代를 中心으로)》,《亚细亚研究》99。

申採湜：1999,《关于宋、丽的文化交流(宋・麗의 문화교류에 관하여)》,《梨花史学研究》25、26合辑。

金成奎：2000,《高丽前期的宋丽关系——试论宋朝宾礼中所反映的高丽的国际地位—(高麗 前期의 麗宋關係-宋朝 賓禮를 중심으로 본)》,《国史馆论丛》92。

申泰光：2000,《北宋变法期的对高丽政策》,《东国史学》37。

李炳鲁：2000,《十一世纪日韩两国的对外交涉考察(11세기 한일 양국의 대외교섭에 관한 일고찰)》,《大丘史学》59。

朴龙云：2001,《通过李奎报的事例看崔氏执权期的官制运作实际情况(이규보의 사례를 통해 본 최씨 집권기의 관제 운영의 실상)》,《史丛》53。

金甫桄：2002,《高丽前期内侍的构成与作用(高麗前期 內侍의 構成과 役割)》,《韩国史学报》13。

金英美：2002,《11世纪后半叶—12世纪初高丽、辽外交关系与佛经交流(11세기후반~12세기 초 고려・요 외교관계와 불경 교류)》,《历史与现实》43。

金载名：2002,《高丽时代的内侍——以其别称与构成为例(高麗時代의 內侍- 그 別稱과 構成을 중심으로-)》,《历史教育》81。

安秉佑：2002,《宋与高丽的相互认识与交涉：11世纪后半叶—12世纪

前半叶(고려와 송의 상호인식과 교섭 : 11 세기 후반 ~12 세기 전반)》,《历史与现实》43。

安秉佑:2002,《财政结构之成立》,《高丽前期的财政结构》,首尔大学出版部。

李贞信: 2002 ,《高丽太祖的建国理念的形成与国内外政势(고려 태조의 건국이념의 형성과 국내외 정세)》,《韩国史研究》118;2004,《高丽时代的政治变动与对外政策(고려시대의 정치변동과 대외정책)》,景仁文化社。

秋明烨:2002,《高丽前期对"蕃"的认识及东西蕃的形成(고려전기 '번(蕃)인식과 동・서번의 형성)》,《历史与现实》43。

Peter Yun:2002,《西方学界朝贡制度理论对中国中心文化论的批判(서구 학계 조공제도 이론의 중국 중심적 문화론 비판)》,《亚细亚研究》109。

李美智:2003,《高丽宣宗时期的榷场问题及对辽关系》,《韩国史学报》14。

金澈雄:2004,《宋朝与高丽的海上交易路线及交易港(高麗와 宋의 海上交易路와 交易港)》,《中国史研究》28。

朴承范:2004,《9~10 世纪东亚的地域贸易(9~10세기 東아시아 地域의 交易)》,《中国史研究》29。

朴玉杰:2004,《高丽时代归化人的作用与影响——以技术、文化层面为例(고려시대 귀화인의 역할과 영향 — 기술적, 문화적 측면을 중심으로 —)》,《白山学报》70。

李镇汉:2004,《高丽时代的贸易(고려시대의 무역)》,《韩国贸易的历史(한국무역의 역사)》(崔光植等编),清雅。

崔圣银(音):2004,《高丽时代佛教雕刻的对中关系》,《高丽美术的对外交涉(의)》,艺耕。

Peter Yun: 2005,《蒙古以前东亚的多元国际关系(몽골 이전 동아시아의 다원적 국제관계)》,《满洲研究》3。

朴胤珍:2005,《高丽后期王师、国师的谢礼与功能变化》,《韩国中世史研究》19;2006,《高丽时代王师、国师研究》,景仁文化社。

申採湜:2005,《宋与高丽的外交关系——以朝贡与册封关系为中心(高麗와 宋의 外交關係—朝貢과 冊封關係를 중심으로 —)》,《中韩外交关系与朝贡册封(한중외교관계와 조공책봉)》,高句丽研究财团。

李锡炫:2005,《宋与高丽的外交交涉与认识、对应——以北宋末南宋初为中心(宋 高麗의 外交交涉과 認識, 對應—北宋末 南宋初을 중심으로 —)》,《中国史研究》39。

金宗燮(音):2006,《五代对于高丽的认识(五代의 高麗에 대한 인식)》,《梨花史学研究》33。

金英美:2006,《10世纪初禅师们留学中国的情况(10세기초 禪師들의 중국 유학)》,《梨花史学研究》33。

金澈雄:2006,《高丽与大食的交易和交流(고려와 大食의 교역과 교류)》,《文化史学》25。

蔡雄锡:2006,《11世纪后半叶—12世纪前半叶东北亚国际政势与高丽(11세기 후반 ~12세기 전반 동북아시아 국제정세와 고려)》,《战争与东北亚的国际秩序(전쟁과 동북아의 국제질서)》(历史学会编著),一潮阁。

李镇汉:2007,《再论高丽时代宋商贸易》,《历史教育》104。

尹龙爀:2007,《郑仁卿家族定居高丽与瑞山(정인경가의 고려 정착과 서산)》,《湖西史学》48;2009,《忠清历史文化研究》,书景文化社。

崔永好:2007,《高丽时代与宋朝的海上交流——以宋朝出身的专业人才之入境与活动为例(고려시대 송나라와의 해양교류 – 송나라 출신전문 인력의 입국과 활동을 중심으로 –)》,《历史与界限(역사와 경계)》63。

朴鎔辰:2008,《11—12世纪〈圆宗文类〉的流通与东亚佛教交流(11~12세기《圓宗文類》의 유통과 동아시아 불교교류)》,《韩国中世史研究》25。

李镇汉:2008,《高丽文宗时期的对宋通交与贸易》,《历史学报》200。

远藤隆俊:2008,《義天の成尋—11世紀東アジアの国際環境と入宋僧—》,《东国史学》44。

金荣济:2009,《宋、高丽交易与宋商——以宋商的经营形态与其在高丽的居住空间为例(宋·高麗 交易과 宋商-宋商의 經營形態와 그들의 高麗居住空間을 중심으로 –)》,《史林》32。

金荣济:2009,《宋丽交易的航路与船舶(麗宋交易의 航路와 船舶)》,《历史学报》204。

全永燮:2009,《10—13世纪东亚交易系统的变化与海商政策——宋、高丽、日本的海商管理规定之比较(10~13세기 동아시아 교역시스템의 추이와 해상 정책 –宋·高麗·日本의 海商 관리규정 비교 –)》,《历史与世界(역사와 세계)》36。

李镇汉:2010,《高丽宣宗朝对宋外交与贸易》,《韩国人物史研究》13。

李镇汉:2010,《宋商往来研究序说(송상왕래 연구 서설)》,《东亚国际关系史(동아시아 국제관계사)》,金俊烨先生纪念册编纂委员会(김준엽선생기념서편찬위원회)编,亚研出版社。

李镇汉:2010,《高丽武臣政权时期宋商的往来》,《民族文化》36。

(2) 外国

中村荣孝:1927,《後百済王および高麗太祖の日本通使》,《史学雑誌》38-8;1965,《日鮮関係史の研究(上)》,吉川弘文館。

丸亀金作:1937,《高麗と契丹女眞との貿易関係》,《歷史學研究》5-2。

森克己:1956,《日本、高麗來航の宋商人》,《朝鮮学報》9;1975,《続日宋貿易の研究》,国書刊行会。

森克己:1959,《日・宋と高麗との私獻貿易》,《朝鮮学報》14;1975,《続日宋貿易の研究》,国書刊行会。

森克己:1959,《日宋麗連鎖関係の展開》,《史淵》41;1975,《続日宋貿易の研究》,国書刊行会。

和田久德:1959,《東南アジアにおける初期華僑社会(990—1279)》,《東洋学報》42—1。

日野开三郎:1960、1961,《麗末三国の鼎力と対大陸海上交通貿易》,《朝鮮学報》16、17、19、20;1984,《日野开三郎東洋史学論集—北東アジア国際交流史の研究(上)—》,三一書房。

丸亀金作:1961、1962,《高麗と宋との通交問題(1)(2)》,《朝鮮学報》17、18。

日野开三郎:1962,《唐、五代東亞諸国民の海上発展と佛教》,《佐賀龍谷学会紀要》9、10合輯;1984,《日野开三郎東洋史学論集—北東アジア国際交流史の研究(上)—》,三一書房。

森克己:1964,《日宋貿易に活躍した人々》,《歷史と人物》(日本歷史学会編);1975,《続日宋貿易の研究》,国書刊行会。

森克己:1965,《鎌倉時代の日麗交渉》,《朝鮮学報》34。

日野开三郎:1966、1972、1977,《国際交流史上より見た滿鮮の絹織物》,《朝鮮学報》48、63、82;1984,《日野开三郎東洋史学論集—北東アジア国際交流史の研究(上)—》,三一書房。

三浦圭一:1970,《10~13世紀のアジアと日本》,《講座日本史2》,東京大学出版会。

森克己:1978,《日宋・日元貿易の展開》,《対外関係史》,山川出版社。

宋晞:1979,《宋商在宋丽贸易中的贡献》,《宋史研究论丛》2,(中国文化研究所)华冈出版部。

奥村周司:1979,《高麗朝における八関会的秩序と国際環境》,《朝鮮史研究会論文集》16。

倪士毅、方如金:1982,《宋代明州与高丽的贸易关系及其友好往来》,《杭州大学学报(哲学社会科学版)》1982年第2期。

友永植:1983,《唐、五代三班使臣考》,《宋代の社会と文化》,汲古書院。

黄宽重:1983,《南宋与高丽关系》,《中韩关系史国际研讨会论文集》(台湾韩国研究学会编)。

梅原郁:1985,《宋代の武階》,《宋代官僚制度研究》,同朋舍。

洪喜裕:1989,《高丽时代商业与货币流通的形成(고려시기 상업과 화폐유통의 장성)》,《朝鲜商业史》(古代、中世),(朝鲜)科学百科词典出版社。

山内晋次:1989,《莊園内密貿易說に関する疑問― 11世紀を中心として―》,《歴史科学》117;2003,《奈良平安期の日本とアジア》,吉川弘文館。

石井正敏:1992,《10世紀の国際変動と日宋貿易》,《新版古代の日本―アジアからみた古代日本―》,角川書店。

奥村周司:1992,《高麗の外交姿勢と国家儀式》,《歴史学研究》別冊。

林士民:1995,《论宋元时期明州与高丽的友好交往》,《海交史研究》1995年第2期。

朴真奭:1996,《11—12世纪宋与高丽的贸易往来》,《中朝关系史研究论文集》,吉林文史出版社。

姚礼群:1997,《宋代明州对高丽漂流民的救援措施》,《宋丽关系史研究》(杨渭生编),杭州大学出版社。

须田英德:1997,《高麗後期における商業政策の政策―対外関係を中心に―》,《朝鮮文化研究》4。

原美和子:1999,《宋代東アジアにおける海商の仲間関係と情報網》,《歷史評論》592。

近藤一成:2001,《文人官僚蘇軾の対高麗政策》,《史滴》23。

池田温:2002,《麗宋通交の一面―進奉・下賜品をめぐって―》,《東アジアの文化交流史》,吉川弘文館。

赵明济:2003,《临濟宗をめぐる高麗と宋の交流》,《駒澤大学佛教学部論集》34。

友永植:2005,《五代内官考》,《史学論叢》35。

李镇汉:2005,《高丽前期对外贸易与政策》,《九州大学韓国研究センター年報》5。

茂木敏夫:2006,《中国からみた〈朝貢体制〉―理念と実態、そして近代における再定義》,《アジア文化交流研究》1,関西大学。

原美和子:2006,《宋代海商の活動に関する一試論―日本・高麗および日本・遼(契丹)通交をめぐって―》,《考古学と中世史研究 3(中世の対外交流―場・ひと・技術)》,高志書院。

榎本涉:2007,《宋代の「日本商人」の再検討》,《東アジア海域と日中交流―九～十四世紀―》,吉川弘文館。

李镇汉:2009,《高麗時代における宋商の往來と麗宋外交》,《年報朝鮮學》12。

李镇汉:2010,《高麗時代における宋人の來投と宋商の往來》,《年報朝鮮學》13。

"海外中国研究丛书"书目

1. 中国的现代化 [美]吉尔伯特·罗兹曼 主编 国家社会科学基金"比较现代化"课题组 译 沈宗美 校
2. 寻求富强:严复与西方 [美]本杰明·史华兹 著 叶凤美 译
3. 中国现代思想中的唯科学主义(1900—1950) [美]郭颖颐 著 雷颐 译
4. 台湾:走向工业化社会 [美]吴元黎 著
5. 中国思想传统的现代诠释 余英时 著
6. 胡适与中国的文艺复兴:中国革命中的自由主义,1917—1937 [美]格里德 著 鲁奇 译
7. 德国思想家论中国 [德]夏瑞春 编 陈爱政 等译
8. 摆脱困境:新儒学与中国政治文化的演进 [美]墨子刻 著 颜世安 高华 黄东兰 译
9. 儒家思想新论:创造性转换的自我 [美]杜维明 著 曹幼华 单丁 译 周文彰 等校
10. 洪业:清朝开国史 [美]魏斐德 著 陈苏镇 薄小莹 包伟民 陈晓燕 牛朴 谭天星 译 阎步克 等校
11. 走向21世纪:中国经济的现状、问题和前景 [美]D.H.帕金斯 著 陈志标 编译
12. 中国:传统与变革 [美]费正清 赖肖尔 主编 陈仲丹 潘兴明 庞朝阳 译 吴世民 张子清 洪邮生 校
13. 中华帝国的法律 [美]D.布朗 C.莫里斯 著 朱勇 译 梁治平 校
14. 梁启超与中国思想的过渡(1890—1907) [美]张灏 著 崔志海 葛夫平 译
15. 儒教与道教 [德]马克斯·韦伯 著 洪天富 译
16. 中国政治 [美]詹姆斯·R.汤森 布兰特利·沃马克 著 顾速 董方 译
17. 文化、权力与国家:1900—1942年的华北农村 [美]杜赞奇 著 王福明 译
18. 义和团运动的起源 [美]周锡瑞 著 张俊义 王栋 译
19. 在传统与现代性之间:王韬与晚清革命 [美]柯文 著 雷颐 罗检秋 译
20. 最后的儒家:梁漱溟与中国现代化的两难 [美]艾恺 著 王宗昱 冀建中 译
21. 蒙元入侵前夜的中国日常生活 [法]谢和耐 著 刘东 译
22. 东亚之锋 [美]小R.霍夫亨兹 K.E.柯德尔 著 黎鸣 译
23. 中国社会史 [法]谢和耐 著 黄建华 黄迅余 译
24. 从理学到朴学:中华帝国晚期思想与社会变化面面观 [美]艾尔曼 著 赵刚 译
25. 孔子哲学思微 [美]郝大维 安乐哲 著 蒋弋为 李志林 译
26. 北美中国古典文学研究名家十年文选 乐黛云 陈珏 编选
27. 东亚文明:五个阶段的对话 [美]狄百瑞 著 何兆武 何冰 译
28. 五四运动:现代中国的思想革命 [美]周策纵 著 周子平 等译
29. 近代中国与新世界:康有为变法与大同思想研究 [美]萧公权 著 汪荣祖 译
30. 功利主义儒家:陈亮对朱熹的挑战 [美]田浩 著 姜长苏 译
31. 莱布尼兹和儒学 [美]孟德卫 著 张学智 译
32. 佛教征服中国:佛教在中国中古早期的传播与适应 [荷兰]许理和 著 李四龙 裴勇 等译
33. 新政革命与日本:中国,1898—1912 [美]任达 著 李仲贤 译
34. 经学、政治和宗族:中华帝国晚期常州今文学派研究 [美]艾尔曼 著 赵刚 译
35. 中国制度史研究 [美]杨联陞 著 彭刚 程钢 译

36. 汉代农业:早期中国农业经济的形成　[美]许倬云 著　程农 张鸣 译　邓正来 校
37. 转变的中国:历史变迁与欧洲经验的局限　[美]王国斌 著　李伯重 连玲玲 译
38. 欧洲中国古典文学研究名家十年文选　乐黛云 陈珏 龚刚 编选
39. 中国农民经济:河北和山东的农民发展,1890—1949　[美]马若孟 著　史建云 译
40. 汉哲学思维的文化探源　[美]郝大维 安乐哲 著　施忠连 译
41. 近代中国之种族观念　[英]冯客 著　杨立华 译
42. 血路:革命中国中的沈定一(玄庐)传奇　[美]萧邦奇 著　周武彪 译
43. 历史三调:作为事件、经历和神话的义和团　[美]柯文 著　杜继东 译
44. 斯文:唐宋思想的转型　[美]包弼德 著　刘宁 译
45. 宋代江南经济史研究　[日]斯波义信 著　方健 何忠礼 译
46. 一个中国村庄:山东台头　杨懋春 著　张雄 沈炜 秦美珠 译
47. 现实主义的限制:革命时代的中国小说　[美]安敏成 著　姜涛 译
48. 上海罢工:中国工人政治研究　[美]裴宜理 著　刘平 译
49. 中国转向内在:两宋之际的文化转向　[美]刘子健 著　赵冬梅 译
50. 孔子:即凡而圣　[美]赫伯特·芬格莱特 著　彭国翔 张华 译
51. 18世纪中国的官僚制度与荒政　[法]魏丕信 著　徐建青 译
52. 他山的石头记:宇文所安自选集　[美]宇文所安 著　田晓菲 编译
53. 危险的愉悦:20世纪上海的娼妓问题与现代性　[美]贺萧 著　韩敏中 盛宁 译
54. 中国食物　[美]尤金·N.安德森 著　马孆 刘东 译　刘东 审校
55. 大分流:欧洲、中国及现代世界经济的发展　[美]彭慕兰 著　史建云 译
56. 古代中国的思想世界　[美]本杰明·史华兹 著　程钢 译　刘东 校
57. 内闱:宋代的婚姻和妇女生活　[美]伊沛霞 著　胡志宏 译
58. 中国北方村落的社会性别与权力　[加]朱爱岚 著　胡玉坤 译
59. 先贤的民主:杜威、孔子与中国民主之希望　[美]郝大维 安乐哲 著　何刚强 译
60. 向往心灵转化的庄子:内篇分析　[美]爱莲心 著　周炽成 译
61. 中国人的幸福观　[德]鲍吾刚 著　严蓓雯 韩雪临 吴德祖 译
62. 闺塾师:明末清初江南的才女文化　[美]高彦颐 著　李志生 译
63. 缀珍录:十八世纪及其前后的中国妇女　[美]曼素恩 著　定宜庄 颜宜葳 译
64. 革命与历史:中国马克思主义历史学的起源,1919—1937　[美]德里克 著　翁贺凯 译
65. 竞争的话语:明清小说中的正统性、本真性及所生成之意义　[美]艾梅兰 著　罗琳 译
66. 中国妇女与农村发展:云南禄村六十年的变迁　[加]宝森 著　胡玉坤 译
67. 中国近代思维的挫折　[日]岛田虔次 著　甘万萍 译
68. 中国的亚洲内陆边疆　[美]拉铁摩尔 著　唐晓峰 译
69. 为权力祈祷:佛教与晚明中国士绅社会的形成　[加]卜正民 著　张华 译
70. 天潢贵胄:宋代宗室史　[美]贾志扬 著　赵冬梅 译
71. 儒家之道:中国哲学之探讨　[美]倪德卫 著　[美]万白安 编　周炽成 译
72. 都市里的农家女:性别、流动与社会变迁　[澳]杰华 著　吴小英 译
73. 另类的现代性:改革开放时代中国性别化的渴望　[美]罗丽莎 著　黄新 译
74. 近代中国的知识分子与文明　[日]佐藤慎一 著　刘岳兵 译
75. 繁盛之阴:中国医学史中的性(960—1665)　[美]费侠莉 著　甄橙 主译　吴朝霞 主校
76. 中国大众宗教　[美]韦思谛 编　陈仲丹 译
77. 中国诗画语言研究　[法]程抱一 著　涂卫群 译
78. 中国的思维世界　[日]沟口雄三 小岛毅 著　孙歌 等译

79. 德国与中华民国　[美]柯伟林 著　陈谦平 陈红民 武菁 申晓云 译　钱乘旦 校
80. 中国近代经济史研究:清末海关财政与通商口岸市场圈　[日]滨下武志 著　高淑娟 孙彬 译
81. 回应革命与改革:皖北李村的社会变迁与延续　韩敏 著　陆益龙 徐新玉 译
82. 中国现代文学与电影中的城市:空间、时间与性别构形　[美]张英进 著　秦立彦 译
83. 现代的诱惑:书写半殖民地中国的现代主义(1917—1937)　[美]史书美 著　何恬 译
84. 开放的帝国:1600年前的中国历史　[美]芮乐伟·韩森 著　梁侃 邹劲风 译
85. 改良与革命:辛亥革命在两湖　[美]周锡瑞 著　杨慎之 译
86. 章学诚的生平与思想　[美]倪德卫 著　杨立华 译
87. 卫生的现代性:中国通商口岸健康与疾病的意义　[美]罗芙芸 著　向磊 译
88. 道与庶道:宋代以来的道教、民间信仰和神灵模式　[美]韩明士 著　皮庆生 译
89. 间谍王:戴笠与中国特工　[美]魏斐德 著　梁禾 译
90. 中国的女性与性相:1949年以来的性别话语　[英]艾华 著　施施 译
91. 近代中国的犯罪、惩罚与监狱　[荷]冯客 著　徐有威 等译　潘兴明 校
92. 帝国的隐喻:中国民间宗教　[英]王斯福 著　赵旭东 译
93. 王弼《老子注》研究　[德]瓦格纳 著　杨立华 译
94. 寻求正义:1905—1906年的抵制美货运动　[美]王冠华 著　刘甜甜 译
95. 传统中国日常生活中的协商:中古契约研究　[美]韩森 著　鲁西奇 译
96. 从民族国家拯救历史:民族主义话语与中国现代史研究　[美]杜赞奇 著　王宪明 高继美 李海燕 李点 译
97. 欧几里得在中国:汉译《几何原本》的源流与影响　[荷]安国风 著　纪志刚 郑诚 郑方磊 译
98. 十八世纪中国社会　[美]韩书瑞 罗友枝 著　陈仲丹 译
99. 中国与达尔文　[美]浦嘉珉 著　钟永强 译
100. 私人领域的变形:唐宋诗词中的园林与玩好　[美]杨晓山 著　文韬 译
101. 理解农民中国:社会科学哲学的案例研究　[美]李丹 著　张天虹 张洪云 张胜波 译
102. 山东叛乱:1774年的王伦起义　[美]韩书瑞 著　刘平 唐雁超 译
103. 毁灭的种子:战争与革命中的国民党中国(1937—1949)　[美]易劳逸 著　王建朗 王贤知 贾维 译
104. 缠足:"金莲崇拜"盛极而衰的演变　[美]高彦颐 著　苗延威 译
105. 饕餮之欲:当代中国的食与色　[美]冯珠娣 著　郭乙瑶 马磊 江素侠 译
106. 翻译的传说:中国新女性的形成(1898—1918)　胡缨 著　龙瑜宬 彭珊珊 译
107. 中国的经济革命:20世纪的乡村工业　[日]顾琳 著　王玉茹 张玮 李进霞 译
108. 礼物、关系学与国家:中国人际关系与主体性建构　杨美惠 著　赵旭东 孙珉 译　张跃宏 译校
109. 朱熹的思维世界　[美]田浩 著
110. 皇帝和祖宗:华南的国家与宗族　[英]科大卫 著　卜永坚 译
111. 明清时代东亚海域的文化交流　[日]松浦章 著　郑洁西 等译
112. 中国美学问题　[美]苏源熙 著　卞东波 译　张强强 朱霞欢 校
113. 清代内河水运史研究　[日]松浦章 著　董科 译
114. 大萧条时期的中国:市场、国家与世界经济　[日]城山智子 著　孟凡礼 尚国敏 译　唐磊 校
115. 美国的中国形象(1931—1949)　[美]T.克里斯托弗·杰斯普森 著　姜智芹 译
116. 技术与性别:晚期帝制中国的权力经纬　[英]白馥兰 著　江湄 邓京力 译

117. 中国善书研究　[日]酒井忠夫 著　刘岳兵 何英莺 孙雪梅 译
118. 千年末世之乱:1813年八卦教起义　[美]韩书瑞 著　陈仲丹 译
119. 西学东渐与中国事情　[日]增田涉 著　由其民 周启乾 译
120. 六朝精神史研究　[日]吉川忠夫 著　王启发 译
121. 矢志不渝:明清时期的贞女现象　[美]卢苇菁 著　秦立彦 译
122. 明代乡村纠纷与秩序:以徽州文书为中心　[日]中岛乐章 著　郭万平 高飞 译
123. 中华帝国晚期的欲望与小说叙述　[美]黄卫总 著　张蕴爽 译
124. 虎、米、丝、泥:帝制晚期华南的环境与经济　[美]马立博 著　王玉茹 关永强 译
125. 一江黑水:中国未来的环境挑战　[美]易明 著　姜智芹 译
126. 《诗经》原意研究　[日]家井真 著　陆越 译
127. 施剑翘复仇案:民国时期公众同情的兴起与影响　[美]林郁沁 著　陈湘静 译
128. 华北的暴力和恐慌:义和团运动前夕基督教传播和社会冲突　[德]狄德满 著　崔华杰 译
129. 铁泪图:19世纪中国对于饥馑的文化反应　[美]艾志端 著　曹曦 译
130. 饶家驹安全区:战时上海的难民　[美]阮玛霞 著　白华山 译
131. 危险的边疆:游牧帝国与中国　[美]巴菲尔德 著　袁剑 译
132. 工程国家:民国时期(1927—1937)的淮河治理及国家建设　[美]戴维·艾伦·佩兹 著　姜智芹 译
133. 历史宝筏:过去、西方与中国妇女问题　[美]季家珍 著　杨可 译
134. 姐妹们与陌生人:上海棉纱厂女工,1919—1949　[美]韩起澜 著　韩慈 译
135. 银线:19世纪的世界与中国　林满红 著　詹庆华 林满红 译
136. 寻求中国民主　[澳]冯兆基 著　刘悦斌 徐硙 译
137. 墨梅　[美]毕嘉珍 著　陆敏珍 译
138. 清代上海沙船航运业史研究　[日]松浦章 著　杨蕾 王亦铮 董科 译
139. 男性特质论:中国的社会与性别　[澳]雷金庆 著　[澳]刘婷 译
140. 重读中国女性生命故事　游鉴明 胡缨 季家珍 主编
141. 跨太平洋位移:20世纪美国文学中的民族志、翻译和文本间旅行　黄运特 著　陈倩 译
142. 认知诸形式:反思人类精神的统一性与多样性　[英]G.E.R.劳埃德 著　池志培 译
143. 中国乡村的基督教:1860—1900江西省的冲突与适应　[美]史维东 著　吴薇 译
144. 假想的"满大人":同情、现代性与中国疼痛　[美]韩瑞 著　袁剑 译
145. 中国的捐纳制度与社会　伍跃 著
146. 文书行政的汉帝国　[日]富谷至 著　刘恒武 孔李波 译
147. 城市里的陌生人:中国流动人口的空间、权力与社会网络的重构　[美]张骊 著　袁长庚 译
148. 性别、政治与民主:近代中国的妇女参政　[澳]李木兰 著　方小平 译
149. 近代日本的中国认识　[日]野村浩一 著　张学锋 译
150. 狮龙共舞:一个英国人笔下的威海卫与中国传统文化　[英]庄士敦 著　刘本森 译　威海市博物馆 郭大松 校
151. 人物、角色与心灵:《牡丹亭》与《桃花扇》中的身份认同　[美]吕立亭 著　白华山 译
152. 中国社会中的宗教与仪式　[美]武雅士 著　彭泽安 邵铁峰 译　郭潇威 校
153. 自贡商人:近代早期中国的企业家　[美]曾小萍 著　董建中 译
154. 大象的退却:一部中国环境史　[英]伊懋可 著　梅雪芹 毛利霞 王玉山 译
155. 明代江南土地制度研究　[日]森正夫 著　伍跃 张学锋 等译　范金民 夏维中 审校
156. 儒学与女性　[美]罗莎莉 著　丁佳伟 曹秀娟 译

157. 行善的艺术:晚明中国的慈善事业(新译本)　[美]韩德玲 著　曹晔 译
158. 近代中国的渔业战争和环境变化　[美]穆盛博 著　胡文亮 译
159. 权力关系:宋代中国的家族、地位与国家　[美]柏文莉 著　刘云军 译
160. 权力源自地位:北京大学、知识分子与中国政治文化,1898—1929　[美]魏定熙 著　张蒙 译
161. 工开万物:17世纪中国的知识与技术　[德]薛凤 著　吴秀杰 白岚玲 译
162. 忠贞不贰:辽代的越境之举　[英]史怀梅 著　曹流 译
163. 内藤湖南:政治与汉学(1866—1934)　[美]傅佛果 著　陶德民 何英莺 译
164. 他者中的华人:中国近现代移民史　[美]孔飞力 著　李明欢 译　黄鸣奋 校
165. 古代中国的动物与灵异　[英]胡司德 著　蓝旭 译
166. 两访中国茶乡　[英]罗伯特·福琼 著　敖雪岗 译
167. 缔造选本:《花间集》的文化语境与诗学实践　[美]田安 著　马强才 译
168. 扬州评话探讨　[丹麦]易德波 著　米锋 易德波 译　李今芸 校译
169. 《左传》的书写与解读　李惠仪 著　文韬 许明德 译
170. 以竹为生:一个四川手工造纸村的20世纪社会史　[德]艾约博 著　韩巍 译　吴秀杰 校
171. 东方之旅:1579—1724 耶稣会传教团在中国　[美]柏理安 著　毛瑞方 译
172. "地域社会"视野下的明清史研究:以江南和福建为中心　[日]森正夫 著　于志嘉 马一虹 黄东兰 阿风 等译
173. 技术、性别、历史:重新审视帝制中国的大转型　[英]白馥兰 著　吴秀杰 白岚玲 译
174. 中国小说戏曲史　[日]狩野直喜 张真 译
175. 历史上的黑暗一页:英国外交文件与英美海军档案中的南京大屠杀　[美]陆束屏 编著/翻译
176. 罗马与中国:比较视野下的古代世界帝国　[奥]沃尔特·施德尔 主编　李平 译
177. 矛与盾的共存:明清时期江西社会研究　[韩]吴金成 著　崔荣根 译　薛戈 校译
178. 唯一的希望:在中国独生子女政策下成年　[美]冯文 著　常姝 译
179. 国之枭雄:曹操传　[澳]张磊夫 著　方笑天 译
180. 汉帝国的日常生活　[英]鲁惟一 著　刘洁 余霄 译
181. 大分流之外:中国和欧洲经济变迁的政治　[美]王国斌 罗森塔尔 著　周琳 译　王国斌 张萌 审校
182. 中正之笔:颜真卿书法与宋代文人政治　[美]倪雅梅 著　杨简茹 译　祝帅 校译
183. 江南三角洲市镇研究　[日]森正夫 编　丁韵 胡婧 等译　范金民 审校
184. 忍辱负重的使命:美国外交官记载的南京大屠杀与劫后的社会状况　[美]陆束屏 编著/翻译
185. 修仙:古代中国的修行与社会记忆　[美]康儒博 著　顾漩 译
186. 烧钱:中国人生活世界中的物质精神　[美]柏桦 著　袁剑 刘玺鸿 译
187. 话语的长城:文化中国历险记　[美]苏源熙 著　盛珂 译
188. 诸葛武侯　[日]内藤湖南 著　张真 译
189. 盟友背信:一战中的中国　[英]吴芳思 克里斯托弗·阿南德尔 著　张宇扬 译
190. 亚里士多德在中国:语言、范畴和翻译　[英]罗伯特·沃迪 著　韩小强 译
191. 马背上的朝廷:巡幸与清朝统治的建构,1680—1785　[美]张勉治 著　董建中 译
192. 申不害:公元前四世纪中国的政治哲学家　[美]顾立雅 著　马腾 译
193. 晋武帝司马炎　[日]福原启郎 著　陆帅 译
194. 唐人如何吟诗:带你走进汉语音韵学　[日]大岛正二 著　柳悦 译

195. 古代中国的宇宙论　［日］浅野裕一 著　吴昊阳 译
196. 中国思想的道家之论:一种哲学解释　［美］陈汉生 著　周景松 谢尔逊 等译　张丰乾 校译
197. 诗歌之力:袁枚女弟子屈秉筠(1767—1810)　［加］孟留喜 著　吴夏平 译
198. 中国逻辑的发现　［德］顾有信 著　陈志伟 译
199. 高丽时代宋商往来研究　［韩］李镇汉 著　李廷青 戴琳剑 译　楼正豪 校
200. 中国近世财政史研究　［日］岩井茂树 著　付勇 译　范金民 审校
201. 魏晋政治社会史研究　［日］福原启郎 著　陆帅 刘萃峰 张紫毫 译
202. 宋帝国的危机与维系:信息、领土与人际网络　［比利时］魏希德 著　刘云军 译
203. 中国精英与政治变迁:20世纪初的浙江　［美］萧邦奇 著　徐立望 杨涛羽 译　李齐 校
204. 北京的人力车夫:1920年代的市民与政治　［美］史谦德 著　周书垚 袁剑 译　周育民 校